이수정
이다혜의

범죄 영화
프로파일

이수정 이다혜의 | 범죄 영화 프로파일

이수정 · 이다혜
최세희 · 조영주 지음

sororité

セクハラ

#MeToo

家父長制国家

性暴力

solidarity

pedophile

#nthroom_stop

Femicide

Ni Una Menos

민음사

범죄 영화를 감상하는 또 다른 방향을 제시하다

이다혜　안녕하세요. 《씨네21》 기자이자 영화 저널리스트 이다혜입니다. 앞으로 「이수정 이다혜의 범죄 영화 프로파일」을 통해 영화 속 범죄 유형과 심리를 독해하고 분석하면서 '범죄 영화'라는 장르를 감상하는 또 다른 방향을 제시하고자 합니다. 그래서 반드시 모셔야 했던 분이 있습니다. 실제 범죄 프로파일링으로 너무나 유명한 범죄 심리학자이신 이수정 박사님과 함께합니다. 안녕하세요.

이수정　네, 안녕하세요.

이다혜　섭외 연락 받으셨을 때 범죄 영화 장르를 엔터테인먼트로 소비하는 프로그램에는 참여하지 않겠다, 그러나 범죄 영화에 숱하게 등장하지만 대부분 피해자로 소비되다 마는 여성이나 아이의 입장에서 분석하는 프로그램이라면 의향이 있다고 들었습니다. 그리고 박사님의 그 말씀이 「이수정 이다혜의 범죄 영화 프로파일」의 출발점이 되었습니다. 처음부터 이렇게 방향을 제시할 수밖에 없었던 특별한 이유가 있을까요?

이수정   저는 기본적으로 범죄를 지나치게 선정적으로 다루는 것은 사회에 도움이 되지 않는다고 생각하는 입장입니다. 대인 피해가 동반되는 범죄에는 틀림없이 고통당하는 피해자가 실존하기 때문에, 이 프로그램이 그런 부분에 대한 이해도를 좀 더 넓힐 가능성이 있다면 참여하는 데 의의가 있겠다고 생각했습니다.

이다혜   영화 관련 프로그램을 비롯해 범죄 시사 관련 방송 프로그램들에 굉장히 많이 출연하고 계신데요, 「이수정 이다혜의 범죄 영화 프로파일」을 통해 본격적으로 새롭게 해 보고 싶으신 것이 있다면요?

이수정   영화 속 인물들에 대해 범죄 심리학적 관점에서 이야기를 나눠 봄으로써 인간의 본성에 대한 이해, 또는 자기 자신에 대한 이해를 넓힐 기회를 갖는 것도 재미있겠다는 생각이 듭니다.

이다혜   사실 저도 박사님의 굉장한 팬이기 때문에 들뜨고 기쁜 마음으로 시작하고 있는데요, 궁금한 점도 많습니다. 예를 들면 평범한 사람도 욱하는 마음에 범죄자가 될 수 있는지부터 미심쩍은 기분이 들 때 의식적으로 조심하면 막을 수 있는 피해는 무엇인지, 그리고 사회적으로 좀 더 목소리를 내서 바꿔야 할 것은 무엇인지 등이 궁금한데요. 이런 점들을 영화 속 범죄를 통해 이야기 나눠 보면 어떨까 싶습니다.

이수정   잘 리드해 주실 거라 믿고 있고요. 다만 제가 영화에는 문외한인지라 보조를 맞춰 따라갈 수 있도록 노력해 보겠습니다.

이다혜   네, 영화를 보신 분들이라면 영화 이야기가 더 재미있을 것 같고, 영화를 안 보신 분들이라면 사회적인 이야기 쪽이 생각할 거리를 더 많이 제공해서 재미있을 것 같습니다. 더 유익한 콘텐츠가 되도록 저도 노력하겠습니다. 그럼 시작해 보겠습니다.

차례

1부

왜 피해자가
집을 나가야 하는가

─ 가정 폭력

2부

사람들은 생각보다
쉽게 순응한다

─ 비판 의식 결여

1부

왜 피해자가
집을 나가야 하는가

가정 폭력

가스등

가스라이팅, 사랑이라는 이름의 범죄

감독 조지 큐커 | 미국 | 1944년

런던에서 세계적인 오페라 가수 앨리스 앨퀴스트가 자신의 집에서 살해당하는 사건이 일어나지만 범인이 잡히지 않아 미제 사건으로 남는다. 그녀의 조카이자 유일한 상속녀 폴라는 앨리스의 죽음에 충격을 받고 이탈리아로 유학을 떠난다. 그곳에서 성악을 공부하던 폴라는 앤턴이라는 잘생긴 연주자를 만나 사랑에 빠져 공부를 포기하고 결혼한다.

앤턴이 런던에서 신혼 생활을 하고 싶다고 설득해 폴라는 십 년 만에 런던의 죽은 이모 집으로 돌아온다. 하지만 막상 신혼 생활을 시작하자 앤턴은 여러 가지 구실을 대며 폴라를 정신 이상자로 깎아내린다. 사실 앤턴은 앨리스의 보석을 훔치기 위해 그녀를 살해한 범인이자 폴라의 상속금을 노리고 계획적으로 접근한 사기꾼이었던 것. 그의 '가스라이팅'이 심화될수록 폴라는 점점 의존적인 여성이 되어 가고 자신의 기억과 판단을 의심한다.

앤턴은 밤마다 집 안에 숨겨진 보석을 찾기 위해 다락방을 뒤진다. 이 때문에 폴라의 방 가스등이 어두워지고 천장에서는 발자국 소리가 들리지만 이제 아무도 폴라의 말을 믿어 주지 않는다.

이다혜　첫 영화는 「가스등」입니다. 1944년 작품이라 못 보신 분들이 많을지도 모르지만 최근 가스라이팅이라는 용어가 많이 쓰이고 있기 때문에 이 영화의 제목만은 많이들 알고 계시리라 생각됩니다. 이 기회를 빌려 전문가이신 이수정 박사님께 일단 가스라이팅이 무엇인가에 대해 확실한 설명을 듣고 싶습니다.

타인의 심리를 조작해 지배력을 얻는 범죄

이수정　가스라이팅은 타인의 심리나 상황을 교묘하게 조작해서 그 조작 대상이 스스로를 의심하게 만드는 현상을 가리키는 심리학 용어입니다. 그렇게 의심을 하게 만든 자가 결국에는 그 대상에 대한 지배력을 얻게 되는 상황이 발생하죠. 일종의 세뇌라고 보시면 쉽게 이해가 될 듯합니다.

이다혜　세뇌라고 하면 흔히 '이걸 해라, 저걸 해라.'라고 직접 명시적으로 이야기하는 걸 생각하기 쉬운데, 가스라이팅은 상대방이 조종당하고 있다는 걸 알지 못하도록 굉장히 교묘하게 이루어집니다. 그래서 오늘은 주인공 폴라의 남편인 앤턴의 이상한 행태, 정확하게는 범죄 행위를 중심으로 이야기를 풀어 볼까 합니다.

영화의 주요 등장인물은 신혼살림을 차린 부부, 앤턴과 폴라입니다. 앤턴은 런던의 광장 근처에 살고 싶어 합니다. 그러면서 넌지시 암시하는 장소가 폴라의 이모가 살해된 집입니다. 폴라가 망설이자 앤턴은 '나 어릴 때 그런 데 살고 싶었어.'라면서 구구절절한 사연을 이야기합니다. 이 과정에서 앤턴은 마치 폴라가 결정한 것처럼 분위기를 몰아가며 이모의 집으로 이사합니다. 여기까지가 영화의 도입부 내용인데요. 이사 갈 집을 정하는 단계부터 이미 앤턴의 가스라이팅이 시작된 것이 아닌가 하는 생각이 듭니다.

이수정   그렇게 볼 수 있죠. 그런데 앤턴이 폴라를 유인하고 회유하는 것은 분명 모종의 의도가 있기 때문이지만, 폴라의 성격적 특성도 상당 부분 일조했다는 생각이 듭니다. 예컨대 폴라는 원래 성악가가 되고 싶어 했으나 성악가 되기를 포기합니다. 앤턴을 사랑한다고 생각했기 때문입니다. 그러다 결국 앤턴에게 전적으로 의존하게 되면서 사는 곳까지 그의 주장대로 결정하게 됩니다.

오늘날엔 여성들이 주체성을 갖고 스스로 결정하고 행동하지만 과거에는 이 영화에서 보듯 여성들이 자기주장을 펼치고 자유롭게 의사 결정을 할 수 있는 여지가 많지 않았습니다. 그런 시대적 이유로 인한 한계 또한 폴라로 하여금 앤턴의 주장에 쉽게 순응하도록 만들었다고 보입니다.

이다혜   영화 「가스등」 초반에 굉장히 재미있는 장면이 몇 개 있습니다. 그중 하나는 폴라가 음악 교습을 받을 때 선생님한테 혼나는 대목입니다. 선생님은 폴라에게 '너는 생긴 건 이모랑 비슷한데 노래는 이모처럼 하지 못한다.'고 혼을 냅니다. 폴라가 생전에 뛰어난 가수였던 이모의 후광에서 벗어나지 못했다는 사실을 보여 주는 장면입니다. 이런 상황이 폴라로 하여금 자신의 음악적 재능을 더 연마하거나 아예 다른 할 일을 찾는 게 아니라 자신에게 애정을 표하는 남자에게 쉽게 기대도록 하는 것 같습니다. 이미 포기한 상태에서 시작한다고나 할까요.

또 흥미로운 장면은, 폴라가 음악 교습을 그만두고 호수로 여행을 가는 부분입니다. 여행길에서 폴라의 옆자리에 말 많은 노부인이 앉는데, 이 부인이 갑자기 너무 재미있다는 듯 '어머머' 하며 큰 소리를 냅니다. 읽고 있는 책의 내용이 너무 재미있다는 거죠. 그 책 내용이 뭐냐 하면 어떤 남녀가 결혼을 했는데 남편이 지하실에 전 부인 여섯 명의 시체를 숨기고 있었다는, 바로 『푸른 수염』의 줄거리입니다. 옆에 앉은 노부인이 『푸른 수염』을 읽고 있다는 것은 앞으로 주인공이 남편 때문에 굉장히 공포스러운 일을 겪으리라는 복선으로 보이고, 그 때문에 이후의 일이 더 으스스하게 느껴지기도 합니다.

앤턴과 폴라가 런던 집을 함께 둘러보는 장면도 수상쩍습니다. 앤턴이 폴라에게 이모를 잊어버리는 편이 좋겠다고 말하면서 이모의 물건을 모두 다락방에 넣고 문을 막아 버릴 것을 제안합니다. 앤턴의 제안에 대해 폴라는 잊어야 하는 건 사건이지 이모가 아니라고 말하지만 앤턴이 그 말을 무시해 버리죠. 폴라의 말을 일방적으로 무시하는 앤턴의 태도 자체가 굉장히 분명한 메시지로 보입니다.

가스라이팅이 성립하기 위한 전제 조건

이수정   가스라이팅이 실현되려면 몇 가지 요건이 충족되어야 하는데, 일단 조종 대상의 자존감이 높지 않아야 합니다. 앞서도 이야기한 것처럼 폴라가 자기주장이 강한 사람, 자존감이 높은 사람이 아니라는 점이 아마 그녀를 취약하게 만든 원인이 됐을 것입니다. 폴라가 본인의 커리어를 쉽게 포기한 것도 그런 이유로 보입니다.

또 다른 요건은 외부로부터의 차단입니다. 타인의 사고방식을 조종하려는 자들은 의심을 유발하는 외부 요인으로부터 조종 대상을 차단시킵니다. 이모의 집으로 돌아간다는 것은 폴라의 입장에서는 일종의 구금 상태, 감옥 생활이 될 수 있습니다. 폴라를 사회로부터 격리시켜야만 앤턴 본인의 영향력을 최대한 발휘할 수 있기 때문에 이모의 집으로 들어가자는 제안에는 그런 의도도 있었던 것입니다.

이다혜　최근에 가스라이팅이라는 말이 굉장히 여러 가지 맥락에서 많이 쓰이고 있습니다. 상대방이 내 말을 무시하는 것부터 시작해 이래라저래라 행동을 조종하는 것까지 전부 가스라이팅이라고 부르는 경우가 많은데, 이 단어를 어떻게 정리할 수 있을까요?

이수정　포괄적으로 말하자면 타인을 조종하는 행위라고 볼 수 있습니다. 중요한 포인트는 조종을 당한 사람이 정체성에 혼란을 느끼면서 스스로를 의심하게 된다는 점입니다. 그런 혼란을 틈타 조종자가 조종 대상을 정신적으로 지배하게 됩니다.

이처럼 외부에서 가해지는 평가에 의해 자존감이 좌우되는 심리적 현상을 부르는 용어는 많습니다. '자기 충족적 예언'[1]이나 '낙인

1　미래에 대한 기대와 예측에 부합하기 위해 행동하여 실제로 기대한 바를 현실화

효과'[2], '피그말리온 효과'[3] 같은 용어도 이 경우에 해당합니다. 특히 교육 심리학에서 많이 사용되는데, 선생님이 학생에게 너는 재능이 있다 또는 없다, 이런 식으로 자꾸 말하면 결국 아이들의 성취도가 선생님의 말대로 되는 현상을 가리킵니다. 가스라이팅도 상당히 근접하는 개념입니다.

인간은 사회적 동물이라서 주변 사람, 타인에 의해 영향을 많이 받습니다. 비판 의식이 살아 있는 상태라면 어떤 영향을 받아도 자존감을 포기하지 않지만, 비판 의식이 사라질 수밖에 없는 조건, 예를 들어 사회적 격리의 상태라면 비록 부당한 영향력이라도 굴종하게 되고 맙니다. 굴종이 '결국 나는 이 정도밖에 안 되는 사람'이라는 자책으로 연결되기도 하는데, 가스라이팅은 이런 과정을 총체적으로 이룹니다.

스톡홀름 증후군과 가스라이팅

이다혜　　말씀하신 피그말리온 효과 등은 나이가 어리고 사회적으로 봤을 때 취약한 상태에 있다고 생각되는 연령대가 피해를 입는 경우가 많은데, 가스라이팅은 성인에게도 충분히 일어날 수 있다는 것, 그러기 위해서는 몇 가지 선행 조건이 갖추어져야 한다는 것 등

하는 현상을 말한다.
2　개인이 주변의 부정적인 평가나 편견에 노출될 경우 실제로 그 평가나 편견에 일치하는 방식으로 행동하여 결과적으로 기존의 부정적인 평가와 일치하는 행동 및 상황이 발생하는 것을 말한다.
3　그리스 신화에 등장하는 조각가 피그말리온의 이름에서 유래한 심리학 용어로, 타인의 기대나 관심으로 인해 능률이 오르거나 결과가 좋아지는 현상을 말한다.

이 굉장히 중요해 보입니다.

영화 「가스등」에서 가스라이팅 범죄가 일어나는 방식은 이런 식입니다. 폴라는 이모가 살해되기 전에 받은 편지를 발견합니다. 그러자 남편 앤턴은 갑자기 불같이 화를 내면서 폴라를 몰아세웁니다. 알고 보니 이후에 밝혀지는 이모의 살해 사건과 관련 있는 편지였습니다.

영화에서 앤턴이 폴라를 길들이는 방식이 굉장히 흥미롭습니다. 남들이 있을 때는 굉장히 다정하다가도, 둘만 있을 때는 강압적이거나 거칠게 화를 낼 때도 있고, 그런 다음에는 또 아무 일도 없었던 것처럼 사랑한다며 사과합니다. 남편의 들쭉날쭉한 행동을 반복적으로 경험하면서 폴라는 자신이 나를 사랑하는 사람한테 실망을 주었나 자책하면서 자기 행동을 교정합니다. 안 좋은 일이 있을 때 서로 싸우거나 대화로 해결하는 방식이 아니라 폴라가 일방적으로 앤턴에게 맞춰 주며 관계가 이루어지고 있다는 점이 눈에 띄거든요.

이수정　그런데 그게 사실은 가정 폭력의 본질입니다. 피해자가 점점 폭력에 노출되면서 자기 자신에 대한 생각이 바뀐다는 것이 맹점입니다. 결국 혼자선 아무것도 할 수 없을 것 같고, 그러다 보니 폭력을 행사하는 가해자의 의도만 중요하게 여긴 채 가해자가 제공하는 자원에 생사를 맡기게 되는 경우를 '스톡홀름 증후군'이라고 말하기도 합니다.

스톡홀름 증후군은 1973년 스톡홀름에서 일어난 은행 강도 사건에서 유래했습니다. 처음에는 인질들도 범인들을 두려워했으나, 시간이 흐르면서 차츰 그들에게 동화되어 자신들을 구출하려는 경찰들을 적대시하고, 사건이 끝난 뒤에도 계속해서 강도들에게 불리한 증언을 하지 않은 특이한 경우였습니다. 그 같은 현상은 가장 배타적인 사회적 환경에서 일어나는 폭력 행위자와 피해자 사이의 병적 집착 관계로 볼 수 있습니다.

영화 속의 앤턴 역시 폴라와 둘만 있을 때 폴라에게 정신적인 폭력을 가하며 상대를 조종하고 위협합니다.

이다혜　최근에 가스라이팅이라는 용어가 여기저기 많이 등장하는 이유가 바로 거기에 있는 것 같습니다. 특히 가정 폭력의 경우에는 물리적인 폭력만을 기준으로 삼는 경우가 많은데, 남편이 아내의 자존감을 계속 깎아내리는 관계일 때 그것 또한 가정 폭력 피해로 인정받을 수 있느냐는 문제입니다. 최근까지만 해도 이것이 정말 폭력인가, 그냥 아내가 과민해서 피해를 입었다고 느끼는 게 아닌가 하는 식으로 아무 조치 없이 넘어가는 경우가 많았습니다. 사태의 본질을 파악하지 못한 채 피해자 스스로도 자신이 예민하기 때문이라고 생각하게 만든다는 점이 무서운 지점인 것 같아요.

이수정　그렇습니다. 한층 더 지능적인 가정 폭력 행위자들은 굳이 주먹질을 하지 않고도 상대를 완벽하게 정신적으로 조종하고 지배함으로써 얼마든지 고통을 줄 수 있는 방법을 계발합니다. 그렇게까지 되는 데는 물론 가부장적 사회라는 특성이 한몫을 합니다.

이 영화가 1944년작인데, 그 시절의 영국을 생각하면 여성들은 아무래도 사회 활동이나 경제적 활동을 하며 독립된 인생을 살기보다는 어린 나이에 남자들과 혼인하여 남편에게 경제적으로 의존하며 사는 경우가 대다수였죠. 만약 그 당시의 여성들이 오늘날처럼 어렸을 때부터 주체성을 키우는 교육을 받고, 독립된 인생을 살거나 자신의 의사 결정권을 주체적으로 사용하며 살았다면 앤턴 같은 남자가 자신을 조종하려 할 때 그것을 분명하게 인지하고 거부권을 행사할 수 있었을 것입니다.

내 이모가 돌아가신 그 집에 내가 왜 들어가서 살아야 하느냐, 나는 그 집이 싫다, 이렇게 단호히 얘기하면 되는데, 폴라는 마음으로는 동의하지 않으면서도 어쩔 수 없이 이모의 집으로 들어갔고, 그것이 이 모든 사건의 시작점이 된 것입니다.

유도된 자책과 조작된 자기 검열

이다혜   「가스등」에서 앤턴은 자기가 화를 내고도 상황을 마무리할 때는 '이게 다 당신 때문이야.'라고 말을 맺습니다. 예를 들어 '내가 화가 나는 건 이 편지 때문이 아니라 당신이 이모를 잊지 못하고 있기 때문이야.' 하는 식이죠.

앤턴이 이렇게 몰아세울 때 폴라는 다음번에 남편이 또 비슷한 부당한 대응을 하면 항의해야지 하고 생각하는 대신, 나 때문에 나와 앤턴 모두 이렇게 마음이 상하게 됐구나 하며 다시 자책에 빠집니다. 폴라가 자신이 지금 굉장히 폭력적인 상황에 처해 있고, 그러니 여기서 빠져나가야겠다고 자각하는 것 자체가 일단은 굉장히 어려워 보입니다.

이수정   여성의 주체적인 자아 관념이 인정되지 않는 사회였기 때문에 아마 폴라는 '내가 못나서 남편이 나를 이렇게 대우할 수밖에 없을 것이다.'라는 생각에 함몰되었을 것입니다. 게다가 앤턴이 '당신이 이상한 거다.'라며 책망하는 빈도가 점점 늘어날수록 자신의 일거수일투족이 관리되는 것마저 당연하게 여기면서 자존감이 바닥으로 추락할 수밖에 없었으리라 추정됩니다.

이다혜　「가스등」에서 앤턴이 폴라를 길들이는 방식 중 하나는, 폴라가 물건을 자꾸 잃어버린다며 몰아세우는 것입니다. 이를테면 같이 외출을 했는데 브로치가 없어지자 '자꾸만 물건을 잃어버리는 걸 보니 당신은 건망증이 심하다.'고 몰아세우는데, 사실 브로치는 앤턴이 숨긴 거였고요.

앤턴이 꾸민 가장 큰 사건이 영화의 제목이기도 한 가스등과 관련된 일입니다. 폴라는 집 안의 등이 점점 어두워지고 있다고 느낍니다. 특히 남편이 집에 없을 때 조명이 약간 어두워집니다.

그런데 그렇게 생각하는 사람이 주인공 폴라밖에 없습니다. 집에 고용된 사람들이 '그냥 기분 탓이에요.' '별것 아니에요.'라고 이야기하니 폴라는 자신이 과민하기 때문에 그렇게 느끼는 건지, 실제로 가스등이 어두워지는 건지 혼돈에 빠져 버립니다. 폴라는 점점 어두운 가스등을 인지하는 일이 혼자만의 망상인지 실제 벌어지는 일인지 의심하며 혼자 공포에 질려 갑니다.

이수정　영화 속의 꺼질 듯 말 듯한 가스등의 조도를 통해 여성의 취약한 정체감을 가시적으로 보여 주고 있는 듯합니다. 다락방에서 물건을 뒤지기 위해 가스를 켜는 행위는 앤턴이 하는데, 가스가 줄어들어 불이 깜빡거리는 탓에 불안을 느끼는 건 폴라입니다. 여성이 타자로서 경험하는 불안, 또 당시 여성의 지위가 남자들에 의해 좌우되는 상황의 은유와 양성 불평등에 대한 시사적 의미도 포함하는 것으로 보입니다.

내가 진짜로 원하는 게 무엇일까?

이다혜　　가스라이팅은 가해자와 피해자 사이에 신뢰가 있어야 성립하기 때문에, 피해 사실을 자각하기 위해서는 본인이 굉장히 신뢰하고 사랑하는 사람을 불신하는 것부터 시작해야 합니다. 가스라이팅 피해를 인지하고 받아들이는 데 가장 어려운 지점이 바로 그 부분일 텐데요. 남이 옆에서 '당신이 지금 당하고 있는 것이 가스라이팅이야.' 하고 말해 주는 건 소용이 없는 것 같습니다. 내가 지금 혹시 가스라이팅을 당하고 있는지 확인할 수 있는 방법이 있을까요?

이수정　　특히 남녀 관계라면 어떤 의사 결정을 할 때 그 결정이 내가 원하는 것이 맞는지를 살펴봐야 합니다. 여자들은 상대가 나를 너무 사랑하니까 내가 하는 행위에 관여하고 나에게 좀 더 나은 방식을 권고하는 것 아니겠느냐고 지레짐작을 하는 경우가 많습니다. 그러나 사실은 남자가 여자의 의사 결정 권한을 착취하고 강탈하는 것에 불과할지도 모르거든요.

선택의 순간에 혹시 상대의 의도대로 조종되고 있는 것은 아닌지 스스로 되묻는 습관을 기르는 것이 좋습니다. 예컨대 주인공이 이모의 집에서 살기로 결정할 때 과연 이모 집에서 살기를 진정으로 원하고 있는지 스스로에게 물어보는 것이 자신의 의사 결정권을 포기하지 않는 방법입니다.

남녀가 서로 대등하지 않다면 사랑은 성립하기 힘듭니다. 기본적으로 상대를 있는 그대로 인정해 주어야 진정한 의미의 사랑이라 할 수 있지, 남녀의 지위 자체가 불균등한 상태에서 한쪽이 일방적으로 사랑이라고 주장하는 것은 상대방의 희생을 강요하는 것이니까요.

폴라와 앤턴의 관계 역시 한쪽이 굉장히 많은 것들을 포기해야 만 유지되는 관계로 보입니다. 심지어는 불 켜는 것까지 앤턴의 의 도대로만 이루어지잖아요.

가스등 하나 내 마음대로 켤 수 없는 것, 남편에 의해 통제되고 순응하는 것을 운명으로 받아들이고, 자존감은 바닥을 치고, 나아가 결국 남편이 없으면 내 존재 자체가 아무 의미도 없는 것처럼 느껴 지는 것이 가부장제의 폐해입니다. 사소한 것이라도 정말 내가 이걸 해야 하는지, 원하는 것인지, 나의 복지에 도움이 되는 것인지를 먼 저 생각해 보는 노력이 여자들에게 필요합니다.

이다혜　　폴라가 애초에 런던을 빠져나왔던 이유도 그 집에 살지 않기 위해서였습니다. 폴라가 도망치다시피 나온 그 집으로 앤턴이 다시 들어가자고 했을 때가 바로 말씀하신 것 같은 '셀프 체크'가 필 요했던 상황이었으리라 생각됩니다.

앞서 스스로의 판단을 믿지 않는 상황을 만들기 위해 제일 중요 한 것이 다른 사람이나 사회로부터의 격리라고 하셨는데 영화 「가 스등」에서 앤턴이 그 작업을 효과적으로 하고 있습니다. 예를 들어 폴라 혼자서는 외출을 절대 못 하게 합니다. 그리고 자기랑 같이 외 출했을 때조차 폴라가 자꾸 물건을 잃어버린다는 식으로 탓하면서 늘 자신이 옆에 있어야 한다고 말하죠.

또 자기가 집에 없는 동안 손님이 찾아오는 것도 막습니다. 아무 도 오지 않고, 외출도 불가능한 상황에서 폴라가 대화를 나눌 수 있 는 사람은 남편밖에 없습니다. 그렇기 때문에 그냥 영화 줄거리만 보면 대체 왜 성인이 이런 일에 휘말리는지 이해할 수 없을지 몰라도, 영화를 직접 보면 장시간에 걸친 치밀한 계획들이 있다는 것을 알 수 있습니다.

이수정 그렇게 사회로부터 단절되어 격리당하면 나의 생사여탈권을 쥔 사람에게 의존할 수밖에 없고, 경우에 따라서는 그런 상황을 마치 사랑인 것처럼 오해하게 됩니다. 스스로 의식하지 못하지만 그것이 생존 전략처럼 돼 버리는 것이죠. 그래서 상대의 부당한 폭력에 맞서기보다는, 사랑하니까 맞서지 말아야겠다고 일종의 자기 세뇌를 하게 됩니다. 애초에 이런 병리적 관계를 피해야 합니다.

그리고 또 하나 중요한 점을 짚고자 합니다. 폴라가 완전한 혼자는 아니라는 점입니다. 폴라의 집에는 하녀들이 있어요. 그녀들과 좀 더 인간관계를 맺었다면 극단적인 병적 상태로 추락하기 전에 연대감을 통해 위안을 얻을 수도 있고, 외부와의 통로를 만들 수도 있고, 앤턴의 저의에 의심을 품었을지도 모릅니다. 폴라는 하인의 존재에 대해서 별로 생각해 본 적이 없는, 아주 극도로 혜택을 받은 계급이어서 교류라는 것을 할 줄 몰랐던 것으로 보이고요. 그 점이 아마도 폴라가 추락하는 데 촉매제가 되었을 것입니다.

사회적 단절을 깨고 연대하라

이다혜 지금 말씀해 주신 것처럼, 이 집에는 하녀가 두 명 있습니다. 그중 나이가 좀 있는 하녀는 나중에 폴라와 가까워지며, 최소한 폴라에게 호의적인 사람입니다. 그리고 앤턴의 말을 완전히 신뢰하는 또 다른 하녀가 있습니다.

폴라는 하녀들을 대하는 태도가 계층적으로 나뉘어 있는 사람입니다. 즉, 하녀를 자신과 동등한 인격적 개인으로 보고 자신이 도움을 요청할 수 있는 존재라고 생각하는 대신 자기의 명령을 따르는 '아랫사람'이라는 생각이 확고해 보여요. 그러니 유일하게 매일 얼굴을 보며 소통하는 하녀에게 자신의 불안한 마음을 털어놓거나 물어보는 건 있을 수 없고, 하녀들 앞에서 위신이 서야 하고, 그러기 위해 자신이 더 당당해야 한다고 생각합니다. 남편 앤턴은 이런 상황을 정확히 알고 있습니다. 그래서 앤턴이 폴라를 망신 주는 방법 중 하나가 하녀들 앞에서 혼을 내는 겁니다. 하녀들과 폴라의 관계가 평등하지 않고, 그래서 폴라가 그런 상황에 더 크게 수치심을 느낀다는 설정이죠.

영화 「가스등」에서 이 같은 계층 문제는 주목할 만합니다. 예를 들어 일을 해야만 먹고살 수 있는 하녀는 자유롭게 밖에 나가서 경찰관을 만나 데이트를 하기도 하는데, 남들이 볼 때 굉장히 혜택을 받았고 아쉬울 것 없이 부유하게 살고 있는 폴라는 남편의 완전한 소유 아래 놓여 있는 상황입니다. 돈을 갖고 있는데도 이 돈이 여성에게 자유가 아니라 더 큰 속박이 됩니다.

이수정　보부아르 같은 그 시대의 페미니스트들은 경제적 활동을 통한 여성들의 독립만이 차별 상황을 극복할 수 있는 방법이라고 주장했습니다. 그런 면에서 보자면 하녀들이 훨씬 더 경제적으로 독립적이죠. 노동을 통해 자기 생계를 스스로 꾸려 가는 것이니까요.

그런데 폴라에게는 자기 힘으로 축적한 재산이 없습니다. 아무런 생활 능력도 없고 상속받은 유산 외에는 가진 것이 없는 그야말로 무력하기 짝이 없는 상태죠. 스스로 노동을 해서 생계를 꾸려 가겠다는 생각조차 해 보지 않았을 테니 하녀들과 연대를 맺기가 더 어려웠던 것으로 보입니다. 만약 그런 귀족적인 의식을 버렸다면 오히려 앤턴의 함정에 이렇게 철저하게 빠지지 않았을 수도 있겠습니다.

이다혜　앞서 가스라이팅에 대해, 피해자를 오랫동안 사회로부터 격리시켜 결국 피해자를 조종할 수 있게 되는, 세뇌와 같은 것이라고 말씀하셨는데요. 세뇌가 하루아침에 이루어지는 것도 아니고 아무나 세뇌시킬 수 있는 것도 아니니 가스라이팅이 가능해지려면 특정 조건이 필요하지 않나 싶습니다.

이수정　세뇌 현상이 적나라하게 확인됐던 사례로 베트남 전쟁을 들 수 있습니다. 베트남전에 인질로 잡혔던 미국인 병사들은 바깥과 완전히 차단된 상태에서 폭력과 고문을 당한 후 자기 자신을 부정하는 지경에 이릅니다. 결국은 상대가 주장하는 바를 받아들여 결국 마치 원래부터 그런 가치를 추구했던 양 공산주의적 가치를 내면화합니다. 그런 극단적인 조건이 성립한다면 세뇌가 훨씬 더 쉽게 일어납니다.

또한 이 영화에서 구체적인 장면이 나오지는 않지만 폴라에게 하녀는 성적으로 나의 자리를 언젠가 차지할지도 모르는 위협적인 존재, 절대 신뢰할 수 없는 존재, 나에게 득이 되지 않는 존재, 철저히 몰개성적인 존재들로 그려지고 있습니다.

가스라이팅을 하려면 일단 친밀해야 합니다. 물론 그 관계가 꼭 남녀일 필요는 없습니다. 다만 반드시 배타적인 친밀 관계여야 합니다. 제삼자가 끼어들 수 없을 정도로요.

이다혜　　모녀 관계에서의 가스라이팅도 가능할까요?

이수정　　얼마든지 가능합니다. 모녀 관계는 엄마가 딸을 신체적이기보다는 정신적으로 학대하는 경우가 많습니다. 이와 비슷한 경우로 교수가 대학원생을 사회로부터 차단시키고 정신적으로 학대하며 노동을 착취한 사건이 있었습니다. 다른 사람을 시켜 폭행했다가 결국 발각되어 교수가 처벌을 받았지요. 교수와 대학원생 같은 독특한 관계 또한 학대가 발생하기 쉬운 조건입니다. 폭력 행위자가 피해자의 생사여탈권을 쥐고 있는 경우니까요. 이 사람이 아니면 취직이 도저히 안 된다거나, 이 사람이 아니면 생계를 이어 나가기 어렵다거나 하는 관계에서 학대가 일어나지, 그냥 단순한 친구 사이에서 벌어지기는 힘듭니다.

　양진호 사건*도 그런 예로 볼 수 있습니다. 직원들이 학대 상태에 놓이다시피 하여 집에 갈 수도 없을 정도로 격무에 시달렸잖아요. 단순히 일을 많이 시킨 것이 아니라 여러 가지 비행에 동참하지 않으면 사실상 직장을 다닐 수 없는 상황으로 몰았습니다. 그런 식으로 제삼의 가능성을 완전히 배제한 상태로 극단적인 상하 관계에서 피해자의 정신을 지배했을 때만 학대가 성립합니다.

: 양진호 사건*

웹하드 업체 위디스크(2003년), 파일노리(2007년)를 운영하며 5만 여건의 불법 성 동영상을 유포해 70억 원의 수입을 거둔 한국 미래기술회 회장 양진호에 관련된 사건. 그가 2018년 자신의 회사 직원을 무차별 폭행하는 장면이 담긴 동영상이 유출되면서 사건이 가

시화되었다. 그는 음란물 유포, 음란물 유포 방조, 카메라 등 이용 촬영 방조, 저작권법 위반 방조, 업무상 횡령, 강요, 폭행, 동물 보호법 위반, 마약류 관리에 관한 법률 위반, 총포·도검·화약류 등의 안전 관리에 관한 법률 위반 등 총 10개 항목으로 기소되었다.

왜 여자에게 가스라이팅이 더 자주 일어나는가?

이다혜   저는 여자들이 가스라이팅의 피해를 더 많이 경험하는 이유 중 하나가 여자들이 양육되는 방식에 있지 않나 생각합니다. 여자는 양보하고 남의 상태를 배려하도록 길러지는 경향이 있습니다.

이수정   여자가 그런 종류의 사회적인 세뇌를 받으며 자라는 것은 사실입니다. 현실에선 그것을 사랑으로 포장하곤 하고요. 여자들이 대등한 의사소통을 하기 위해서는 억압된 사회적 역할을 버려야 합니다.

폴라가 돌이켜 생각해서, 앤턴과의 관계가 사랑이 아니었고 남자를 잘 몰라서 시작된 것임을 깨달을 수 있다면 독립할 수 있겠지만, 그런 깨달음이 오기 전까지는 병적인 집착 관계에서 벗어나기가 매우 어렵습니다. 자신이 사랑이라 믿었던 것이 사실은 사랑이 아니었음을 인정하는 건 굉장히 고통스러운 일입니다. 쉽지 않은 일이지요.

이다혜   제가 가스라이팅이 여성의 친절을 이용하는 범죄라고 생각하게 된 이유는, 성적으로 개방적인 하녀 낸시 때문이었습니다. 폴라는 앤턴에게 하녀를 함부로 대하지 말고 인격적으로 존중해 줬으면 좋겠다고 하는데요. 이야기를 들은 앤턴은 낸시를 불러 폴라가 듣기에 매우 민망하고 불쾌한 대화를 주고받습니다. '낸시야, 넌 얼굴이 예쁘구나, 피부가 좋구나, 마님한테 네 화장법 좀 알려드려라.' 이런 식으로요.

앤턴이 폴라의 친절을 가지고 여자의 자존심을 깎아내리는 도구로 이용한다고 해야 할까요. 그런 면에서 가스라이팅이라는 행위 자체가 사회적으로 만들어진 여성의 취약한 면을 공략하는 것은 아닌가 생각했습니다.

이수정 그렇게 볼 수 있습니다. 하지만 앞서 말한 것처럼 가스라이팅이라는 현상이 꼭 남자와 여자 사이에만 일어나는 것은 아닙니다. 영화 「가스등」은 굉장히 가부장적인 시대를 배경으로 하기에 설득력을 갖는 것입니다.

이다혜 「가스등」은 1938년에 연극으로 먼저 나왔던 작품인데요, 그렇다 보니 오늘날 한국 여성들의 상황과 완전히 일치시키기에는 어려운 부분들이 분명히 있습니다.

이수정 가스라이팅이라는 용어가 유행하기 전에도 유사한 현상은 언제 어디서나 존재했을 것입니다. 이 영화의 배경인 1930~1940년대는 영국에서 여성이 참정권을 막 얻은 시기입니다. 여자의 권리 자체가 사회적으로 인정이 안 되어 사유 재산을 갖기도 어렵고 선거할 권리도 없던 상태를 겨우 벗어난 시점임을 염두에 두어야 합니다.

특히 전쟁 시기에는 참전할 수 있는 사람들이 모든 권리를 누리게 마련입니다. 그러니까 1차 세계대전, 2차 세계대전을 거치는 시기에는 남성 우월주의가 사회적으로 노골적일 수밖에 없습니다. 프로이트 같은 학자들이 여성이 남성보다 열등한 것을 마치 과학적 사실인 양 전제하고 자기 이론을 펼쳤던 시기니까요.

이다혜　감독이 이 영화를 만들면서 가스라이팅이 오늘날까지 이야기될 줄은 전혀 예상하지 못했을 것 같습니다.

저는 이번에 방송을 준비하기 위해 영화를 다시 보다가 마지막 엔딩을 보고 굉장히 놀랐습니다. 영화에서 폴라는 결국 자기가 굉장히 일방적인 정신적 학대를 당하고 있다는 것을 깨닫고 탈출하게 되는데요, 자기 혼자 힘이 아니라 그런 사실을 알리고 돕는 다른 남자의 도움으로 벗어나게 됩니다. 결국 다른 남자가 등장해야 이전 남자로부터 벗어날 수 있고 여자는 철저히 자기 결정권도 없고 비판의식도 없는 존재로 그려집니다. 나쁜 남자를 떠나 좋은 남자를 만나면 다 해결된다는 식의 결말이 되어 버립니다. 그러니 더 좋은 남자를 찾을 수 있는 눈을 가지라는 식의 결말에 마음이 굉장히 복잡해지지 않을 수 없었습니다.

이수정　그런데 또 살다 보면 그 남자도 결국 나쁜 남자가 될 거예요. (웃음) 결국 여자가 할 수 있는 것들이 그 정도밖에 없다고 생각하던 시절의 한계로 보입니다.

이다혜　시대적인 한계이기도 하지만 한편으로는 그것이 수많은 상업 영화들의 일반적인 결말이기도 합니다. 저는 앤턴 같은 사람이 폴라 같은 취약한 사람을 알아보고 가스라이팅을 하는 건지, 아니면 서로 만나서 지내다 보니 잠재되어 있던 것들이 발현되는 것인지 궁금합니다.

이수정   오늘날엔 아마 남자가 폴라 같은 여자를 만나야만 가능하지 않을까요. 이제 세상이 바뀌어 여성들도 어릴 때부터 자기 결정권의 중요성을 교육받으니까요. 남자에게 의존해 살 생각을 하는 여자는 거의 없으니 병적인 의존 관계도 적을 듯합니다.

그런데 가부장적인 사고를 하는 남자들은 여전히 많거든요. 이런 남자들은 독립적이기보다는 나에게 의존하고 나의 권위를 해치지 않는 아내를 원하잖아요. 여자들의 사고가 진일보하고 다양해진 데 반해 남자들은 아직 고루한 가치를 지향하는 경우가 많습니다. 따라서 만약 이런 일이 오늘날에도 발생한다면, 아마 남자는 특이한 캐릭터가 아니라 해도, 여자는 일반적이지 않은 환경에 처한 드문 캐릭터일 확률이 클 것이라 생각합니다.

이다혜   지금 말씀하신 '일반적이지 않다.'는 것은 교육을 잘 받을 수 있는 환경에 놓여 있지 않다거나, 또는 친구들과 교류하기 어려운 경우도 포함될까요?

이수정   맞습니다. 만성화된 가정 폭력 사건들에서 이런 환경에 처한 여자들을 자주 볼 수 있습니다.

슈퍼 히어로 영화 속의 가스라이팅

이다혜   최근 개봉한 영화 「캡틴 마블」 속 가스라이팅에 관해서도 질문하고 싶습니다. 그 영화에서 캡틴 마블이 되는 주인공 비어스는 여자인데, 비어스를 훈련하는 상관이자 스승인 욘 로그는 남자입니다. 그 훈련이 이루어지는 과정이 흥미로운데, 사실 비어스는 초인, 슈퍼 히어로이기 때문에 자기 힘을 발산해 버리면 언제든지 상황을 본인의 의지대로 정리할 수 있습니다. 그런데 비어스는 계속해서 힘을 제어하는 법을 배우고, 가진 힘을 다 발산하면 안 된다는 교육을 받습니다. 그래서 잠재력을 계속 억누르기만 합니다.

영화의 하이라이트 부분에 도달하면 마침내 그런 힘을 발산하면서 '나는 더 이상 당신의 인정이 필요하지 않아.'라고 이야기합니다. 그 대목이 주는 카타르시스가 굉장한데요. 이렇게 욘 로그가 비어스에게 하듯 '너는 너 하고 싶은 대로 하면 안 돼, 너는 내가 시키는 대로 해야 해.'라고 지속적으로 잠재력을 펼칠 수 없게 만드는 것도 가스라이팅에 해당되는 걸까요?

이수정 작은 역할 속에 여성을 매어 두려는 것도 가스라이팅입니다. 사회적으로 여성의 역할이 1등 시민의 역할은 아니라고 보는 거죠. 2등으로, 철저한 타자로 지배를 받아야 하고, 지배를 하는 사람에게 잘 보여야 한다는 종류의 가스라이팅입니다.

여자들이 절대 뛰어난 존재가 되어서는 안 된다는 종류의 교육을 하도 많이 받다 보니 여자들은 성공에 대한 두려움을 갖고 있습니다. 비어스라는 캐릭터도 그렇습니다. '내가 진짜 힘을 너무 많이 썼다가 스승을 뛰어넘어 버리면 어떡하지, 그러면 안 되는 거잖아.' 하는 두려움이죠. 여성이 최선을 다하지 않도록 유도하는 가부장적 질서로 인해 유독 여성들이 성공에 대한 두려움을 갖게 된 것입니다.

이다혜   오늘은 영화 「가스등」과 가스라이팅에 대한 이야기를 나누었습니다. 일단 저는 굉장히 오랫동안 가스라이팅이라는 말을 불분명한 의미로 사용해 왔는데 오늘 많은 부분이 정리가 되어 좋았습니다. 그리고 44년작 영화에 등장한 설정이 지금까지도 이렇게 유효한 이유를 생각해 보니 그것도 씁쓸한 면이 있습니다. 선생님은 오늘 어떠셨나요.

이수정   가스라이팅과 관련한 많은 전례나 사례들이 있는데 충분히 다 설명할 수 없어 안타깝습니다. 이 주제는 대한민국에 사는 대부분의 여성들이 공감할 만한 일일 듯합니다.

적과의 동침

**친밀한
관계에서의
폭력**

감독 조지프 루벤 | 미국 | 1991년

주인공 로라는 부유하고 매너가 좋으며 자신을 아껴 주는 마틴과 결혼하지만, 곧 그의 본색을 알게 된다. 그는 화장실에 걸린 수건의 길이가 맞지 않는 것조차 견디지 못하는 결벽증의 소유자이며 심각한 의처증을 지니고 있다. 그는 아내의 생활 전반을 물 샐 틈 없이 감시하고, 다른 남자가 로라에게 눈길을 주었다는 이유만으로도 그녀에게 무자비하게 폭력을 행사한다.

그러고 나면 로라에게 값비싼 선물을 사 주며 위로하고, 잠자리를 강요한다. 그럴 때마다 마틴은 베를리오즈의 「환상 교향곡」을 틀고, 로라는 그 음악에 트라우마를 갖게 된다. 로라는 결국 남편에게서 벗어나기 위해 몰래 수영을 배운다. 그리고 마틴과 요트를 타고 나갔을 때 풍랑을 만나자 그 틈을 타서 탈출한다. 마틴은 로라가 수영을 못한다고 생각해서 그녀의 죽음을 믿는다.

아무도 모르는 곳으로 떠난 로라는 다른 이름으로 새 삶을 살아간다. 그리고 사랑하는 사람도 생긴다. 행복한 나날을 보내던 어느 날, 집에 돌아오니 오디오에서 베를리오즈의 「환상 교향곡」이 흐른다. 그리고 선반의 모든 물건이 마틴의 방식대로 가지런히 정리돼 있다. 이제 과연 로라는 어떻게 할 것인가?

이다혜   오늘은 영화 「적과의 동침」을 중심으로 가정 폭력에 관해 이야기합니다.

가정 폭력이라고 하면 배우자에 대한 협박부터 아동 폭력 및 방임까지 여러 가지 폭력 행위가 떠오릅니다. 그런데 가정 폭력이 법률적으로 명시된 범죄가 아니라고 들었거든요, 가정 폭력은 어떻게 규정할 수 있을까요?

반의사 불벌죄, 무엇이 문제인가

이수정   가정 폭력은 일단 범죄입니다. 범죄이긴 하지만 가정 폭력 행위 처벌법에 의거해 가정 보호 사건으로 처리됩니다. 그러니까 가정 폭력 사건에는 크게 두 가지 경로가 있습니다. 형사 사건으로 처리되든지 아니면 가정 보호 사건으로 분류되는 것입니다.

형사 사건의 경우 단순 폭행 말고는 거의 대부분 피해자의 의사에 관계없이 사건화되어 경찰에서 처리합니다. 강도를 당하거나 살인이 발생하면 피해자에게 가서 사건 처리를 하실래요, 마실래요, 물어보지 않잖아요. 아주 심각한 범죄니까 당연히 사건화되는 것입니다. 이제는 강간도 마찬가지고요.

가정 폭력으로 보기에 경미하다고 판단되면 가정 폭력 처벌법의 적용을 받는 가정 보호 사건이 되는데, 이 경우에는 '반의사 불벌죄'[4]가 적용됩니다. 그렇기 때문에 피해자한테 가서 '남편을 고소하실래요?'라고 물어보고, 아내가 남편에 대한 고소 의지를 밝혀야 사건이 기소가 되고, 기소가 된 다음 유죄 판결을 받아 내야 비로소 처벌이 됩니다. 그 중간에 어느 단계에서든 뒤늦게 마음이 변심하여 '남편을 용서해 주세요.' 하면 아무리 피해자의 팔이 부러지고 응급실에 실려 가도 가해자에 대한 처벌이 어렵습니다. 가정 보호 사건으로 분류되기 때문입니다.

그런데 신고 후 조사를 받다가 집으로 가면 피해자와 가해자는 다시 같은 공간에서 살아야 합니다. 가해자가 피해자의 생사여탈권을 가지고 있는 상태이고 더군다나 경제적으로 의존하고 있는 상태이니 아내가 남편에 대한 고소 의지를 유지하기가 현실적으로 어렵습니다. 아이들의 아버지이고, 생계 유지가 되어야 아이들을 먹이고 가르칠 수 있으니까요. 그러다 보니 폭력 실태가 너무나 끔찍해도 거의 사건화되지 못하고 오랫동안 묵혀 있다가 결국 남편이 아내를 살해하거나, 아내가 남편을 살해하는 사건으로 전개되는 것입니다.

이다혜　「적과의 동침」에 등장하는 마틴이라는 남편 캐릭터에 대해 여쭤보고 싶습니다. 마틴이 로라에게 저지른 폭력을 어떻게 정

4　反意思不罰罪. 피해자가 가해자의 처벌을 원하지 않는다는 의사를 표시하면 처벌할 수 없는 범죄로 폭행죄, 존속 폭행죄, 협박죄, 존속 협박죄, 명예 훼손죄, 출판물 등에 관한 명예 훼손죄, 과실 상해죄 등이 반의사 불벌죄에 해당한다. 이는 피해자의 의사 표시 없이도 공소를 제기할 수 있다는 점에서 고소, 고발이 있어야만 공소를 제기할 수 있는 '친고죄'와 구별된다.

의할 수 있을까요?

이수정　각종 폭력을 다 저질렀다고 생각합니다. 아내를 인격체로 대우하는 것이 아니라 본인의 판타지대로 할 수 있는 인형으로 일종의 대상화를 하고 있습니다. 경제적 자율권도 주지 않고, 폭력도 가하고, 성폭력도 저지르고, 모든 것을 자기 통제 아래 두는 타입의 사람이라고 봐야 합니다.

이다혜　총칭해서 가정 폭력이라는 말을 쓰긴 하지만, 가정에서의 남성 폭력이라고 할 만큼 남성이 가해자인 경우가 많다고 알고 있습니다. 실제로 가해자의 성별 비율은 어떻게 되나요?

이수정　가정 폭력에 부부 폭력만 포함되는 것은 아닙니다. 존속 폭력, 비속 폭력도 가정 폭력에 해당합니다. 가정 폭력으로 신고된 사건 중에서 여성, 아내를 폭행하는 사건은 70퍼센트 정도 됩니다. 그리고 나머지 30퍼센트는 아내가 남편을 폭행하는 사건, 자식이 부모를 폭행하는 존속 폭력도 최근 많이 늘어났고, 비속 폭력이 아동 학대가 아니라 가정 폭력으로 신고된 사건도 있습니다.

낙후된 범죄 통계 산출 방식의 폐해

이다혜　정확한 실태를 파악해야 예방이든 지원이든 할 수 있을 듯합니다. 그런데 현재 범죄 통계를 내는 방식이 가정 폭력을 포함해 친밀한 관계에서 일어나는 폭력의 진상을 드러내는 데 부적합하고 굉장히 한계가 있다는 지적이 있습니다.

이수정　친족에 대한 범죄 통계는 산출되지만 그것을 세분화하여 부부 간에 얼마나 폭력이 일어나는지는 현재의 통계로는 산출할 수 없습니다. 애당초 입력 자체를 하지 않기 때문입니다. 경찰에서 사건이 입건이 되면 전산상에 입력을 해야 하는데, 그 전산 항목에 부부라는 항목이 아예 없습니다. 놀라운 일이죠.

그냥 친족으로 뭉뚱그려서, 여자/남자로만 나뉘어 입력됩니다. 다 친족인데 여자가 어머니인지 딸인지 아내인지 어떻게 알겠어요. 그러니까 일단 사건 입력 자체를 두루뭉술하게 하는 것이 문제입니다. 생각할수록 참 놀라운 일이긴 한데, 그만큼 아내라는 지위가 사회적으로 인가받기 힘든 것이었다고 볼 수 있을 듯합니다. 존속이나 비속은 통계를 내는데 아내는 하지 않으니, 그냥 남편의 부속물, 소유물로 생각해 왔다는 것이지요.

이다혜　이런 문제점을 고치려는 시도가 있긴 한가요? 너무나 놀랍습니다. 이 정도 상황일 것이라고는 상상도 하지 못했습니다. 가정 폭력 중 남편에 의해 아내가 피해를 입는 경우를 아예 파악하지 않는다는 말이잖아요.

이수정　서울 강서구 아파트 살인 사건*을 계기로 고치려 하고는 있습니다. 강서구 사건이 발생한 후 국회에서 아내 살해 사건 통계를 확인해 달라고 법무부에도 요구하고, 경찰청에도 요구했는데 부부라는 항목 자체가 입력이 안 되니까 자료가 없었던 거죠.

더군다나 아내를 폭행해서 죽이면 살인죄가 적용이 안 되고 치사가 적용 됩니다. 폭행 치사, 상해 치사로요. 살인죄의 경우는 성별 통계도 분명하고 피해자, 가해자의 관계를 어느 정도 추적할 수 있습니다. 살인죄는 어차피 일 년에 삼사백 건 정도밖에 안 되기 때문에 판결문을 뒤져 보면 되니까요.

그런데 치사는 살인보다 그 수가 훨씬 많습니다. 상해 치사, 폭행 치사, 강간 치사, 과실 치사까지 그 수가 엄청나게 많습니다. 그런데 부부를 입력하는 항목이 없다 보니 폭행으로 아내를 죽여도 그것이 만약 치사 사건으로 처리되면 추적이 불가능해집니다. 한국에서 한 해에 몇 명이 남편에게 맞아 죽는지 알 수 없는 것이 현실입니다.

이다혜 너무 놀라 말문이 막힙니다. 오늘날까지 이럴 것이라는 생각은 못 했으니까요. 사실 저도 한국에서 일어나는 많은 폭력 사건들 혹은 영화 속에 등장하는 폭력들에 대해 어느 정도 알고 있다고 생각했는데, 이 정도로 무심하게 다루어지고 있다는 것은 상상 밖의 일입니다.

이수정 제가 이 프로그램을 하는 이유도 이런 것들을 고발하기 위해서입니다. 저 혼자 알고 있는 것이 너무 안타까워서요.

> **: 서울 강서구 아파트 살인 사건***
> 2018년 10월 22일 강서구 등촌동의 한 아파트 주차장에서 사십 대 여성이 칼에 찔려 발견되었다가 사망한다. 범인은 전 남편 김종선으로, 그는 가정 폭력을 일삼다가 이혼한 후, 피해자에게 협박과 스토킹을 저질러 왔고, 접근 금지 명령을 받았음에도 이를 위반하

고 결국 사건을 저질렀다. 김종선은 1심에 이어 징역 30년을 선고
받았다.

'가정' 이 아니라 '폭력'에 주목하라

이다혜　　가정 폭력의 방점이 '폭력'이 아니라 '가정'에 찍혀 있기
때문에 문제라는 지적도 굉장히 많습니다. 폭력이 중요한데 가정사
로 취급한다는 것이죠. 제가 이해를 못하는 것 중 하나가 사람들이
결혼할 때 어른들이 흔히 해 주는 이런 충고입니다. '살다 보면 싸우
기도 할 텐데, 싸웠어도 둘이 꼭 한 이불 덮고 자라. 그래야 오랫동안
잘 산다.'는 충고요.

이런 식의 이야기는 모든 부부 간의 문제를 가벼운 말다툼, 약간
의 티격태격 정도로 생각하는 경향을 드러냅니다. 실제로 가정 폭력
의 제일 무서운 부분이, 죽을 것 같이 위협을 당한 후에도 같은 이불
을 덮어야 한다는 점인데, '부부는 원래 그렇게 사는 거야.' 같은 말
을 한다는 것이 너무 무섭습니다.

이수정　　우리 사회가 가정을 바라보는 관점이 바뀌어야 합니다.
폭력이 상존하는 곳은 전쟁터지 가정이 아닙니다. 가정이 국가의 사
법권도 침해할 수 없을 정도로 무소불위의 위치에 있는 듯 취급하는
현실을 개선해야 합니다. 그것은 현실에서 괴리된, 지극히 미화된
인식이니까요.

현재 한국 가정 폭력 처벌법의 기본적인 목적은 가정을 보호하
는 것이지 피해자의 생명권 보호가 아닙니다. 그러다 보니 반의사

불벌죄가 존재하는 것입니다. 생각 좀 다시 해 봐라, 너희 가정을 깨는 게 답은 아니지 않냐, 하면서 피해자의 심리적 갈등을 유발하는 셈입니다. 그러니까 자연히 사건화가 되지 않는 것이고요.

이다혜 가정 폭력 범죄 처벌 등에 관한 특례법은 1997년에 제정됐습니다. 그 이후 다섯 번 정도 개정이 됐다고 알고 있는데, 특례법이 만들어지고 개정되는 계기가 된 사건들 중에 혹시 기억나시는 게 있나요?

이수정 구체적인 사건들은 기억이 잘 안 나고요, 몇 차례의 개정을 통해 피해자 접근 금지 명령 같은 것들이 부가되고, 가정 폭력 사건 피해자를 지원하는 이런저런 제도들이 법률로 포함되었습니다. 현재 가정 폭력 사건을 제일 시급하게 다루는 곳은 일종의 긴급 구조 전화인 1366입니다. 법 개정을 거치면서 구조 전화 시스템이나 전국 시도 단위의 가정 폭력 상담소가 개설될 수 있었습니다.

그러나 기본적인 입장은 잠시 쉼터에 가 있더라도 궁극적으로는 집으로 돌아가라는 것이기 때문에 여전히 많은 문제를 야기하고 있습니다. 안타까운 일입니다. 폭력이 벌어지는 가정이 유지되어야 할 필요성이 있을까요?

이다혜 학교 폭력부터 시작해서 모든 형태의 폭력이 다 마찬가지라고 생각하는데, 사실 폭력 사건이 일어났을 때 가장 먼저 해야 하는 것은 가해자와 피해자를 분리해 피해자를 보호하는 일입니다. 게다가 자녀들이 있는 상황이라면 지금 당장은 배우자 한 명의 피해일지 몰라도 장기적으로 보면 자녀들에게 피해가 있을 수밖에 없습니다. 직접적으로 자녀를 폭행하지 않더라도 엄마의 폭력 피해를 보면서 자라는 것은 그 자체로 성장에 악영향을 미칠 테고요. 그런데도 분리가 아니라 재결합을 기본으로 삼는 것이 폭력 사건에 대한 인식 부족을 여실히 보여 준다고 생각합니다.

가해자 퇴거 시스템의 필요성

이수정　또 다른 문제는 분리를 시키는 방법 자체입니다. 한국에선 가해자가 아니라 피해자가 집을 나가야 해요. 그런데 상식적으로 봐도 때린 사람이 집을 나가야 하는 것 아닌가요? 외국의 경우에는 대부분 퇴거 명령이라는 것을 내립니다. 문제를 일으킨 폭력 가해자들이 주거 공간을 떠나라, 그리고 법원에서 개입해 피해자의 안전이 검증될 때까지 집으로 돌아가지 마라, 이것이 기본 원칙입니다. 왜냐하면 국가는 피해자를 보호해야 하기 때문입니다.

그런데 한국은 피해자를 보호한다는 미명 아래 너희는 가정에 생활비를 댄 적이 없으니 너희가 쉼터로 나가라, 하는 입장입니다. 그러고는 쉼터가 부족하니 예산을 더 달라는 식으로 논의가 진행됩니다. 가해자를 퇴거시키면 되는데 왜 예산 이야기가 나옵니까. 가해자는 도울 필요가 없잖아요. 그러니까 시스템 자체를 피해자 보호 위주로 완전히 바꿔야 합니다.

그러나 가정 폭력 처벌법은 개정이 잘 안 됩니다. 여전히 가정 유지가 제일 중요하다는 가부장적 사고 때문입니다. 폭력이 일어나는 가정을 계속 가정이라고 우기는 고루한 사람들이 여전히 존재하기 때문입니다. 아이들에게는 폭력을 행사하는 가정이라도 친부모가 있어야 한다는 것이죠.

아동 학대도 마찬가지입니다. 학대도 아동 보호 사건으로 분류되면 형사 사건으로 처리되지 않습니다. 폭행이 너무 심각하면 형사 사건으로 가지만 그렇지 않은 경우는 아동 보호 사건으로 분류해 결국 아동을 친권자한테 돌려보냅니다. 집으로 돌아가면 가해자와 피해자가 다시 함께 사는 것입니다. 이런 식으로 형사 사건 절차와 보호 사건 절차가 동시에 적용될 수 있는 사건들은 대부분 문제가 해결되지 않은 채 미봉책으로 끝나 버리는 경우가 많습니다. 사실상 국가가 별로 해 주는 것이 없는 셈입니다.

이다혜　아동이 폭력 피해를 당해서, 예를 들면 갈비뼈가 부러진다든가 하는 상해를 입고 응급실에 가는 경우 병원에 신고의 의무가 있는 것으로 알고 있습니다. 그러면 성인 여성의 경우는 어떤가요?

이수정　성인의 경우 병원에 신고 의무가 없습니다. 성인이기 때문에 본인이 알아서 해야 해요. 반의사 불벌죄도 사실 성인이니까 네가 알아서 하라는 취지인 것입니다. 그런데 만성적인 폭력에 노출되면 판단 능력에 문제가 생깁니다. 그래서 '학습된 무기력' 상태로 폭력 피해를 자신의 운명이라 받아들이기도 합니다.

영화 「적과의 동침」도 결국 그런 이야기입니다. 신분을 세탁해도 계속 쫓아오는 이런 스토커 같은 남자랑 사는 동안은 해결 방법이 전혀 없다고 체념해서 신고도 잘 안 합니다. 한국 같은 경우는 반의사 불벌죄가 있으니 사건화도 잘 안 되고, 그래서 결국 생명 손실까지 이어집니다. 어느 날 갑자기 상해 치사가 일어나는 것이 아닙니다. 상해 치사로 여성이 사망하는 사건들을 보면 적어도 7~8년 이상

되는 학대의 역사가 존재합니다.

이다혜   그 정도까지 가면 친정 식구들, 시집 식구들도 알고, 다 알더라고요. 제가 고등학생 때 선생님 중 한 분이 한여름에도 긴팔 옷을 입고 다니곤 했습니다. 그런데 같은 반 친구가 선생님 몸에 멍이 들었을 거라고 하는 겁니다. 집에서 매를 맞는 것 같다는 이야기였죠. 그런가 하고 생각을 해 보니, 그럼 이 친구는 그걸 어떻게 알아챘을까 싶더군요. 주변에서 폭력 피해 상황을 알 수는 있지만, 피해자 본인이 원하지 않으면 처벌할 수 없는 상황이다 보니 누군가가 대신 신고할 수 없다는 것도 안타깝습니다.

이수정   그렇죠. 그래서 지금 반의사 불벌죄를 폐지하라는 의견이 많습니다. 길거리에서 여성이 폭행을 당하고 있으면 행인들이 가서 말리잖아요. 그런데 가해자가 '이 여자는 내 아내다.' 그러면 사람들이 더 이상 말리지 못하고 가 버립니다. 이런 것이 반의사 불벌죄의 폐해입니다. 결국 반의사 불벌죄를 폐지하지 않는 이상 우리 사회는 가정 폭력을 범죄로 인정하지 않는 것입니다. 강도 사건이나 살인 사건을 신고하듯, 거리에서 가정 폭력 사건을 봐도 신고할 수 있고, 신고를 하면 저절로 사건화가 되어 법적으로 해결해야 하는데 현실은 그렇지 않습니다.

이다혜   앞서 말씀하신 것처럼, 물리적 폭력에 장기간 노출되는 경우에는 피해자의 판단력이 손상되기 때문에 가해자 입장에서는 그걸 노릴 수도 있겠다는 생각이 듭니다. 피해자가 판단할 수 없도록 고립시키거나 심리적으로 위축시키는 다양한 방법을 쓰는 거죠.

가스라이팅도 그중 하나일 테고요.

이수정　충분히 가능한 일입니다. 장기적으로 가정 폭력을 행하는 가해자들, 그럴 의지가 있는 가해자들은 일단 이사를 갑니다. 피해자를 친구나 가족으로부터 분리하는 것입니다. 피해자가 도움을 청하지 못하게 만든 상황에서 가해자는 내가 너를 정말 사랑해서, 너와 새 출발을 하고 싶어서 낯선 곳으로 떠나는 것이다, 내가 뭐든지 해 줄게, 나에게 모든 것을 의존해라, 합니다. 이사를 가는 순간 피해자는 정말 어디에도 도움을 요청하지 못하는, 완전히 고립된 상태가 됩니다. 이렇게 고립되어 버리면 돌이킬 수 없는 상황이 될지도 모릅니다.

이다혜　가정 폭력범의 경우 특징적인 성격 유형이 있을까요? 영화 「적과의 동침」을 보면 마틴은 강박적인 결벽증을 갖고 있고, 그래서 의처증도 굉장히 심한 것으로 나옵니다. 결벽증의 예를 들면 욕실에서 수건을 걸어 놓는 간격을 강박적으로 맞춘다든가 하는 식입니다. 이런 성격 유형이 가정 폭력과 관계가 있을까요?

가정 폭력범의 세 가지 유형

이수정　연구에 따르면 한국의 경우에는 세 가지 유형 정도가 있다고 합니다. 첫 번째 경우는 가부장적인 사고에 함몰되어 자신의 행동을 가정 폭력이라고 여기지 않는 사람입니다. 어렸을 때부터 이 정도 폭력은 가장의 권위라고 잘못 배운 사람들이죠. 이런 유형은 상담 등을 통해 사고방식을 고쳐 주면 어느 정도 변화 가능하다고들 말합니다. 그래서 현재 상담 조건부 기소 유예 같은 것을 적용하고 있고요. 다만 저는 그 제도도 현저히 축소해야 한다는 입장입니다.

첫 번째 유형은 상담이 그나마 효력이 있는 사람들이고, 두 번째 유형은 애착 장애, 경계성 성격 장애를 보이는 사람들입니다. 이 유형의 사람들은 버림받을지 모른다는 불안감 때문에 여자에게 족쇄를 채우고, 의처증을 보이거나 스토킹을 저지르기도 합니다. 세 번째는 사이코패스들, 밖에 나가서도 포악하고 안에서도 포악한 사람들입니다. 이런 경우는 제삼자가 도와주기가 어렵죠.

이다혜　가정 폭력의 경우를 보면 가해자가 밖에서는 굉장히 친절하다가도 집에서는 폭력적으로 돌변하는 사례가 적지 않은 듯합니다.

이수정　그런 사람들이 보통 유형 1이나 유형 2에 해당합니다.

이다혜　사회적으로 체면을 차리는 관계와 자기 소유라고 생각하는 가족 내에서의 관계가 이중적으로 달라지는 사례인가요?

이수정　그렇습니다. 그런데 유형 1은 모르고 그렇게 하는 것이고, 유형 2는 알면서도 그렇게 하는 것이죠.

이다혜　경제적 계층이라든가 교육 정도에 따라 폭력을 휘두르는 방식에 차이가 있을까요? 예를 들어 교육을 많이 받고 경제적 여유가 있는 사람이 그렇지 않은 사람에 비해 더 교묘하게 폭력을 휘두른다든가 하는 식으로 말입니다.

이수정　　화이트칼라의 가해 방법이 더 교묘해질 수는 있습니다. 범법 행위를 해도 자기 비호를 위한 여러 가지 법률적인 서비스를 받을 수 있으니까요. 그런데 가정 폭력이나 성폭력 같은, 여성을 대상으로 하는 폭력은 사회적 지위에 따라 발생 비율이 크게 차이가 나지는 않습니다. 정말 사고방식이 잘못된 사람은 아무리 경제적으로 유복하고 고등 교육을 받고 사회적 지위가 높아도 여성을 비하하고 업신여기고 폭행하는 거죠.

이다혜　　가정 폭력은 대물림된다는 속설도 있습니다. 근거 있는 이야기인가요?

이수정　　사회 학습 이론이나 범죄학에서도 폭력이 대물림, 즉 전이된다고 보는 입장입니다. '세대 간 전이'라고도 이야기하는데, 폭력적인 남편의 배후에는 폭력적인 부모가 있고, 가해자 본인이 어렸을 때 피해를 경험한 경우들이 많습니다.

이다혜　　가정 폭력의 대물림은 조심해서 다루어야 하는 화두인 듯합니다. 가정 폭력이 있었던 집에서 자란다고 해서 모두가 가정 폭력을 저지르지는 않습니다. 성장하면서 겪은 폭력의 기억 때문에 더 조심하는 사람들도 있을 텐데, 또 미디어에서는 그런 식의 전력, 가정사에 대해 과장하는 경향이 있기 때문에, 마치 운명적인 인과 관계가 있는 것처럼 부풀려 이야기하는 경우도 있을 듯합니다.

이수정   폭력이 언제나 대물림된다는 가설은 성립하지 않지만, 어릴 때 폭력에 장기간 노출되고, 부모가 서로 심리적, 물리적 폭력을 주고받는 가정에서 자란 사람에겐 언제나 상처가 있긴 합니다. 그렇기 때문에 그런 상처에 대한 문제의식을 갖고 그 상처를 잘 치료해서 상대에게 전이시키지 않기 위한 노력이 필요합니다.

이다혜   영화 「적과의 동침」을 보면 마틴이 결혼 전에는 로라에게 그렇게까지 폭력적이진 않았거든요. 제가 본 사례 중에도 이런 경우가 있었습니다. 구 년 정도 연애했는데 문제가 없었다는 거죠. 사람들이 흔히 하는 말, 그러니까 최소 사계절은 함께 겪어 봐야 한다는 둥, 술을 마시게 해 보라는 둥, 그런 말을 흘려듣지 않고 다 확인했다는 것이었어요. 그런데 굉장히 오랫동안 사귀는 동안 아무 문제도 없다가, 결혼을 한 직후부터 폭력이 시작됐습니다.

이수정   가정 폭력 사범들 중에는 혼인 신고를 하는 순간부터 돌변하는 사례가 특히 많습니다. 넌 이제 내 소유다, 그러니까 함부로 해도 된다, 이렇게 생각하는 거죠. 가부장적 사고와도 일맥상통합니다.
  가장 심한 경우가 임신한 아내를 때리는 사람들입니다. 임신했을 때 폭행을 하는 정도면 절대 같이 살면 안 됩니다. 정말 위험한 유형입니다. 인명 피해를 낼 수도 있는 위험한 징조로 봐야 하는데, 경제적 의존 때문에 용기를 내어 떠나야 하는 순간을 놓치고 마는 여성들이 많습니다.

이다혜   한국 사이코패스 중에는 가정 폭력범이 많다는 말씀으로 미루어 보면, 가정 폭력범을 식별하기가 어려울 것 같은데, 평소 언행에서 이런 경향을 짐작할 수 있을까요?

이수정 사실 언행을 통해 짐작하기는 어렵습니다. 지속적으로 객관적 관찰을 할 수 없다면 주변 사람들의 평에도 귀를 기울일 필요가 있습니다. 사람이 갑자기 하늘에서 뚝 떨어지는 건 아니니까 자라 온 환경, 가족들, 가족 관계의 질, 이런 것들을 보면 어느 정도는 미래가 짐작된다고 할 수 있습니다. 그러니까 나의 미래를 위해서라도 정말 눈여겨보아야 합니다.

이다혜 그런데 한국처럼 가부장제가 굉장히 공고한 사회고, 가부장인 남성에게 다른 가족들이 경제적, 심리적으로 종속돼 있는 경우가 많다고 봤을 때, 가족들의 평판이 과연 믿을 만한가에 의구심이 들지 않을 수 없습니다.

이수정 일리 있는 지적입니다. 사실 역사를 보면 여자들이 경제 활동을 하고 재산권을 갖기 시작하면서 투표권도 갖게 된 셈이잖아요. 그 지점이 중요한 것 같습니다. 여자들이 독자적으로 자신의 생계를 꾸려 나갈 수 있을 때 독립성이 생기고, 남편에게 경제적으로 종속되지 않으면 폭력 피해를 참아 내야 할 필요도 적어집니다. 어렸을 때부터 여자들에게 그와 같은 생각을 심어 주는 것이 굉장히 중요하고 꼭 필요한 일입니다.

폭력을 낭만화하는 미디어

이다혜　　그런 면에서 교육 문제를 이야기하지 않을 수 없는데, 드라마나 영화에서 낭만적인 행동이 무엇인가에 대한 잘못된 표현이 많이 나옵니다. 예를 들어 싫다고 하는 연인의 손목을 강제적으로 끌고 간다든가, 친구들과 같이 있는 여자 친구를 당사자의 의사와 상관없이 데리고 나간다든가, 벽에 밀어붙이고 갑자기 키스를 한다든가 하는 장면들이 낭만적인 것으로 미화되고 있거든요. 사실은 이 사람이 날 굉장히 사랑하고 있는데 그걸 잘 표현할 줄 모르기 때문에 서툴러 하는 행동이라는 식입니다. 이런 것이 사랑이라고 오해하도록 부추기는 부분들도 분명히 있는 것 같습니다.

이수정　　저도 기억은 잘 안 나지만 예전에 연애라는 것을 해 봤는데요. (웃음) 그때 제 남자 친구도 그런 종류의 행동을 애정 표현이라 생각하는 사람이었습니다. 기억나는 에피소드가 있어요. 친구들이랑 기차 타고 놀러 간다고 미리 말한 뒤 여행을 떠났는데, 도착해서 기차역 출입구에 남자 친구 비슷한 사람이 딱 서 있었어요. 스케줄이 있어서 지금 다른 곳에서 다른 일을 하고 있어야 하는 사람이 거기 있으니 놀랄 수밖에 없었죠.

그때 제가 저 남자가 정말 나를 사랑하나 보다 하고 생각했던 것 같아요. 그리고 당시 그 자리에 있던 많은 친구들이 '쟤가 너 진짜 좋아하나 보다, 여기까지 따라온 걸 보니.' 그러면서 저를 부러워했어요. 그런데 지금 생각해 보면 그게 다 스토킹이고 사생활 침해 아닙니까. 그때 그 사람이랑 결혼 안 한 것이 정말 천운이라는 생각이 듭니다. 만약 그 남자와 결혼했다면 사회 생활하는 데 지장이 많았을 거고, 집을 떠나 공부하지 못했을 수도 있어요.

이다혜　　그리고 「이수정 이다혜의 범죄 영화 프로파일」도 없었겠네요.

이수정　　그렇죠. (웃음) 젊은 시절에 경험이 없다 보면 누구나 집착을 사랑으로 오해할 수 있습니다. 미디어에서 그렇게 가르치는 경향도 있고요. 그런데 시간이 가면 자유가 얼마나 중요한지 깨닫게 되죠. 이십 대 초반에는 잘 모를 수 있습니다.

이다혜　　아까 말씀하신 '친구들도 부러워했다.'는 부분이 정말 중요해 보입니다. 남자 친구의 행동에 불편과 불안을 느끼고 '지금 왜 이런 행동을 하지? 난 싫다고 얘기했는데? 내가 부르지 않았는데 왜 친구들과 함께 있는 자리에 찾아와서 굳이 확인하는 거지? 이건 좀 너무한 거 같아, 내 자율권을 침해하고 있어.'라고 생각할 때, 친구들이 '야, 쟤가 너 정말 좋아하나 봐.' '내 남자 친구는 왜 저렇게 안 하는지 모르겠어.' 같은 식으로 반응하면 제대로 판단할 수 있는 기회를 놓칠 수도 있으니까요.

이수정　　여자들도 가부장적인 사고를 합니다. 특히 종속되는 것이 사랑인 양 착각하는 경우도 많습니다. 그러나 인간이 인간을 사랑한다는 것은 대등한 관계에서만 성립할 수 있습니다. 너의 인격과 나의 인격을 서로 인정해 주고, 용인하고, 약점은 약점대로 수용하는 것이 정말 성숙한 사랑이죠. 한 사람은 모든 것을 제공하고 다른 한 사람은 혜택 안에서 안주하는 것은 사랑이 될 수 없습니다. 그건 연인 관계가 아니라 부모 자식 관계죠.

이다혜   가정 폭력 사건을 보면, 전날 밤에는 술 마시고 폭력을 행사한 남자가 다음 날 울고불고 하면서 잘못했다, 다시는 안 그러겠다고 하는 경우가 많습니다. 피해자가 밤에는 화가 나고 무서웠다가 다음 날 아침에는 마음이 녹아내려 용서하고, 이런 행동을 반복하는 것을 어떻게 봐야 할까요?

피해자를 옭아매는 '구세주 콤플렉스'

이수정   그런 사례가 정말 많습니다. 그러다 결국은 점점 심화되어 인명 피해가 나기도 합니다. 앞서 이야기한 것처럼 여성들도 착각을 하니까요. 가정 폭력을 용인하는 여성들 중에 이 남자의 아픔, 고통을 내가 치유할 수 있을 것이라는 판타지 속에서 잘못된 선택을 하는 사람들이 있습니다. 그런데 그것은 말 그대로 판타지입니다.

상처받은 성격은 쉽게 회복되지 않습니다. 감당할 수 없으면 관계를 종결하는 것이 맞는 답입니다. 그런데 여성들은 현실적으로 많은 것을 생각하죠. 이혼이 나중에 나에게 편견의 딱지로 작용하지 않을까 하는 두려움 때문에 올바른 선택을 차일피일 미루다가 결국 더 큰 불행에 빠지곤 합니다.

이다혜   이른바 '구세주 콤플렉스'군요. 내가 저 사람의 아픔을 다 이해하기 때문에 해결해 줄 수 있고 구원해 줄 수 있을 것처럼 생각하지만 사실 착각이잖아요.

이수정   폭력은 습벽이기 때문에 폭력이 한 번 있으면 다시 반복될 가능성이 높습니다. 나의 헌신으로 절대 고쳐지지 않아요.

이다혜   영화 「적과의 동침」을 보면 마틴이 로라를 폭행한 다음 장미꽃과 빨간 슬립을 선물한 후 그 옷을 입히고 바로 성관계를 갖는 장면이 있습니다. 로라가 내키지 않지만 억지로 응한다는 점에서 사실상 부부 강간입니다. 가정 폭력 가해자들이 왜 이런 행동을 하는지도 궁금합니다.

이수정   강간이라고 생각하지 않고 일종의 애정 표현, 너를 너무 사랑해서 하는 행동이라 생각하기 때문입니다. 강간을 사랑이라 포장하고, 상대방도 그것을 운명으로 받아들이면서 폭력적인 관계가 지속됩니다.
앞서 제가 임신한 상태에서 폭행하는 것은 결정적인 징후다, 이것은 절대 용인해서는 안 된다고 했는데, 또 한 가지 반드시 피해야 할 징후가 폭행 끝에 성폭행, 부부 강간을 하는 것입니다. 이렇게 두 가지 징후가 보인다면 이 관계는 반드시 끝내야 합니다. 법적으로 개입을 해서라도, 강제력을 동원해야 하는 관계입니다.

이다혜   임신 중 폭행은 너무 심각한 상황이라고 누구나 인지를 할 것 같은데 두 번째 징후 같은 경우, 그러니까 폭행한 다음에 성관계로 이어지는 경우는 주변에서 알아채기가 더 힘들 듯합니다. 또 하나 문제가 되는 것은 남자들의 시각이 여자들과 무척 다르다는 점입니다. 이런 경우 남자는 강제든 아니든 성관계를 했기 때문에 화해했다고 생각해 버립니다.

이수정 완전한 오해죠. 상대방이 동의한 관계만이 합의된 성관계라는 기본적인 정의조차 제대로 배우지 못한 것입니다. 마구 폭행을 당해 얼굴이 터져 있는 여성이 남편의 성관계 요구에 동의할 확률이 과연 얼마나 되겠어요. 동의를 구하지 않고 성관계를 맺어 온 습벽 때문에 폭행을 하고도 피해자를 강간하는 거죠. 성관계는 반드시 상대의 동의 아래 이뤄져야 한다는 기본적인 교육을 어린 시절부터 받아야 하는데, 현실은 그렇지 못한 것이 문제입니다.

이다혜 성관계 시 동의가 전제되지 않는다면 폭력이고 강간이라는 말이 나오면, '그럼 손잡을 때도 물어봐야 해?'라면서 모든 행동에 다 동의를 구해야 하느냐고 되물어오기도 하는데요. 실제 성관계에 이르는 과정에서 한 번도 동의를 구하지 않았던 사람들이 갑자기 매번 물어볼 것처럼 이야기하는 것은 기가 막힙니다.

이수정 동의를 구한다는 것은 상대를 대등한 인격체로 본다는 것입니다. 그러면 가정 폭력이 일어날 수 없죠. 어떻게 동의를 구하고 폭력을 저지르겠습니까. 그러니까 어릴 때부터 동의를 구하는 절차의 중요성을 가르치는 것이 중요합니다.

이다혜 오랫동안 가정 폭력에 노출된 여성들이 무기력을 떨치고 행동할 수 있도록 주변에서 도울 수 있는 방법이 있을까요? 상담을 받으라고 권하는 것이 크게 효력이 있을지 모르겠지만, 최소한 남의 입을 통해서, 아니면 전문가의 입을 통해서 지금 내가 경험하고 있는 것이 명백한 폭력이고 심각한 문제라는 것을 아는 것은 굉장히 중요해 보입니다.

이수정　앞서 이야기했던 유형 중에 첫 번째 유형, 즉 자기가 하고 있는 행동이 포악한 폭력이라는 것을 모르는 사람들에게는 그 사실을 객관적으로 알려 주는 것이 중요합니다. 가족 치료도 나름대로 효력이 있을 수 있습니다. 그런데 그것도 동의하지 않는 사람이 많습니다.

외국은 강제성을 부여합니다. 제대로 상담을 받지 않으면 형사 사건으로 처리하겠다, 상담을 언제부터 언제까지, 일주일에 몇 번씩 꼭 받아라, 삼 개월 후에 보자, 이런 식으로 가해자에게 조건을 답니다. 외국의 법원과 한국의 가정 폭력이나 아동 학대 법원의 가장 큰 차이가 그것입니다. 그래서 외국의 경우에는 조건을 무시하면 형사 사건으로 처분할 수 있습니다.

그런데 한국은 두 절차가 분리되어 있습니다. 가정 보호 사건이나 아동 보호 사건으로 분류돼 가정 법원으로 넘어가면 그것으로 끝, 즉 형사 처분을 할 수 없습니다. 형사 처분까지 결정할 수 있는 전담 법원이 있다면 판사가 마음이 바뀌어 형사 처분을 할 수도 있고, 교도소에 갈 수도 있으니 폭력 가해자들의 경각심이 다르겠지요.

이다혜　한국의 경우 경찰이 신고를 받고 출동해도 허락 없이 집으로 들어가서 가해자, 피해자를 분리할 수 없다고 들었는데 사실인가요?

이수정　물론 원론적으로는 할 수 있습니다. 그런데 추후 기물 파손 등으로 고소를 당하면 자기 월급으로 변상해야 하니까 말썽을 빚기 싫어서 적극적인 개입을 꺼리는 것입니다.

이다혜   피해자가 가해자에게서 벗어나려면 피해 사실을 증명해야 하지 않습니까? 그럴 경우 어떤 것부터 시작하는 것이 좋을까요?

이수정   요즘은 여러 가지 기록을 남길 수 있는 기기들이 많습니다. 당장 소형 카메라라도 설치해 폭행 장면을 찍어 두면 증거물이 되기 때문에 반의사 불벌죄는 물론, 형사 사건화할 수 있는 여지도 생깁니다. 일단은 어떤 방식으로든 기록을 남기는 것이 무척 중요합니다.

이다혜   이렇게 기록을 남기는 것은 육체적인 폭력일 때 가능할 것 같은데요, 정신적인 폭력의 경우는 어떤가요?

이수정   현실적으로 어렵습니다. 한국에서는 정신적 폭력을 가정 폭력으로조차 취급하지 않아요. 정신적인 폭력뿐 아니라 돈을 전혀 안 준다거나, 아니면 굉장히 적게 주고 돈 쓴 내역을 일일이 검사한다거나 하는 식의 경제적인 폭력도 있을 수 있습니다. 그런 것들도 사실은 가정 폭력의 연장선상으로 봐야 하는데, 현재로서는 사건화가 원천적으로 불가능합니다.

상담 조건부 기소 유예의 문제점

이다혜   영화 「적과의 동침」에서 로라는 죽은 것으로 위장해 마틴에게서 도망칩니다. 죽지 않고는 도저히 남편을 떨쳐 낼 수 없다고 판단했기 때문이죠. 얼마 전 강서구 사건도 그렇고, 가정 폭력범들이 이렇게 특정한 대상한테 집착하는 이유가 있나요?

이수정 　집에 잡아 놓은 가장 만만한 볼모에게 포악함을 푸는 것입니다. 한국의 사회 정서상 사이코패스가 집 안에서 그 포악함을 분출시킬 가능성이 더 큽니다. 외부인은 잘 알지 못하니까요.

이다혜 　여성 긴급 전화 상담 서비스 1366 이외에 도움을 받을 수 있는 기관들이 또 있을까요?

이수정 　가정 폭력 상담소, 여성 폭력 상담소 등 여러 상담소들이 있는데, 가장 긴급한 상황에서는 1366으로 전화하시길 권장합니다. 1366 서비스는 경찰과 직접적으로 연결되어 사건이 심각하다 싶으면 경찰에서 개입하도록 처리합니다. 피신을 해야 할 상황이면 쉼터도 소개해 줍니다.

이다혜 　영화에서는 결국 로라가 마틴을 총으로 쏴 죽이면서 폭력이 끝나는데요, 가정 폭력은 가해자든 피해자든 둘 중 한 사람이 죽기 전에는 쉽게 끝나지 않는 문제임을 시사하는 듯합니다. 남편이 폭력 피해자인 아내를 살해하는 경우, 아내가 폭력 가해자인 남편을 살해하는 경우, 이 두 가지 유형의 사건 처리 과정에 차이가 있을까요?

이수정 　사실 굉장히 시간이 많이 필요한 이야기입니다. 둘 다 살인 사건이지만, 매 맞던 아내가 죽으면 가해자에게 상해 치사가 내려지고, 죽을 만큼 매를 맞던 아내가 이삼십 년 후 폭행 가해자인 남편을 죽이면 그때는 살인죄가 적용됩니다. 살인은 고의가 있어야 한다는 것이 전제 조건이기 때문입니다.

아내를 폭행해 죽인 남자는 '죽을 줄 몰랐다.'고 주장하고, 수십 년간 매 맞으며 살다가 한순간 반격해 남편을 죽인 여자는 '네가 특별히 고의가 있지 않은 이상 왜 반격하느냐.'는 질문을 받는 것입니다. 죽은 사람은 말이 없고, 죽을 줄 몰랐다는 사람한테 고의를 적용할 순 없기 때문에 아내를 폭행해 죽인 남자에게는 치사가 적용됩니다.

이다혜　이 이야기는 워낙 중요한 문제니 다음 영화에서 좀 더 길고 자세하게 듣겠습니다. 영화 「적과의 동침」에서 로라는 마틴과 옥신각신하다 그를 우연히 쏜 것이 아닙니다. 작정하고 정조준해서 세 발을 쏩니다. 이런 사실이 밝혀질 경우 로라가 미국 법정에서 정당방위를 인정받을 수 있을까요? 한국 같은 경우라면 같은 사건에 어떤 판결이 날까요?

이수정　특히 미국의 경우 총기를 가지고 위협하는 가정 폭력 사례들이 많습니다. 그래서 자신을 위협하던 남편의 총기로 남편을 쏴서 죽였을 경우, 정당방위로 인정된 사례도 꽤 있습니다. 일단은 누가 먼저 흉기를 들었느냐가 중요한데, 남편이 먼저 총기를 가지고 와 아내를 위협한 것이잖아요. 그러면 생명의 위협을 충분히 느낄 수 있고, 방어의 필요성 또한 느낄 수밖에 없으므로 정당방위를 적용하는 경우가 종종 있습니다. 반면 한국에는 정당방위가 인정된 사례가 단 한 건도 없습니다.

이다혜　이야기를 들으면 들을수록 우리 사회는 아직 갈 길이 멀다는 생각부터 듭니다. 현재로선 가정 폭력으로 인해 사망한 아내가 몇 명이나 되는지 알 수 없다는 것부터가 너무 충격적이라서 집으로 돌아가는 길에 생각이 많아질 것 같습니다. 이런 사건을 워낙 많이 접하는 선생님이 보시기에 가정 폭력과 관련해 가장 시급한 조치는 뭐라고 생각하시나요?

이수정　　일단 반의사 불벌죄를 지금처럼 유지하는 것은 문제가 있다고 보입니다. 반의사 불벌죄의 적용 기준에 대해 다시 논의해 볼 필요가 있습니다. 그리고 가정 보호 사건일 때 적용되는 상담 조건부 기소 유예라는 것이 있는데 이 판결을 받으면 사건화가 안 됩니다. 기소 유예를 해도 되는 사건인지, 안 되는 사건인지 일단 평가하고 나서 상담 후 용서를 해 줄 것인지 여부를 결정해야 할 것입니다. 이 두 가지는 시급한 개선이 필요합니다.

돌로레스 클레이번

왜 한국의 가정 폭력
사건은 정당방위가
성립되지 않는가

감독 테일러 핵퍼드 | 미국 | 1995년

뉴욕에서 생활하고 있는 유능한 기자 셀리나 조지는 어느 날 발신인을 알 수 없는 팩스 한 장을 받는다. 그녀의 어머니 돌로레스가 살인 사건의 용의자가 되어 재판을 받게 된다는 신문 기사였다. 어머니와의 관계가 껄끄러웠던 셀리나는 내키지 않는 마음으로 고향인 아일랜드로 향한다.

셀리나의 어머니 돌로레스는 베라 도노번이라는 지역 여성 부호 밑에서 오랜 기간 가정부로 일해 왔는데, 베라가 급사하면서 범인으로 지목되었다. 그리고 돌로레스는 변호사 선임을 마다하고 진술을 일절 거부한다.

셀리나는 어머니가 베라를 죽였을 거라고 믿지만, 한편으로 예전의 기억이 서서히 떠오르기 시작한다. 십팔 년 전, 알코올 중독자였던 그녀의 아버지 조 세인트 조지는 늘 돌로레스를 학대했고, 셀리나를 은밀히 성추행했다. 돌로레스는 가정부로 일하면서 모은 돈으로 셀리나를 데리고 언젠가 떠날 희망을 품고 있었으나, 어느 날 남편인 조가 자신이 모은 돈을 모두 빼앗아 가버렸다는 사실을 알게 된다. 돌로레스는 절망으로 무너지는데, 매정한 고용주였던 베라가 돌연 '때로는 악녀가 되어야만 자신을 지킬 수 있는 법이지.'라는 말과 함께 연대의 손을 내민다. 그리고 개기 일식이 찾아오면서 섬에는 점차 어두운 그림자가 드리운다.

이다혜　　오늘은 영화 「돌로레스 클레이번」을 중심으로 왜 한국은 가정 폭력 사건에서 정당방위가 성립하지 않는가에 대해 이야기합니다.

이 영화는 스티븐 킹의 동명 소설을 원작으로 만들어져 스티븐 킹과 캐시 베이츠의 조합을 볼 수 있는 영화인데요. 캐시 베이츠는 「미저리」로 그해 아카데미 여우 주연상을 수상했고, 한국에서도 영화가 꽤 흥행이 됐습니다. 하지만 두 작품의 내용과 분위기는 완전히 다릅니다. 거칠게 말해 「돌로레스 클레이번」은 가정 폭력 피해자였던 여성들이 가해자인 남편을 죽이고 자기 삶을 살아가는 이야기인데요. 이 작품과 주제를 선택한 이유는 바로 이전에 다뤘던 「적과의 동침」 때문입니다.

마지막 질문이 영화에서 남편에게 학대당하던 아내가 결국 남편을 살해하게 되는데 이럴 경우에 정당방위로 인정되느냐는 것이었고 박사님의 대답은, '미국에서는 정당방위가 인정된 사례가 꽤 많다, 하지만 한국에서는 단 한 번도 없다.'였습니다.

국가마다 다른 정당방위 요건

이수정　　네, 그것이 현실입니다. 미국뿐 아니라 영미권 국가에서는 장기간 가정 폭력 피해를 당하던 여성의 가해자에 대한 반격 행위를 정당한 방위의 개념으로 인정하는 판례들이 꽤 있습니다. 총기를 가져와서 아내의 머리에 대고 위협하던 남편이 방심하는 틈에 그 총기를 집어 남편을 살해한 경우를 예로 들 수 있습니다.

그런데 한국의 경우에는 단 한 건도 없습니다. 제가 봤던 사건 중에 가장 관대한 처분이 내려졌던 건 피해자에게 징역형 없이 치료 감호 2년을 선고한 사건이었습니다. 아마 고등법원 판결이었던 것으로 기억합니다. 그 경우는 물론 형벌이긴 합니다만, 치료적 목적의 입원이기 때문에 형벌로만은 볼 수 없습니다. 치료 감호 2년을 받게 되면 많은 경우에 1년이 채 되지 않아 퇴원할 수 있기 때문에 아주 파격적인 판례라고 볼 수 있습니다.

판사도 선고를 하면서 '내가 지금 잘하는 일인지 모르겠는데……'라는 식으로 전제를 달았던 게 지금도 기억나는데, 그 정도로 희귀하고 관대한 판결이었습니다. 그 외에 정당방위를 인정한 사례는 아예 없고, 앞서 말한 정도의 관대한 판단을 내릴 때도 회의를 하면서 선고할 수밖에 없는 정도입니다. 이처럼 한국에서의 가정 폭력 피해 여성의 가해자 살인은 살인의 고의성을 인정해 유죄 판정을 받는 것이 전반적인 추세입니다.

이다혜　　미국과 한국의 차이가 어디서 발생할까요? 한국에서 벌어진 사건이나 외국에서 벌어진 사건이나, 그냥 사건 내용만 놓고 보면 크게 다르지 않아 보입니다. 장기간 배우자의 폭력에 노출되었던 아내가 가해자인 남편을 살해하는 식으로 폭력을 끝내는 결말입니다. 그런데 왜 어느 나라는 이것을 범죄라고 보고, 어느 나라는 이것을 정당방위로 보는지 궁금합니다.

이수정 　우선 정당방위에 관한 영미법의 요건과 국내법의 요건이 다르다는 것이 일차적인 이유일 것입니다. 한국의 경우 정당방위가 되려면 최소 두 가지 요건을 충족해야 합니다. 하나는 생명의 위협이 될 정도의 상당한 폭력이 있어야 한다는 것입니다. 그래야 방위의 필요가 발생하니까요. 또 하나는 현재 진행형이어야 합니다. 이를테면 십 년 동안 맞았다고 해도 오늘은 맞지 않았는데 살인을 저지르는 것은 정당방위가 아니라고 보는 거죠.

　예를 들어 이 분 전까지 소리를 지르면서 흉기를 들고 난동을 부리던 남편이 침대에 벌러덩 눕더니 갑자기 코를 골며 잘 수 있습니다. 보통은 만취 끝에 그와 같은 난동이 일어나니까 그런 경우가 드물지 않아요. 그런데 남편이 잠든 순간에 남편이 들고 휘두르던 흉기를 빼앗아 남편을 내리쳤다면 이 사건도 정당방위가 인정되지 않습니다. 정당방위가 되려면 상대방이 흉기를 들고 난동을 부리는 바로 그 순간에 흉기를 빼앗아 남편을 내리쳐야 합니다. 그렇지 않으면 현재성의 원칙에 위배되니까요.

이다혜 　그런데 폭력이 현재 진행형이라는 것을 어떻게 증명할 수 있을까요? 보통은 가정 폭력 사건들이 집 안, 특히 침실 같은 사적인 공간에서 발생할 텐데요. 당연히 증인이 있을 확률도 낮고, 오랫동안 가해자였던 남편은 이미 죽은 상황이라면 말입니다.

이수정 　자신의 죄를 이미 자백한 가해자, 즉 피의자의 진술에 의존합니다.

이다혜 　가해자가 현재 진행성을 주장한 경우, 그러니까 남편이

나를 계속 때리고 있는 상황에서 내가 반격해서 죽였다고 주장하는 경우는 그간 없었던 건가요?

이수정　가해자가 되어 버린 가정 폭력 피해 여성들의 심리를 이해할 필요가 있습니다. 보통 어떻게든 나에게 이득이 되게 상황을 반전시키겠다는 의지나 동기가 있어야 정상이잖아요. 그런데 장기간, 경우에 따라서는 이삼십 년 동안 죽기 직전까지 폭행을 당하던 여성들의 심리 상태는 일반인과 매우 다릅니다. 정말 죽지 못해서 사는 것이기 때문에, 차라리 죽는 편이 낫다고 생각한 적이 한두 번이 아니기 때문에, 남편이 사망에 이를 때의 순간을 유리하게 바꿔 거짓 진술을 해야겠다, 하는 의지조차 없는 경우가 대부분입니다.

그래서 결국 본인에게 불리한 진술이 되든 말든, 그냥 있었던 일을 그대로 자백하고, 대부분 현장에서 체포됩니다. 스스로 신고하는 사람도 많아요. 정신을 차려 보니 남편이 죽어 있고 자기는 피범벅이니까 그냥 119나 112에 신고해 '우리 남편 좀 살려 주세요.' 하는 아내들이 많습니다. 그런 사람들이다 보니 굳이 상황을 꾸며내지 않고 내가 죽인 게 맞다고 진술하는 거죠.

'매 맞는 아내 증후군'과 '학습된 무기력'

이다혜　물론 저지른 범죄에 대해 거짓말하는 것은 잘못된 행동입니다만, 지금 말씀하신 대로라면 가정 폭력 피해자들은 대부분 사실을 말했기 때문에 형을 살게 되는 것이군요. 그런데 현실적으로 남편이 깨어 있는 동안 아내가 반격하기란 사실상 불가능하지 않습니까? 그런 행동이 가능했다면 그동안 매 맞는 아내로 살아오지 않았을 테니까요.

이수정   맞습니다. 만약 그런 반격이 가능한 관계였으면 이미 이혼했겠지요. 폭력을 행사하는 남편은 대부분 성격 장애를 갖고 있고, 일거수일투족 감시하면서 심리적, 신체적 학대를 동시에 가하는 사람들이기 때문에 보통 아내의 정신은 피폐해진 상태입니다.

가정 폭력 피해자가 사는 딱 한 가지 이유는 자식입니다. 그래서 자식들이 장성해서 집을 떠나면 결국 본인이 죽임을 당하거나 아니면 살인을 저지르는 경우가 많습니다. 자식이 집에 있는 동안은 어떻게든 자식이 폭력을 뜯어말리고, 피해자도 자식 얼굴을 봐서 어떻게든 참아 내려 합니다. 그랬던 자식이 독립해 떠나 버리면 말리는 사람이 없으니 폭력은 점점 심해지고, 어느 순간 피해자의 심리 상태가 임계점에 도달하면서 비극적인 사건이 일어납니다.

살인이 일어나는 순간은 매 맞는 아내들이 '아, 나도 살고 싶다.'라는 생각을 하는 순간이기도 합니다. 체념 속에 묻혀 있던 생존 본능이 순간적으로 발현되는 것입니다. 법적인 의사 결정을 할 때는, 가해자가 합리적인 사고를 한다는 것을 전제로 '고의'라는 것을 설정합니다. 그런데 가정 폭력 피해 여성들의 정신 상태는 이미 합리적 사고를 할 수 있는 상태가 아닐 수 있습니다. 어쩌면 조현병 환자들의 정신 상태 못지않게 정상이 아니죠.

그런데 문제는 이들에게 정신과적 진단명을 붙일 만한 만성화된 질환은 또 없다는 것입니다. '외상 후 스트레스 장애'[5]는 성립하는

---

5   PTSD(Post-traumatic Stress Disorder). 충격적인 스트레스 경험을 겪은 후 나타나

데, 이것은 글자 그대로 스트레스 장애에 불과합니다. 한국 법은 그 정도로는 형사 책임을 조각해 줄 필요가 없다고 생각합니다. 그러나 가정 폭력 피해자들은 외상 후 스트레스 장애 상태로 비정상적인 사고를 하기 때문에 자고 있는 사람의 코 고는 소리만 들어도 자신에게 소리 지르며 달려드는 것 같은 공포를 느낍니다. 그 공포에서 어떻게든 탈출하려고, 그야말로 살아 보겠다고 반격하는 것은 합리적인 의사 결정이라기보다 본능적인 욕망입니다.

나를 때리는 데 쓰던 둔기가 떨어져 있는 것을 보고 그대로 들어 남편의 머리를 내리쳤다, 이 행동이 과연 합리적 선택인지 아니면 외상 후 스트레스 장애에 기인한 일종의 방어 행위인지를 판단해야 하는데, 나라마다 그 판단 기준이 다릅니다. 영미권의 판례를 보면 '현재성의 원칙을 객관적인 기준으로 정하면 안 된다, 장기적으로 폭력 피해를 당한 사람의 상대적인 관점에서 생각해야 한다.'는 기준이 보입니다. 총기로 매일 위협을 당하던 아내가 남편이 잠깐 놓아 둔 총기를 집어 들고 남편을 쏠 때, 그 순간 남편이 위협하고 있는 것은 아니지만 그 아내의 심리 상태는 여전히 총기로 머리를 위협당하고 있을 때의 상태 그대로라는 것이 영미권 법의 판단입니다.

어떤 심리학자는 매 맞는 아내가 남편을 살해할 때는 분노 때문에 죽이는 것이 아니라 공포 때문에 죽이는 것이라고 지적하기도 했습니다. 그 말대로라면 살인의 고의성이 성립하지 않죠. 형사 책임의 고의는 분노를 전제로 하기 때문입니다. 그런데 '너 죽어라!' 하는 분노와 '나는 죽고 싶지 않다.' 하는 공포는 완전히 다른 정신 상태입니다.

기 시작하는 심리적인 반응을 말한다. 대부분 목숨을 위협받을 정도의 정신적인 외상을 받아 발생하며 일반적인 스트레스와 달리 대응할 수 없을 정도로 심각한 고통을 초래한다.

이다혜　가정 폭력은 굉장히 일상적인 공간에서 가장 가까운 사이에 발생하는 폭력이고 특히 닫힌 문 안에서 벌어지는 일이기 때문에 제삼자가 그 공포를 제대로 이해하지 못하는 경우가 많을 듯합니다. 그러나 실제로 당하는 피해자는 이러다가 죽겠다 싶을 때가 한두 번이 아니겠지요. 게다가 남녀 간의 물리력 차이가 꽤 크다 보니 기본적으로 '저항'이 쉽지 않아 보입니다. 그런데 법원에서의 판결을 보면 그런 상황에 대한 이해가 부족하다는 생각이 듭니다.

선생님께서도 가정 폭력과 관련된 사건들에서 전문가 증언을 하실 텐데, 그런 때에 법원의 태도 등을 눈여겨보실 것 같습니다.

이수정　지금 법원은 그야말로 객관적인 증거 위주로 판단하려고 굉장히 노력합니다. 그것은 옳은 선택이라고 봅니다. 증거가 없는데 자백만으로 유죄 판결을 내리거나 할 수는 없으니까요. 이러한 기본적인 흐름은 높이 평가합니다.

문제는 조금 전에 말씀하신 대로 닫힌 문 안에서 일어난 이미 지나간 사건에 대한 증거를 확보하기란 무척 어렵다는 점입니다. 가정 폭력은 특히 대부분 은폐되죠. 그렇다 보니 양측의 진술밖에 없는 상황에서 제삼자인 판사가 여전히 엄중한 기준을 들이대면 진실이 묻혀 버리는 경우가 있습니다. 그래서 피해자의 입장을 추정하게 하는 여러 가지 정황 증거들을 좀 더 폭넓게 반영해 달라는 요구가 있어 온 것입니다. '매 맞는 아내 증후군'[6]이라는 개념이 필요한 이유입니다.

6　'매 맞는 아내 증후군'(Battered Woman Syndrome)은 남편의 지속적인 폭력에 시달리는 여성이 구타와 화해의 악순환을 반복하면서 무기력증을 학습하게 되는 현상으로 1970년대 미국의 심리학자 르노어 워커가 말했다. 결국 아내는 육체적, 정신적으로 피폐해지면서 우울증과 불안, 수면 장애 증상을 보이다 공황 발작적인

이다혜   장기간 폭력에 노출된 사람에게 보통 '경찰에 신고해.' 아니면 '바깥에 있는 사람한테 알려서 도움을 구해.' 같은 조언을 하는데, 외부의 도움을 적극적으로 구하지 못하게 만드는 것도 '매 맞는 아내 증후군'에 포함될까요?

이수정   그렇습니다. 대표적인 증상 중의 하나가 '학습된 무기력'입니다. 보통 가정 폭력 피해 초기에는 여성들이 도움을 요청해요. 112나 상담소에 전화도 하고, '나 살려 주세요.'라고 친정 식구들한테도 이야기하곤 합니다. 그런데 문제는 그렇게 해 봤자 해결이 전혀 되지 않고 오히려 보복 폭행이 심해지기도 합니다.

더군다나 피해 여성이 아이까지 낳게 되면 나만 조용히 있으면 친정 식구들이 이 사람의 폭력으로부터 안전할 텐데, 내가 신고만 안 하면 폭행이 더 심해지지는 않을 텐데, 나만 참으면 내 아이까지는 괜찮을 텐데, 그런 생각을 하게 됩니다. 결국 폭력을 당해도 신고하지 않고, 상담소에 도움도 요청하지 않는 과정 중에 무기력이 학습되어 버립니다.

'나는 이 폭력으로부터 결코 도망칠 수 없구나.' 하는 체념 끝에 결국에는 폭력을 피하지 않게 됩니다. 조금만 있으면 끝날 텐데, 이 사람이 지금 술 취해서 이러니까 술이 깨면 이 고통이 끝날 텐데, 하고 생각을 왜곡하는 것입니다. 원래 착한 사람이고 이 사람이 돈을 벌어 와야 내 자식을 먹이니까 참자, 참는 것만이 답이다, 그러다가 결국에 죽는 여자들이 일 년에만 칠팔십 명은 됩니다.

행동을 하는데, 이 과정에서 살인 등 극단적인 선택을 하기도 한다.

치사죄인가, 살인죄인가?

이다혜　저희가 「적과의 동침」 때도 이야기했습니다만, 가정 폭력으로 인해 남편 손에 아내가 사망하는 경우가 일 년에 칠팔십 명인데, 그중에 살인죄가 적용되는 경우는 20~30건밖에 안 되고 나머지는 전부 과실 치사 판정을 받습니다. 계속해서 매일매일, 어제도 때렸고, 그제도 때렸고, 지난달에도 때렸고, 십 년 전에도 때렸는데 이렇게 반복적으로 폭행을 저질러 온 사람의 살인의 고의는 인정하지 않으면서, 맞아 온 사람이 반격하는 순간에만 그 고의를 인정한다는 것이 상식적으로 이해가 안 됩니다.

이수정　저로 하여금 평생 동안 이런 일을 하게 만든 이유가 바로 그 분개심입니다. '아, 이건 도저히 그냥 두고 볼 수가 없다, 내가 눈곱만큼이라도 도움이 되어 이 상황을 어떻게든 바꿔 보고 싶다.'는 마음이 이 일을 하게 했어요.

이다혜　같은 사망 사건이어도 그 가해자가 폭행을 오래도록 반복해 온 남편이냐, 아니면 폭행을 오랫동안 당해 온 아내냐에 따라 판결이 완전히 달라집니다. 특히 '진짜 죽을 줄 모르고 때렸어요.'라는 남자들의 말이 어떻게 핑계가 되는 것일까요.

이수정　죽을 줄 알고 때렸다고는 아무도 말하지 않겠지요. 그러면 스스로 '고의'를 인정하는 셈이니까요.

이다혜　그런데 기본적으로 폭행이라는 것 자체가 상대방을 해

치겠다는 고의가 있는 행동이지 않습니까? 죽이려고 마음먹고 때린 것인지 아닌지를 법원에서 어떻게 구분하고 판단할 수 있나요?

이수정 그 지점에서 법원도 고민을 하고 있습니다. 피고인은 어떻게든 자신에게 유리한 방식으로, 방어적으로 진실을 왜곡하기 마련인데 그 진술을 믿을 수 있느냐의 문제죠.

이다혜 그러니까요. 남편한테 지속적으로 맞다가 결국 남편을 죽인 여자들은 최소한의 변명도 제대로 하지 못하는 경우가 있는데, 정작 가해자 쪽에서는 계속 자기 변명을 하고 있는 상황입니다.

이수정 비싼 변호사를 사서 대리를 시키기도 하지요. 그래서 이런 살인의 고의가 인정이 안 되고 치사로 평가 절하되는 것을 막기 위해 어떤 노력을 하면 좋겠느냐 하는 논의들이 꾸준히 있었습니다. 여성 단체가 나서서 젠더 통계를 반드시 산출해야 한다는 주장이 제기되기도 했습니다. 그래야 사법 기관에서 이 젠더 통계를 통해 판결 양상을 추적할 수 있으니까요.

사실 동일한 사건이 영미권 국가로 넘어가면, 일급 살인은 아니라도 이급 살인죄 정도를 적용받습니다. 그런데 한국은 한 등급 더 낮춰서 치사, 일종의 과실이라는 판정을 내립니다. 죽일 의지가 없었는데 나도 나 자신을 통제하지 못해서 세게 때리는 바람에 실수로 죽게 되었다는 식으로 판단하는 것이 치사거든요. 문제가 있다는 것을 알면서도 살인죄의 입증을 굉장히 보수적으로 하는 것입니다.

이런 경우를 치사가 아닌 살인죄로 인정해 달라는 요구는 현재로서는 거의 실현이 불가능합니다. 그러나 매 맞는 아내들의 반격 행위에 대한 방위의 개념을 좀 더 폭넓게 적용해 달라는 요구는 최근 십 년 사이에 여러 번 제기된 바 있습니다. 조금씩이나마 바뀌고 있는 추세이기도 하고요.

이런 사건들 때문에 제가 이 일을 시작했다고 앞서 말씀드렸지요? 제가 일을 하면서 맨 처음에 만난 분들이 남편을 죽인 엄마와 아버지를 죽인 딸, 즉 모녀 살인범이었어요. 경찰의 요청으로 만났던 마산의 그 모녀는 가정 폭력에 시달리다 결국 살인을 하게 된 경우였습니다. 엄마가 아버지를 죽였고, 엄마를 보호하기 위해 간호사였던 딸이 시신을 유기하는 데 일조를 했습니다. 시신을 토막 내 매장했는데 시신의 일부는 찾지 못했습니다. 당시 그런 종류의 사건을 저지르면 무기 징역까지 나왔어요. 가정 폭력 피해가 있었는지 없었는지는 중요하지 않고, 결국은 두 명이 합심해 한 명을 처참하게 죽이고 시신을 훼손 및 유기한 사건으로만 처리되었습니다.

그 당시에 청주 여자 교도소에 가면 반은 진짜 악성 살인범들이고, 반은 대부분 배우자를 살해한 초범자들이었어요. 제가 면담한 사람들 중에 형이 제일 적게 나온 사람이 8년 형이던 시절이었습니다. 폭력 가해자인 남편을 살해한 경우 최소 8년부터 무기 징역까지 받았던 것입니다.

이다혜　마산 사건의 모녀는 무기 징역이었나요?

이수정　엄마는 무기 징역이 나오고, 딸은 종범이다 보니 그것보다는 짧게 나왔을 텐데, 여하튼 굉장히 징벌적으로 처분을 받았습니다. 그런데 꾸준한 문제 제기로 약 십 년 전부터는 양상이 조금씩 바꾸고 있습니다. 배우자 살해에서 집행 유예나 치료 감호 이 년 정도가 나오는 판례까지 있을 정도면 이건 대단히 약진한 것이라고 봐야 합니다. 재판부도 여성 인권에 대한 이해도를 높이기 위한 노력을 하고 있는 것입니다.

그러나 아직까지 영미권 국가들처럼 정당방위의 개념을 폭넓게 인정하고 있지는 않습니다. 그렇게 할 경우 이 영화 「돌로레스 클레이번」 같은 사건들이 나올 것이라는 우려 때문입니다.

경찰 초기 대응의 중요성

이다혜　「돌로레스 클레이번」에서 영화 주인공인 돌로레스 클레이번은 부유한 베라 도노번이라는 여성의 집에서 오랜 기간 가정부로 일합니다. 두 여성은 친구처럼 지내게 되는데요. 베라 도노번은 돌로레스 클레이번이 장기간에 걸쳐 남편의 폭력에 시달리고 있고, 심지어는 딸마저 남편 때문에 고통을 겪고 있다는 사실을 알게 됩니다. 베라 도노번은 폭력으로 인해 무력해진 돌로레스 클레이번에게 "남편을 죽여 보면 어때? 내 남편도 내가 그렇게 해치웠어." 식의 이야기를 합니다.

한국 사법부는 가정 폭력 피해 여성들의 이혼 등 다른 방식의 해결책을 찾지 않고, 「돌로레스 클레이번」처럼 쉽게 남편을 죽일 수 있지 않겠느냐는 우려를 하는 듯한데, 그것은 너무 과한 기우가 아닐까요? 법에서 어쩌다가 한번 정당방위를 인정했다고 해서 사람들이 그렇게 쉽게 남을 죽이고, 사법부가 걱정할 만큼 살인이 유행처럼 번지는 일은 불가능하다고 생각합니다.

그리고 정당방위에 대해 그렇게 보수적으로 판단할 거면, 가정 폭력에 대한 신고가 들어갔을 때 더 적극적인 조치를 취할 방법은 없나요? 예를 들어 옆집 사람이 신고를 해도 가해자가 바로 체포되는 식으로 바꿀 수는 없나요?

이수정　　현재도 옆집 사람이 신고를 하면 사건화를 할 수는 있습니다. 가정 폭력이 진행 중이면, 그러니까 집 안에서 남편이 아내를 때리고 있는 상황이라면 현행범으로 체포할 수 있습니다. 사실 지적하신 것처럼 이 문제의 답은 적극적인 초기 대응인 것이 맞습니다. 가정 폭력이 살인이 될 때까지 내버려 두지 말아야 하는 것이죠.

지난번 서울 강서구 아파트 전처 살인 사건처럼 개입을 제대로 못 해서 피해자를 죽게 만드는 일은 더 이상 없어야 합니다. 당시에 피해자가 이미 신고했지만 경찰의 대처가 늦어 결국 죽고 말았죠. 그렇게 되기 전에 어떻게든 피해자를 보호하자는 것이 지금 가정 폭력 처리의 목표인데, 그것은 법원에서 해야 할 일이라기보다 경찰에서 해야 하는 일이죠. 신고가 됐을 때 적극적으로 개입해서 어떻게든 가해자로부터 피해자를 보호하고 안전하게 지켜야 합니다.

경찰도 여러 가지 어려움이 있습니다. 예를 들어 피해자가 신고해서 가 보니 굉장히 위험한 상황이라 판단되어 경찰이 피해자 접근 금지 긴급 임시 조치를 신청할 수 있습니다. 그런데 신청을 하려면 경찰서 내부적으로 회의를 해야 하고, 검찰을 거쳐서 법원까지 가야 결정이 나기 때문에 시간이 걸립니다. 아무튼 그렇게 해서 긴급 조치를 받았다 해도, 조치 위반에 대한 처벌이 너무 약합니다. 위반하면 엄벌에 처해야 하는데 고작 벌금밖에 안 낸단 말이지요.

사실 그 정도 벌금은 복수를 위해서 투자할 만한 비용입니다. 그래서 그런 임시 조치를 어길 때는 무조건 징역형을 주는 식으로 법률을 개정해야 한다는 목소리가 있습니다. 그리고 영미권 국가, 독일이나 일본처럼 무조건 가해자 퇴거 원칙을 정해야 합니다. 잘못한 사람이 집을 나가야지 왜 피해자가 집을 나가야 합니까.

이다혜　지금 상황처럼 가해자, 피해자가 경찰 수사를 받고 다시 같은 집으로 돌아가는 것은 정말 말도 안 되는 것이죠. 신체적, 정신적 피해를 추스르고 안정을 취해야 할 피해자가 오히려 집을 나가 쉼터를 찾아야 하는 현실이 안타깝습니다.

이수정　그런데 만약 피해 여성에게 딸린 자녀가 남자아이이면 쉼터도 어렵습니다. 자녀가 딸이면 가는데, 아들이 있으면 갈 수가 없어요. 그런 경우, 경찰에서 나온 피해자 돌봄 요원이 정해 준 여관이나 모텔 등에 가서 자야 하는데 어쩌면 여관이나 모텔이 더 위험할 수도 있거든요. 그런 여러 가지 어려움이 있기 때문에 가해자 퇴거 원칙이 반드시 필요합니다.

또한 퇴거 명령을 받은 가해자가 다시 피해자를 쫓아와 괴롭힐 경우, 그것 자체가 범죄이므로 징역형 수준의 엄벌에 처해야 합니다. 국가로부터 경제적으로도 지원을 받을 수 있다면, 남편 없이도 살 길이 생기는 것이니 좀 더 마음 편히 신고할 수 있을 것입니다. 그런 요건들이 모두 갖춰지기에는 시간이 필요하지만, 현재 그런 방향으로 가고는 있어요.

이다혜　한국 가정 폭력 사건에서 가해자가 퇴거되지 않고 피해자가 집을 나가는 방식으로 초기 대처가 이루어지는 것은, 집이라는 재산에 대해 가장인 가해자가 권한을 갖고 있다고 생각하기 때문일까요?

이수정　그렇죠. 한국은 모든 것이 '가장' 중심으로 되어 있습니다.

이다혜　그런데 이혼하여 재산 분할을 할 경우, 부부가 같이 가정생활을 하면서 만든 재산은 두 사람의 공동 소유임을 인정하게 되어 있지 않나요?

이수정　그것은 이혼이 가능해졌을 때 고민할 문제이고, 일단 가정 폭력의 피해자는 그런 것까지 생각할 여력이 없습니다. 그리고 집이 가장의 소유이기 때문에 힘센 놈이 남아 있는 것이라고 봐야겠죠. 물리적으로 점유하고 있는 것입니다.
　그런데 가정 폭력 피해 여성들이 본인들의 권한을 너무 축소해서 생각하는 경향이 있는 것은 사실입니다. 그리고 폭력을 어떻게든 견뎌 보려고 하는 것, 이런 것들도 구시대적 사고방식인데 잘 벗어나지 못합니다. 안타까운 일입니다.

자식 때문에 폭력을 참고 사는 여자들

이다혜　앞서 여러 방식으로 말씀해 주셨는데요, 가정 폭력에서 자녀의 존재는 굉장히 중요한 변수가 되는 것 같습니다. 첫 번째는 아내에 대한 폭력이 자녀에게까지 이어지는 경우를 들 수 있습니다. 특히나 자녀에 대한 성적 추행이 일어나기도 하고요. 두 번째는 폭력 문제로 인해 집을 나가게 되는 경우, 피해자인 어머니와 자녀들이 다 같이 가출하는 것이 문제가 되기도 합니다. 세 번째는 자녀를 위해서 남편을 살해하거나, 자녀가 아버지를 살해하는 경우입니다. 말씀하신 것처럼 나중에 자녀들이 집을 떠난 이후에 인명 피해 사건으로까지 발전하기도 합니다. 자녀의 유무 여부, 자녀의 나이, 자녀의 폭력 피해 여부 등이 재판 과정에서 형량에 영향을 미치기도 하나요?

이수정   폭력 피해자인 아내가 남편을 죽인 경우 그런 요인들이 형량에 영향을 줍니다. 일단 탄원서가 있으니까요. 시부모나 시가 식구들이 자신의 피붙이를 죽인 며느리를 위해서 탄원서를 써 준 사건도 있습니다. 그 사건은 정말 갈 데까지 갔던 폭력이라고 봐야 합니다. 이런 탄원서에는 재판부가 상당히 영향을 받습니다. 오죽하면 자기 자식을 죽인 며느리를 두둔하겠느냐면서 사건을 좀 더 면밀히 살펴보게 되는 것이죠.

이다혜   집에 아이들이 있는 경우도 마찬가지인가요? 아버지는 세상을 떠난 상황에서 어머니가 감옥에 가면, 아이를 돌볼 사람이 없지 않습니까? 그런 경우에는 어떻게 선처가 되는지, 애초에 선처가 가능한지 궁금합니다. 그 반대의 경우, 그러니까 폭력 가해자인 아버지만 남는 경우는 친권이 있으니까 아이들이 다 아버지 보호 아래 있게 되잖아요. 아이들이 어머니를 죽인 아버지와 살아야 한단 말이에요.

이수정   딱히 친권과 관련한 소송이 일어나지 않을 경우 감옥에

간 어머니의 친권은 유지가 됩니다. 문제는 아이들을 실질적으로 키울 사람이 없다는 것인데, 다른 친인척이 보호를 해 주면 다행인 거고, 만약 아이들을 맡아 줄 조부모나 친인척이 전혀 없다면 아동 보호 전문 기관으로 넘어갑니다. 그러면 아이들은 학대를 받던 다른 아동들과 함께 그 보호 전문 기관에 있다가, 엄마가 출소하면 엄마랑 다시 합쳐서 살든지 하게 됩니다. 그런데 보통 이런 종류의 배우자 살해 사건은 혼인 관계가 거의 다 끝날 지점에서 일어나요. 제가 봤던 대부분의 사건도 자식들이 다 장성한 후에 일어났습니다.

이다혜　　다른 말로 하면 이삼십 년에 걸친 장기간의 폭력 피해에 노출되었다고 말할 수 있겠습니다.

이수정　　앞선 마산 사건은 딸이 간호사였고, 또 어떤 사건은 아들이 둘 있었는데 한 명은 지자체 공무원이고 다른 한 명은 교사였습니다. 아들들이 독립해 자리를 잡은 후에야 엄마가 결국은 아버지를 죽인 사건이었지요. 아들이 군대를 간 후 혹은 딸이 결혼한 후 일어나는 사건이 많습니다. 자식이 함께 사는 동안은 어떻게든 자식들이 죽음을 막는다는 것이죠.

　　그런데 문제는 그런 집 자녀들이 이 영화 속의 딸처럼 엄마의 입장을 대변할 수 있을 정도의 정신적인 능력을 갖춘 성인으로 성장하기가 쉽지 않다는 것입니다. 가정 폭력 피해를 당한 아이들은 보통 여러 가지 면에서 굉장히 불안정합니다. 특히 아들 같은 경우엔 은둔형 외톨이로 성장하는 경우도 많습니다.

이다혜　　그렇게 되면 매 맞는 아내이자 어머니는 너무 책임져야 할 일이 많지 않나요? 일단 자기 자신을 폭력에서 구하는 일도 어려운데, 아이가 배우자의 폭력으로부터 안전한 동시에 폭력이 없는 가정의 자녀들처럼 성장하게 한다는 책임을, 어떻게 어머니 혼자 질 수 있나요?

이수정 　엄마 입장에서는 아이들이 어릴 때는 그래도 돈 벌어다 주는 아버지가 있는 게 아버지 없는 자식이라는 소리를 듣는 것보다 훨씬 나을 거라고 생각하는 것이지요. 그래서 꾹 참고 사는데, 문제는 그 과정을 보고 자라는 아이들 입장으로 보면 차라리 엄마가 아버지와 헤어져서 폭력을 끊어 주는 것이 훨씬 더 낫습니다.

아버지는 매일 술 먹고 들어와 엄마를 때리고, 엄마는 매일 맞으니까 아이를 제대로 보호하지 못하는데, 아이에게는 보호가 필요하잖아요. 기운이 다 빠져 매일 우울증처럼 수면제나 먹어야 겨우 잠드는 그런 엄마 밑에서 자라는 아이는 부모를 모두 원망하면서 자라게 됩니다. 나를 보호해 주지 않는 무력한 엄마를 원망할 수도 있습니다.

아들의 경우, 여성에 대한 적대감을 가진 남자로 클 수도 있습니다. 제가 만났던 어떤 살인범이 그런 사람이었어요. 어린 시절 이야기를 해 보라고 하자 어머니 이야기를 들려주었습니다. 강간 살인범이었던 그는 여자를 인간 이하로 취급했습니다. 폭력 피해자인 어머니를 보면서 아주 잘못된 생각을 가지고 성장한 경우입니다. 그와 같은 사례를 통해 가정 폭력이 미치는 가장 악독한 파급 효과를 볼 수 있습니다.

이다혜 　자녀 입장에서는 알고 있는 유일한 가정의 형태가 우리 집이니 그럴 수밖에 없을 것 같기도 합니다. 모든 사람은 자신이 태어나고 자란 가정을 중심으로 가정을 생각하고 상상할 수밖에 없으니까요. 가정 폭력이 심각한 상황에서 사회가 할 수 있는 것은 무엇일까요?

이수정　앞서 이야기한 대로 가정 폭력이든 아동 학대든, 그들만의 문제라고 보지 말아야 합니다. 우리의 문제다, 내 옆집의 문제가 곧 우리 집의 문제일 수 있다는 생각을 가지고 어떻게든 신고해서 적당한 기관을 찾아 연계되도록 도와야 합니다. 그리고 무엇보다도 중요한 것은, 아이들에게 폭력은 정말 용인되지 않는다는 것을 가정교육과 학교 교육을 통해 가르치는 것입니다.

이다혜　학습된 무기력이라는 측면에서, 폭력이 발생하는 초기 단계에 빨리 조치를 취하고 그 관계를 끊으려는 시도를 서두르는 것도 중요하지 않을까 싶습니다.

이수정　맞습니다. 초기에 112에 신고가 접수됐을 때 경찰이 어떻게 대응하느냐가 무척 중요합니다. 형사 사법 기관은 그들이 해야 하는 일, 즉 약자 구조를 무조건 실행할 수 있도록 모든 절차를 개선해야 합니다.

형사 사법 기관 종사자의 피해자 감수성

이다혜　안희정 전 지사의 성폭력 사건*을 통해 사법부의 성 인지 감수성[7]이 한국 사회의 화두가 되었는데요. 가정 폭력 사건에 대해서도 성 인지 감수성의 문제를 이야기할 수 있을까요?

이수정　'성 인지'로 한정하지 말고 피해자의 심리적인 어려움에 대한 감수성을 키워야 한다고 봅니다. 똑같은 가정 폭력 사건을 보고도 경찰이 어떤 감수성을 갖고 있는지에 따라서 사생결단으로 꼭 개입을 해야겠다고 생각할 수도 있고, 그냥 그렇고 그런 남의 집 일이다, 굳이 내가 이런 일에까지 동원돼야 하느냐 생각할 수도 있습니다. 경우에 따라 완전히 다른 방식으로 대응하겠죠. 그러니까 형사 사법 기관 종사자가 피해자의 입장에서 생각할 수 있는 감수성을 갖도록 하는 노력이 필요합니다. 경찰이라고 그런 감수성을 다 가지는 것은 아니니까요.

이다혜　마지막으로, 가정 폭력 피해자가 왜 집을 나가야 하느냐, 왜 그들이 쉼터에 가야 하느냐를 이야기하면서 가정 폭력 사건에 대한 접근 방식을 완전히 새롭게 재편해야 한다고 하셨는데요. 최초 단계에서 출동하는 경찰들에게도 교육이 필요할 것 같고, 그들에게 주어지는 권한도 지금과는 달라져야 할 것 같습니다.

이수정　아직도 가정 폭력 처벌법에는 '반의사 불벌죄'가 있어서 아내가 '내 남편 빼앗아 가지 마라.' 하면 사건화가 안 됩니다. 그래도 얼마 전 경찰이 당장에 피해자가 가해자를 두둔해도 위험성을 평

7　性認知 感受性. 성별의 차이로 발생하는 일상의 불균형을 이해하고 인지하며 이를 개선하기 위해 어떤 해결 과정이 필요한지를 파악하는 능력까지 아우른다.

가해 사건화하겠다는 입장 표명을 했습니다. 달라지고 있는 것이죠. 앞서 이야기했듯이 긴급 임시 조치 절차도 지금보다 손쉽게 만들어야 하는데, 그러기 위해 경찰에게 좀 더 재량권을 줘야 합니다. 피해자 보호를 위해 경찰이 긴급하게 일을 처리해야 할 경우 행정적인 부담을 줄여 주는 문제에 대한 논의가 진행 중입니다.

> **: 안희정 전 지사의 성폭력 사건***
>
> 2018년, 충청남도 지사 정무 비서와 수행 비서를 지낸 김지은 씨가 안희정 당시 충청남도 지사에게 팔 개월에 걸쳐 성폭행 및 성추행을 당했다고 폭로해 안희정 당시 지사가 도지사직을 사임하고 위력에 의한 간음·추행 혐의로 불구속 기소된 사건. 재판 과정에서 피의자 안희정은 합의에 의한 관계라며 불륜 관계임을 인정했을 뿐 성범죄 혐의에 대해서는 부인했다. 2018년 8월 14일, 서울 서부 지방 법원은 안희정의 성폭력 혐의에 대해 무죄를 선고했으나 2019년 2월 1일, 서울 고등 법원은 안희정에게 징역 3년 6개월을 선고했다. 2019년 9월 9일, 대법원은 안희정과 검찰의 상고를 모두 기각하면서 2심 판결인 3년 6개월을 확정지었다.

이다혜   최근 영미권 국가에 유행하는 스릴러 장르가 있습니다. 여자 작가들이 쓴 여자 주인공의 스릴러물인데, 그 작품들 다수가 가정 폭력을 다루고 있습니다. 남들이 볼 때는 완벽한 가정, 부러워할 만한 가정으로 보이는데, 알고 보면 남편이 의처증이 있어서 아내를 굉장히 감시하고 있다든가, 아니면 남들에게 보이지 않는 부위에 항상 멍 자국이 있다든가 하는 식이죠. 결국은 아내가 남편을 죽이는 것으로 이야기가 끝나는 경우도 많습니다.

이런 이야기가 여전히 많이 쓰이고 있고 또 그만큼 인기를 끌고 있다는 것은, 여성 인권이 나아졌다고들 하지만 가장 사적인 영역에서 벌어지는 폭력에 대해서 아직은 이야기하고 개선할 것이 더 많다는 사실의 반증이 아닐까 합니다. 특히 한국은 더 그렇다는 생각이 듭니다.

아마도 가정 폭력 이야기는 저희가 앞으로도 다른 영화들, 혹은 다른 사건들과 관련해서 여러 번 다뤄야 하지 않을까 생각하고 있습니다. 그래도 선생님께서 최근 이십 년 사이에 재판부의 태도나 양형 방식이 조금씩 나아지고 있다고 느끼신다니 그 점은 고무적입니다.

이수정　피해자의 인권 보호를 위해 굉장히 바람직한 방향으로 변화해 가고 있습니다. 가해자라도 그간의 피해 내력 같은 것들을 좀 더 많이 고려하여 양형 판단을 하는 사례들이 최근에 늘고 있는 추세이고요. 억울한 사람이 없도록 살피는 방향으로 가고 있는 것만은 틀림없는 것 같습니다.

2부

사람들은 생각보다
쉽게 순응한다

비판 의식 결여

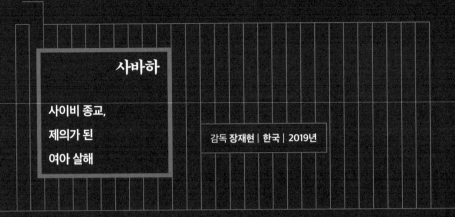

사바하

**사이비 종교,
제의가 된
여아 살해**

감독 장재현 | 한국 | 2019년

1999년 강원도의 한 시골 마을에서 쌍둥이 자매가 태어난다. 배 속에서 언니에게 다리를 물어뜯겨 온전치 못한 다리로 태어난 금화, 그리고 모두가 오래 살지 못할 것이라 하여 태어나자마자 이름도 없이 집 한구석의 창고에 갇혀 살게 된 '그것'.

시간은 흘러 어느덧 자매가 열여섯 살이 된 2015년의 서울, 신흥 종교의 비리를 찾아내 고발하는 종교 문제 연구소 운영자 박 목사는 사슴동산이라는 새로운 종교 단체를 조사 중이다. 유달리 헌신적인 사슴동산의 교주와 신도들의 모습에서 그는 더욱 심상치 않은 의혹을 느낀다.

1999년생 여자아이들을 살해했던 사슴동산의 전말이 드러나는 와중에 수호자 중 한 명인 나한이 십육 년 전 태어난 쌍둥이 동생 금화와 '그것'을 죽이려고 하는 결정적인 순간, 교주의 정체가 드러나게 되며 박 목사는 도저히 믿을 수 없는 사실에 경악한다.

사이비 종교, 무엇이 다른가

이다혜　이 영화에는 일본의 옴진리교*에 대한 이야기가 잠깐 등장합니다. 아사하라 쇼코가 만든 신흥 종교, 옴진리교는 요가를 하는 작은 명상 단체처럼 출발했지만 추후 도쿄 지하철역 사린 가스 테러를 일으킬 정도로 세력을 키워 사회적 물의를 빚었습니다. 지난 2018년에 교주인 아사하라 쇼코의 사형이 집행되기도 했습니다.

옴진리교를 언급하는 이유는 영화가 사이비 종교를 다루기 때문입니다. 영화는 2015년을 현재 시점으로 하지만 주요 사건의 근원은 1999년부터입니다. 1990년대는 한국에서 종말론 때문에 굉장히 많은 사회 문제가 있었던 때이기도 합니다. 개인적으로도 당시 종말과 부활을 믿는 종교 집단으로 가출한 사람들에 대한 뉴스라든가 사회 고발 프로그램이 많았던 기억이 선명합니다. 종말론이 특별히 더 기승을 부렸던 이유로 세기말이라는 특수성을 꼽을 수 있을 텐데요, 사이비 종교 집단과 관련한 이슈는 지금까지도 한국 사회에 이어지고 있습니다. 사이비 종교란 무엇인지, 또 한국 사회를 시끄럽게 했던 사이비 종교 사건은 무엇이 있는지도 소개해 주시면 좋겠습니다.

이수정　'사이비 종교'라는 말이 '신흥 종교'나 '이단' 같은 용어와 뒤섞여 쓰이고 있는 실정입니다. 기존 종교의 교리를 달리 해석하는 흐름을 이단이라고 한다면, 사이비 종교는 그것보다 훨씬 더 범죄적 요소를 많이 갖추고 있는 경우를 지칭합니다. 대부분의 사이비 종교 집단은 집단 내에 절대 신과 같은 존재가 있고, 그들의 주변에 이른바 지도층이 존재하여 일반 신도들을 경제적, 또는 성적으로 착취하는 구조가 일반적입니다.

사이비 종교는 대부분 교세를 확장하기 위해 포교 활동을 합니다. 아까 옴진리교를 소개해 주셨는데, 옴진리교의 경우에도 교주 주변에 도쿄대 출신 등의 아주 우수한 전문 인력들이 포진되어 활동했습니다. 그런 사람들이 믿는 종교라면 나도 믿어도 되지 않을까 하는 심리를 이용해 한동안 교세를 상당히 확장했습니다.

그러다가 결국 교주가 '나를 따르는 자들만의 천년 왕국을 만들겠다.'며 자신을 믿지 않는 사람들을 척결할 목적으로 일으킨 사건이 바로 도쿄 지하철역 사린 가스 테러였습니다. 그 테러로 인해 스물아홉 명이 사망했고 부상자도 약 육천 명에 이르렀죠. 그 사건으로 옴진리교는 파멸했지만, 테러 사건이 없었다면 지금까지도 강력한 영향력을 행사하고 있을지도 모릅니다.

이다혜　　신흥 종교라고 해서 모두 문제가 되는 것은 아니지만, 이처럼 인명 피해가 날 정도의 사회적 물의를 일으키는 집단도 분명이 존재하는데요. 특별히 한국의 신흥 종교들이 갖는 특징이 있을까요?

: 일본의 옴진리교*

교주 아사하라 쇼코가 1984년 창설한 '옴신선회'의 후신으로, 종말론을 주장해 온 신흥 종교 단체. 신도들에게 신적 권위를 행사해 온 아사하라 교주는 출가 시 모든 재산을 교단에 기증하고 단체 생활할 것을 강요했다. 또한 '인류는 세균 무기와 핵무기로 최후의 종말을 맞는다.'며 '옴진리교 신자들이 1995년 11월 아마겟돈을 극복하고 천년 왕국을 영위한다.'고 설법했다.

일본 경찰은 1995년 3월 20일 도쿄 지하철역에서 발생한 사린 가스 테러 사건을 아사하라 교주의 아마겟돈을 실천하기 위해 교단 측이 꾸민 자작극으로 보고 수사에 착수해 5월 16일 아사하라 교주를 체포했다. 이 테러로 인해 스물아홉 명이 숨졌으며 부상자는 약 육천여 명에 이르렀다. 옴진리교의 신도 대부분은 젊은 층이며, 설립 이후 급성장해 일본 내 신도수만 만여 명에 이르렀고, 모스크바와 뉴욕 등 4개 지역에 해외 지부를 갖고 있었다.

도쿄 지방 재판소는 1995년 10월 옴진리교에 해산을 명령했으며 테러에 연루된 교단의 189명이 기소되고 열세 명에게는 사형이 판결되었다. 2018년 7월 교주 아사하라 쇼코와 테러 주범인 이노우에 요시히로 등 일곱 명의 사형 집행이 이뤄졌다.

한국 사이비 종교만의 독특한 특징

이수정　외국의 경우에는 '인민사원'이나 '다윗파' '사랑의 교회' '태양신 전교단' 같은 대표적인 신흥 종교 집단마다 위계가 있고, 그 위계의 최상층에는 모두 남자 교주들이 있었습니다. 그런데 한국 신흥 종교는 '아가동산'*이나 '오대양'**처럼 교주가 여자인 경우가 종종 있습니다. 그중에 집단 자살로 막을 내린 오대양은 용인군에서 박순자라는 여성이 이끌던 사이비 종교 집단이었습니다. 오늘날의 대출 사기, 보험 사기와 같은 형태로 신도들의 금전을 탈취해 호의호식하다가, 결국 탄로 날 위기에 처하자 공장에서 서른두 명의 신도를 집단 자살하게 만들어 세상에 알려졌습니다. 제가 이번에 사이비 종교 집단들을 찾아보다가 몇몇 강력한 여성들이 교주로 활동하는 단체를 보고 감명을 좀 받았습니다. (웃음)

이다혜   그런데 그건 정말 특이한 경우라는 생각이 듭니다. 저도 지금 말씀을 들으며 떠올려 보니 큰 인명 피해가 난 외국의 종교 집단에 관련된 사건들을 보면 여자가 교주인 경우가 거의 없었던 것 같습니다. 미국인 교주가 남아메리카에서 일으킨 인민사원 집단 자살 사건이나 프랑스의 태양사원 사건을 비롯해서 대체로 남자들이 교단을 이끌었거든요. 오대양 사건이라든가 아가동산의 경우를 비롯해 한국은 여성들이 종교 지도자가 되는 경우가 있습니다. 한국만 다른 이유가 무엇이라고 생각하세요?

: 아가동산*

교주 김기순이 이끈 사이비 종교 단체. 1996년 12월 1일 '아가동산'의 피해자라고 주장한 삼십여 명이 '아가동산은 1987년과 1988년에 신도 두 명을 살해했으며 그중 한 명이 암매장되었다.'는 내용의 진정서를 검찰에 제출했다. 그 결과 교주 김기순은 신도들의 사유 재산을 교단의 공동 재산으로 귀속하고 노동력을 착취하여 재산을 착복하는 한편, 1982년 12월에는 서울시 동대문구 용두동에 레코드 유통 전문 업체인 신나라레코드를 설립하여 아가동산 농장에서 나오는 수익금으로 킹레코드와 명반레코드, 신나라레코드 백화점 등을 설립, 운영한 것이 밝혀졌다. 2002년 2천만 원을 배상하라는 일부 승소 판결이 내려졌다.

: 오대양**

1987년 8월 29일, 경기도 용인군의 오대양 공예품 공장에서 몇십 구의 시신이 한꺼번에 발견되며 세상에 알려졌다. 교주인 박순자는 오대양 회사의 대표이자, 종말론을 주장하는 종교 단체를 운영하는 교주로 신도들을 동원해 170여억 원의 사채를 썼다. 채무자들의 상환 요구가 시작되자 박순자는 병원에 입원했다가 오대양 직원과 육아원 아동 등 백삼십 명과 함께 잠적해 버렸다. 경찰은 오대양 공장을 수색하다가 마흔아홉 명의 주검을 찾아냈지만 박순자는 찾지 못했다. 그 다음날 박순자의 남편이 공장을 수색하다가 천장에서 박순자를 포함한 서른두 명의 주검을 발견했다. 경찰은 집단 자살의 정확한 경위를 밝혀내지 못한 채 수사를 종결했고, 사 년 후 오대양 신도 여섯 명이 자수하면서 재수사가 시작되었지만 그럼에도 진상은 끝내 밝혀지지 않았다.

이수정　곰곰이 생각해 보니 한국은 전통문화 속 샤머니즘과 결합되어 여성이 교주의 위치에 있어도 거부감이 덜한 듯합니다.

이다혜　그럴 수 있겠네요. 한국에는 무당이나 만신 같은 존재가 있죠. 신의 목소리를 듣는 여성이라는 존재 자체가 익숙하니까요. 여성이 가족 내에서 권위 있는 목소리를 갖는 경우는 역사적으로 현실에 없다시피 한데도, 신내림을 통해 남자 신을 모시면 남자들도 쩔쩔매는 상황이 생겨나고요. 흥미로운 이야기입니다.

영화 「사바하」에서는 사슴동산의 교주가 자기 안위를 위해 추종자들에게 살생을 지시하며 "군인에게 살생은 애국이야."라고 말합니다. 자기중심적이고 자기도취적인 냉혈한임을 잘 드러내는 대사입니다.

또 사슴동산 교주와 추종자들이 만나는 장소도 특이합니다. 바로 청소년 범죄자들이 수감된 소년 교도소인데요, 그곳에서 교주는 자신의 아버지를 살해하여 '존속 살해죄'로 복역 중인 청소년들을 포섭합니다. 아버지의 사랑을 받지 못하고 살인에까지 이른 청소년들에게 굉장히 인자한 아버지상을 보여 주어 마음을 얻은 후 결국은 그 아이들에게 살인까지 사주합니다. 실제 사이비 교주들의 특성과 이 영화 속 사이비 교주의 방식이 일치하는지 궁금합니다. 이처럼 인자한 포섭 방식을 이용해 추종자들을 포섭하고 길들이기도 하나요?

이수정 사실 교주라는 사람들은 카리스마가 강력해야 가능한 법이죠. 또한 신도들을 설득하기 위해 고도의 지능적 행위를 할 수 있어야 합니다. 이 영화 속 교주는 존속 살해죄를 저지른 청소년들에게 가장 결핍된 것이 무엇인지를 포착해서 그 결핍을 채워 주는 방식으로 접근합니다. 사랑이 결핍됐던 아이들에게 부모 노릇을 해 준다거나, 자비로운 어른의 모습을 보여 주어 신뢰 관계를 형성한 후, 결국에는 그 신뢰를 악용하는 것입니다.

일단 사이비 교주들은 본인에게 교화되는 신도들을 동등한 인격체로 인정하지 않습니다. 용도에 따라 필요한 만큼 사용하다 버려도 되는 소모품 정도로만 생각해요. 자신의 이익을 위해 타인을 학대하고도 죄책감을 느끼지 않는 성격입니다. 이것은 보통 A군, B군, C군으로 나뉘는 성격 장애 중 B군에 해당합니다.

B군에 속하는 성격 장애는 보통 매우 자기중심적이고, 자아도취적이고, 타인에 대한 이해심이 없고, 배려할 줄 모르고, 잘못을 해도 죄책감을 못 느낍니다. 사이비 교주들은 자기도취적 성향과 사이코패스적 성향의 중간 지점 정도에 위치하지 않을까 싶어요. 이들은 평균 이상의 지능을 갖고 있으며 타인의 약점을 너무나 쉽게 포착합니다.

이다혜　선생님 설명을 듣다 보니, 신흥 종교의 교주에게 현혹된 피해자는 정말 잘못 걸렸다고밖에 설명할 수 없겠다는 생각도 듭니다. 누구에게나 약한 면은 있으니까요. 자신이 처한 상황을 개선하려고 노력하는 간절한 마음이 다른 사람이 보기에는 엉뚱해 보이는 믿음으로 이어질 수도 있는 거네요.

이수정　그렇죠. 사이비 종교에 발을 들여놓는 신자들에겐 대부분 결핍이 있습니다. 그 결핍을 종교적 힘으로 채우거나 극복하려는 사람들이 사이비 교주에게 쉽게 빠져듭니다. 예를 들어 최근 대학가를 중심으로 학업과 아르바이트를 병행하느라 지친 학생들에게 '너의 미래를 알고 싶냐.'며 접근하는 사람들이 많다고 합니다. 그런 사람들을 따라갔다가 학생들이 감금이 되기도 하고요. 학기 초에 대학가에 그런 사람들 함부로 따라가지 말라는 내용의 플래카드가 붙을 정도입니다. 그런 사람들은 모든 게 낯선 신입생이나 외로운 복학생이 많은 학기 초에 특히 자주 등장하거든요. 학생들을 감금 상태에서 위협하거나 영향력을 행사해 사이비 종교에 가담하지 않으면 안 되게 만들거나 돈을 갈취하기도 합니다.

이다혜 설명을 들으면서 생각이 난 건, 이른바 '도를 아십니까?'인데요. 이 사람들은 처음에 주로 '고민이 있으신가 봐요.' '얼굴에 복이 많아요.'라며 말을 겁니다. 그러려면 먼저 말을 걸 사람을 선택해야 하는데, 예를 들어 친구와 함께 막 떠들거나 웃으며 지나가면 절대 말을 안 겁니다. 땅만 보고 걸어간다든가, 혼자 터덜터덜 걷는다든가, 표정이 우울해 보인다든가 하면 말을 걸고요. 이렇게 포섭 가능한 사람들에 대한 나름의 기준이 있어 보이거든요. 사이비 종교가 교세와 영향력을 확장하는 방식 역시 마찬가지라는 생각이 듭니다.

인간의 취약점을 노린 교세 확장 방식

이수정 사이비 종교 집단은 대부분 피라미드식 구조를 취하고 있습니다. 그리고 포교 활동을 하는 사람들은 따로 모아 교육을 합니다. 어떤 사람들에게, 어떤 식으로 말을 걸어야 하는가를 교육해서 내보내는 겁니다. 주로 역 근처나 대학가, 병원 같은 공간에서 몸 혹은 마음이 취약한 사람을 공략하는 방식입니다.

이다혜 영화 「사바하」를 보면 사슴동산 교인들이 학력과 계층 면에서 특이성을 보입니다. 예를 들어 남성보다는 여성, 부유층보다는 중산층 이하 계층이 주로 믿는 종교로 등장하고 있습니다. 이것이 신흥 사이비 종교와 기성 종교의 차별점이라고 볼 수 있는 것인지, 또 어떤 점 때문에 언뜻 보기에 멀쩡해 보이는 사람들이 사이비 종교에 빠져드는 것인지 궁금합니다.

　　이수정　기성 종교는 보통 포교 대상을 직접 찾아가지 않고 자발적 선택을 유도하는데, 사이비 종교는 적극적인 포교를 합니다. 몸과 마음이 취약한 사람을 주로 공략하는 포교이다 보니 신도들에게 공통점이 보일 수 있을 듯합니다.

　　이다혜　「사바하」의 장재현 감독 말에 따르면 이정재 씨가 연기한 박 목사라는 인물은 고(故) 탁명환 목사를 모티프로 삼았다고 하거든요. 탁명환 목사는 신흥 종교 및 이단 종교 연구가로 알려져 있는데, 1960년대 중반부터 개신교 계열 신문사에 근무하면서 신흥 종교 연구를 시작했다고 합니다. 그 시기에 신흥 종교 연구에 발을 들인 후 한평생을 이른바 사이비 종교 집단들의 비리와 이단성을 폭로하는 데에 바치다가 개신교계 신흥 종파인 대성교회 신자에게 살해되면서 세상을 떠났는데요. 사이비 종교 신도들이 극단적인 행동으로 치닫는 심리적인 이유가 있을까요?

　　이수정　자신들의 교리 내지는 교세 확장 방식에 불법적인 요소가 많다는 걸 스스로가 잘 아는 것입니다. 그러다 보니 그런 것들이 탄로 나는 건 곧 자신들의 존재나 안위를 뿌리째 뒤흔들 위협적인 사건이라고 인지해 극단적인 선택으로 이어지는 경우가 많죠. 교주가 감옥에 가는 경우 교주뿐 아니라 신도들에게도 피해가 발생하잖아요. 이들은 공동체 의식이 강하니까요. 그러다 보니 굉장히 방어적으로 대응을 합니다. 사이비 종교의 정체성을 폭로하면 신도들이 이탈하면서 와르르 무너질 가능성이 있기 때문에 그걸 방어하기 위해서 탁 목사를 살해한 것으로 추정됩니다.

세기말의 종말론 열풍

이다혜 선생님 혹시 1999년 당시를 기억하시나요? 그때 지구에 종말이 올 것이다, 'Y2K'[8]로 전 세계의 컴퓨터가 한꺼번에 먹통이 될 것이다, 그래서 통장에 있는 돈이 한 번에 사라질 것이다 등 별의별 이야기가 다 있었는데요.

그런가 하면 1992년에 「피디수첩」이라는 프로그램에서 다미선교회*가 휴거가 일어날 거라고 예언한 날짜에 교회 앞에서 생방송을 했던 기억도 납니다. 그때 전 재산을 바치고 헌신한 사람들이 그후 어떻게 됐는지에 대해서는 충분한 이야기가 없었던 것 같습니다. 「사바하」를 보면서 그때 그 사람들, 예언이 빗나간 종교를 믿던 사람들은 어떻게 됐을까 하는 궁금증이 생겼습니다.

: 다미선교회*

1992년 다미선교회·다베라선교회 등 휴거설을 믿는 시한부 종말

---

8 '밀레니엄 버그'라고도 하며, 컴퓨터가 2000년 이후의 연도를 제대로 인식하지 못하는 결함을 뜻하는 말. Y는 연도(Year)의 첫 글자를 딴 것이고 K는 1000(Kilo)에서 온 것으로 2000년을 가리킨다. 컴퓨터가 2000년을 00년으로 인식하게 되면 컴퓨터를 사용하는 모든 일이 마비될 수 있어 2000년 1월 1일에 커다란 재난이 일어날 거라는 우려가 있었으나 기우에 그쳤다.

론자들이 세계 종말의 날인 1992년 10월 28일 예수의 공중 재림 때 허공으로 들려 올라간다는 '10·28 휴거설'을 퍼뜨리며 사회적 물의를 일으켰다.

이수정　　미국의 심리학자들 중에 그런 궁금증을 갖고 연구를 진행한 사람들이 있었습니다. 사이비 종교는 보통 휴거가 일어나 낙원에 갈 것이니 전 재산을 내놓으라는 식으로 신도들을 착취하는데요, 그렇게 재산을 착취하면서 종말이 일어날 날짜까지 공표했는데 결국 종말이 안 오면 그 사이비 집단이 해체되는가, 그것을 추적한 심리학 연구였습니다.

그런데 연구 결과 실제로 해체가 안 되더라는 것입니다. 종말의 날짜에 착오가 있었다, 새로운 계시를 받았다면서 공동체를 계속 유지하는데, 신도들은 이미 재산을 다 처분해서 바쳤으니 다른 도리가 없잖아요. 거짓말 같지만 신도들은 자신의 종교적 신념이 약해서라고 자책하면서 다시금 새로운 종말의 날짜를 믿고, 그런 식으로 종교 집단을 계속 유지한다는 연구 결과였습니다.

이다혜　　보통은 이런 문제가 있을 때 상대방이 갖고 있는 믿음의 허점을 충분히 논리적으로 반박하면 설득될 거라고 생각하지만, 사실은 그것이 종교적 이슈든 정치적 이슈든 간에 합리적인 논거가 제시되어도 믿지 않는 경우가 대단히 많은 것 같습니다.

이수정　　맞습니다. 반박 논리를 수용하면 그것이 자신에게 상처가 되기 때문일 수도 있습니다. 자신이 살아온 방식을 부정당하는 것이니까요. 너무나 긴 세월을 헌신하고 이미 재산까지 탕진했는데,

결국 자신이 틀렸고 모든 게 수포로 돌아가는 것을 받아들이기 어려워서 사실은 너희들이 틀린 거라며 자신의 과오를 인정하지 않습니다. 이런 경우를 두고 심리학에서 '인지 부조화'라는 용어를 씁니다.

인지 부조화가 일어났을 때 사람들은 원래부터 잘못되었음을 인정하기보다는, 부조리하지만 자신의 기존 신념에 부합하는 생각을 선택합니다. 어리석은 선택을 하고 난 후에는 그 선택이 불가피한 것이었다고 믿으려 애쓰며, 끝까지 자신이 옳았다고 우기기도 합니다.

이다혜 「사바하」 같은 영화들이 나온다는 것은 작가들이 사이비 종교를 그만큼 흥미로운 소재로 생각한다는 뜻이겠지만 실제로 현실에서 이런 일이 일어나면 피해자가 발생하니 문제입니다. 이런 사이비 종교 범죄를 예방하거나 피하는 것이 가능할까요?

이수정 예방하고 피할 수 있는 사람한테는 애당초 접근을 잘 안합니다. 이 영화에서도 사이비 종교에 포섭되어 피해자이자 가해자가 되는 사람들은 소년범들이잖아요. 교주에게 살인을 사주당한 소년들은 애초에 범죄자였고, 돌아갈 곳도 없고, 학대하는 부모 밑에서 컸고, 그런 면에서 보면 취약한 존재들입니다. 사이비 종교 집단은 그런 사람들을 알아보고 집중 공략하여 세뇌하기에 더욱 위험합니다.

영화 속 아동 학대의 유형

이다혜 지금까지는 사이비 종교와 관련해서 영화 「사바하」를 살펴봤는데요. 이번에는 아동 학대로 쟁점을 옮겨 이야기를 계속해 보겠습니다. 「사바하」의 또 다른 이슈는 아동 학대와 여아 살해라고 볼 수 있습니다. 먼저 아동 학대는 영화 속에서 여러 가지 방식으로 반복됩니다. 첫 번째로 금화의 언니가 겪는 아동 학대가 있는데요, 금화의 언니는 집에서 출산한 아이입니다. 가족은 신체장애의 문제 때문에 곧 죽을 거라는 이유로 출생 신고도 하지 않았고, 견사 옆의 창고에서 사실상 방치한 채 키우고 있습니다. 가족은 그 아이의 얼굴도 보지 않고, 돌보지도 않고, 죽기만을 기다리고 있는 것으로 보입니다.

0세부터 16세까지는 인간이 가장 돌봄을 필요로 하는 나이인데요, 그런 시기에 제대로 돌봄을 받지 못한다는 것, 그리고 의학 기술이 충분히 발달하기 전에 신체장애를 가지고 태어난 아이가 경험하는 일이라는 것, 이 두 가지가 이름도 없이 '그것'이라고만 불리는 금화의 언니가 경험하는 아동 학대입니다. 하다못해 이름조차 없으니까요. 결국 견사 옆 창고에 방치했다는 것은 아이가 짐승처럼 산다는 얘기잖아요. 동물들에게 먹이를 던져 주는 것처럼 그렇게 최소한의 생명 유지만을 시키면서, 말을 가르치지도 않고, 사회적으로 발달할 길을 차단한 채 내팽개쳐 놓은 상태인 것입니다.

이수정 인간으로서의 기본적인 대접조차 못 받은 거죠. 어떻게 보면 이 영화에서 가장 아이러니한 일일 수도 있고, 가장 흥미로운 지점일 수도 있는 것이, 이렇게 처참하게 버려진 언니가 결국 가장 강력한 존재로 인정을 받는다는 것입니다. 그토록 전지전능한 이단의 교주라는 사람이 가장 두려워하며 찾아 헤매던 것이 결국 가장 처참한 존재, 그렇지만 원래의 모습 그대로인 '그것'이라니, 인간의 어리석음과 모순이 드러나는 것입니다. 모든 것을 다 갖춘 자가 하나도 갖지 못한 자를 두려워하는 모습이 나름 흥미로운 설정이라는 생각이 듭니다.

이다혜 　저는 앞서 이야기했던 것, 즉 한국의 사이비 종교 지도 자들 중에 특이하게도 여자들이 있다는 사실과도 약간 연관이 있겠 다는 생각이 들었습니다. 이를테면 어떤 존재가 숭고한 존재, 신과 같은 존재냐고 했을 때 모든 것을 다 갖고 있는 존재를 상정하는 방 식이 있을 수 있고, 반대로 빈곤하고 버림받은 존재, 아무것도 갖지 못해서 모든 것을 품을 수 있는 존재로서의 신을 상정할 수도 있을 것 같아요. 이름조차 없이 '그것'이라고만 불렸던 금화의 언니 같은 경우는 후자가 아닌가 하고 생각했습니다.

이수정 　그럴 수 있죠. 생명 본질의 모습이니까요. 원래 인간이 아무것도 갖지 않고 태어나잖아요. 금화의 언니는 태어날 때의 모습 그대로 십육 년 동안 유지된 사람이라고 볼 수도 있겠습니다.

이다혜 　두 번째로, 금화가 경험하는 아동 학대도 있는데요. 금화 역시 신체적 장애를 갖고 있습니다. 엄마 배 속에서 언니에게 물어 뜯긴 한쪽 다리를 잘 쓰지 못한다는 설정입니다. 문제는 금화를 돌 봐야 할 조부모가 아이 양육에 굉장히 무관심해 보인다는 것입니다.
　금화가 견사 옆 창고에서 자라고 있는 것은 아니지만 무관심 속 에 방치되고 있고, 할머니는 광신도인 것 같고, 할아버지는 종일 술 마시는 걸 소일거리로 삼고 있습니다. 친구나 외부와의 교류가 거의 없는 금화는 집에서 탈출하고 싶어 합니다. 그나마 금화가 하는 교 류랄 만한 것도 채팅 앱을 통해 모르는 사람과 대화하는 정도입니다. 이러니 앞서 언급한 언니와는 다르지만 금화 역시 아동 학대를 당하고 있는 상황으로 보입니다.

이수정 정확히 얘기하면 금화는 방임되었다고 할 수 있습니다. 그래도 나름 문명의 이기, 휴대폰 채팅 앱을 통해 어떻게든 집 바깥 세상과 이야기를 할 수 있으니까 사회적 소통의 끝자락을 잡고 있는 아이입니다.

이다혜 마지막으로는 정나한을 비롯해 소년 교도소에 간 아이들이 겪는 학대가 있습니다. 일단 이들은 존속 살해, 그중에서도 아버지를 살해한 죄로 수감되어 있는 강력 범죄자들인데, 박정민 씨가 연기한 정나한이라는 인물은 어머니가 사창가에서 일했다는 설정이고요, 아버지는 포주인 것으로 추정되고 있습니다.
이런 환경에서라면 아마 가정 폭력을 비롯한 여러 폭력적 상황에 노출되며 컸으리라 생각됩니다. 그러니까 나한을 비롯한 소년범들은 피해자인 상황에서 또다시 가정 폭력의 가해자가 된, 그리고 출소 이후에는 사회에서 살인을 저지르게 된 아이들인 것입니다.

이수정 태어날 때부터 잔혹한 가해자인 사람은 없습니다. 대부분 어린 시절에 지속적인 폭력 피해를 당하다가 이런 폭력적인 경험이 나의 일상이구나, 내가 이렇게 당하지 않으려면 스스로 강자가 될 수밖에 없구나 하고 깨달으면서 본인이 가해자가 되는 지경에 이릅니다.
그런데 제가 이 영화에서 제일 이해가 안 되는 것이 정나한 캐릭터였어요. 인격적인 대우는 받아 본 적도 없고, 본인도 그렇게 선량

해 보이지 않고, 사이비 교주에 의해 잘못 세뇌당했고, 그래서 결국에는 금화를 찾아가 죽이려고 하다가 금화가 '그것'에 대한 이야기를 하자 금화를 죽이지 않잖아요. 저는 그 대목이 제일 이해가 가지 않았습니다.

정말 그렇게 의미를 찾아서 피해자를 선택할 수 있는 살인범이 있을까요? 어차피 나한은 이미 연쇄 살인범이 된 것입니다. 지금까지 많은 여자아이들을 죽여 왔고, 교주의 영향력이 지속되는 한 앞으로도 죽일 거고요. 그런데 그 순간 도대체 어떤 판단 능력과 의사 결정 능력이 생겨서 금화를 죽이지 않은 걸까 의문이 들었습니다. 현실이라면 굉장히 일어나기 어려운 일입니다.

나한같이 성장한 비행 청소년에게 그 정도로 상황 판단에 대한 재량권이 주어지지도 않거니와, 선택권이 주어진다 한들 그런 판단 능력이 있을까요. 영화 속 나한 캐릭터의 경우 어떻게 보면 비판 의식을 가진 존재, 악마들 속의 천사 모양새라서 픽션이라는 느낌이 유독 심하게 느껴졌습니다.

이다혜　아마 이런 부분이 제가 영화를 보는 관점과 선생님이 영화를 보는 관점 차이 같습니다. 보통은 아무리 궁지에 몰려도 굉장히 중요한 순간이 왔을 때는 사람에게 판단력이 돌아올 것 같다는 생각을 하잖아요.

이수정　그래야 인생을 사는 데 희망이 있죠. (웃음)

이다혜　저도 그렇게 생각해 왔는데, 지금 선생님 말씀을 들어보면 그런 일이 실제로 일어날 가능성은 매우 희박한 것 같습니다.

장기간 학대를 당하고 세뇌를 받는 상황에 놓인다면 자기 스스로 판단할 수 있는 능력이 남아 있길 기대하기는 굉장히 어렵겠네요.

이수정　그런 경우 아마도 보통의 판단 능력조차 갖고 있기 힘들 것입니다.

학대에서 범죄로 이어지는 악순환의 고리

이다혜　또 한 가지 궁금한 게 있습니다. 사이비 교주가 어린 나이에 학대받다가 아버지를 살해한 네 명의 소년범을 발탁해 자신의 수호자처럼 키운다는 것이 영화 속 설정인데, 이처럼 학대받은 아이들이 범죄에 노출되거나 스스로 범죄자가 될 가능성이 높을까요? 유의미한 상관관계가 있나요?

이수정　실제로 열악한 환경에서 보호받지 못한 채 성장한 아이들이 그렇지 않은 아이들보다 비행을 저지를 가능성이 훨씬 높습니다. 여러 범죄학 이론들을 종합해 보면, 가정이든 학교든 친사회적인 조직 내에 구성원으로 있을 때 가장 범죄 확률이 낮습니다.

그런데 학대는 일종의 해체의 결과입니다. 아이를 품어 줄 친사회적 조직이 해체된 상황에서는 아이가 친사회적 가치관이나 규범을 내면화하기 어렵고, 그러다 보면 결국 생존만이 주요한 목표가 됩니다. 어쨌든 살아남아야 하니까요. 살아남기 위해서는 수단과 방법을 가리지 말아야 하고, 우리 사회에서 수단과 방법을 가리지 않는다는 것은 곧 범죄일 확률이 높습니다.

이다혜   친사회적 조직의 해체 여부가 관건인 듯한데, 사람마다 이 개념을 받아들이는 폭이 다를 것 같습니다. 예를 들어 어떤 사람은 아이가 원하는 만큼 경제적으로 지원할 수 없는 상황도 문제로 간주할 수 있을 것이고, 또 어떤 사람은 신체적인 폭력이 있어야 그게 진짜 문제라고 생각할 수도, 아니면 부모와 함께 살지 못하는 상황이 더 큰 문제라고 생각하는 사람도 있을 듯합니다.

이수정   지금 말씀하신 모든 것이 다 포함됩니다. 신체적 학대부터 시작해서 정신적 학대까지, 그리고 기본적인 경제적 지원을 해주지 않는 것도 모두 아동 학대에 포함됩니다. 영화 속에서는 종교 단체 교주라는 사람이 이 모든 보호를 제공하겠다며 나타납니다. 이러면 아이들, 그리고 보호 시설에서조차 이 종교인을 헌신적인 사람이라고 생각할 가능성이 높습니다. 그렇게 어떠한 의심도 없이 아이들이 이 사람의 손아귀로 넘어 가게 되고, 결국은 교주 밑에서 진정한 악마가 탄생하는 것입니다.

이다혜   이쯤에서 학대 아동 보호와 관련된 제도들, 그리고 그 제도들의 한계에 대해 이야기해 봤으면 합니다. 현재 학대받은 아동에 관한 구제책이 뭐가 있는지 알고 싶고요, 그 제도의 문제점이나 허점은 어떤 것들인지, 보완해야 할 점은 무엇인지 궁금합니다.

이수정   피학대 아동에 관한 제도적 지원은 너무나 부족합니다. 그렇기 때문에 무엇이라도 해야 하는 상황이고요. 한국은 지금까지 사실상 아동 학대를 범죄라고 여기지 않는 나라였기 때문에 아동 학대로 신고가 되더라도 결국 친권자가 원하면 아동이 학대 가해자에게 돌아갈 수밖에 없습니다. 그러다 보니 많은 아이들이 학대에 반복적으로 노출됩니다.

극단적으로 가정이 해체되어 아이가 있을 곳이 없을 경우 아동 보호 시설로 가는데, 아동 보호 시설 수가 그렇게 넉넉하지 않습니다. 그래서 어쩔 수 없이 한시적으로만 아이들을 돌볼 뿐, 일정 기간이 지나 나이가 차면 무조건 시설을 나가야 하는 일이 벌어집니다. 부모가 있기는 해도 부모 노릇을 못하는 경우가 많아 아이들이 가출을 하는 일도 비일비재합니다.

이다혜   「사바하」에 등장하는 세 가지 아동 학대 유형 중에서 금화의 경우가 지금 말씀하신 사례에 해당되는 것으로 보입니다. 함께 살고 있는 조부모의 방임과 학대로 가출한 아이가 경찰에게 발견되었을 때, 아이가 새 삶을 살아갈 방법을 강구해 주는 게 아니라 그냥 집으로 돌려보내는 것으로 끝나는 것이 문제겠지요.

이수정   한국은 친권을 마치 하늘이 내린 권리인 양 중요하게 여기기 때문에 영미권 국가에서처럼 친권을 쉽게 제한하거나 박탈하지 않습니다. 때문에 아이들은 학대 방임 가해자들한테 다시 돌아가는 것밖에 방법이 없습니다.

쉼터나 장기 체류 아동 보호 시설을 좀 더 많이 만들 필요도 있습니다. 집을 도저히 참을 수 없어서 뛰쳐나온 아이들이 다시 집으로 돌아가지 않도록 대안적인 공간을 더 제공해야 합니다. 문제는 그와 같은 필요는 분명히 알고 있으나 이 가출 청소년들이 유권자가 아니다 보니 국가 예산이든, 제도 입법이든 아무래도 우선순위에서 제외된다는 점입니다. 절박함을 계속해서 어필해도 법 또는 예산이 쉽게 변하지 않는 것이 현실인데, 심지어 가출 청소년들은 의사소통의 창구 자체가 없죠.

또한 가출 청소년이 곧 상습 범죄자가 됩니다. 1990년대에는 소년범들 중에서 한 번 범죄를 저질렀는데 또다시 범죄를 저질러 십대 때 세 번 이상 처벌받는 아이들의 비율이 한 자릿수였어요. 그런데 14세에서 18세 사이에 세 번 이상 기소당하는 아이들의 비율이 2000년에는 10퍼센트를 넘었고 2019년에는 20퍼센트가 넘었습니다. 이 경우, 일이 년 후에 성인이 되었을 때 높은 확률로 상습 범죄자가 됩니다. 가정 학대가 상습 범죄자의 탄생으로 이어지는 악순환의 고리를 끊어 주어야 합니다.

이다혜　　지금 한국 사회의 출생률 자체가 굉장히 낮아지고 있기 때문에 먼 미래에 국가의 존폐 자체가 위협당할 수도 있다는 식의 이야기를 많이 하면서도 항상 빠져 있는 논의가 바로 이런 사안들 아닐까요. 이미 태어난 아이들을 어떻게 잘 돌볼 것인가, 가정이 보호 기능을 제대로 하지 못할 때 국가가 어떻게 보완할 것인가에 대해서는 이야기가 거의 이루어지지 않고 있다는 생각이 듭니다.

이수정　　출산은 성인들의 이슈입니다. 여성의 복지와도 연관이 있고, 국가의 미래와도 연관이 있으니까 유권자들이 충분히 쟁점화할 수 있습니다. 그런데 아동 청소년은 아직은 유권자가 아니기 때문에 그들을 위한 제도나 예산에 대해 성인이 나서서 대신 권리 주장을 하지 않으면 사실 제대로 보장받기가 어렵습니다. 그런 부분이 미래를 점점 불투명하게 만드는 주요한 이유가 됩니다.

이다혜 그러면 청소년 범죄자들을 교화하기 위한 대책은 믿어도 되는 유효한 상황인지, 그리고 지금 사회적으로 대책을 마련하기 위해 애쓰는 부분이 있는지 궁금합니다.

이수정 이미 소년원은 상당 부분 교육 기관으로서의 기능을 하고 있습니다. 문제는 상습 범죄자가 증가하다 보니 소년원이 감당해야 할 아이들이 너무 많아지고 있는 과밀 수용이 문제입니다. 선생님들을 비롯해 여러 가지 프로그램들이 많이 개선됐지만, 한 방에서 열다섯 명씩 와글와글 자게 되면 일단 그들 사이의 사소한 다툼 때문에 교육적인 분위기가 형성되기 어렵습니다. 담당 기관에서만 의지를 가져서 될 일이 아니라 국가 차원에서 아동 청소년의 문제에 좀 더 주의를 기울여야 합니다. 특히 부모가 자기 권리 주장을 할 수 있는 중산층 이상의 계층이면 부모를 지원하는 것만으로도 아이들에게 혜택이 돌아갈 수 있지만 문제는 그렇지 않은 아래 계층입니다.

한국의 여아 납치 살해 실태

이다혜 「사바하」는 오컬트를 다루고 있지만 스릴러물이기도 합니다. 악마라든가, 종교적인 이야기가 중요하고 재미있게 표현되면서도, 결국 영화가 해결하는 문제는 십 년 정도에 걸쳐 자행되는 여자아이 연쇄 살인 사건입니다. 영화를 보면서 한국 사회의 여아 납치 살해 실태가 어떤지 궁금해졌습니다.

일단 영화 속에선 특정 지역에서 태어나는 여자아이들이 그렇게 긴 시간 동안 계속 살해당했는데도 경찰이 그 연관성을 찾지 못하는 실정입니다. 실제로 한국 사회에서 여자아이들이 납치되고 살해되는 사건이 많은가요?

이수정　살인 사건은 생각보다 그렇게 많지는 않아요. 그런데 아동 약취 유인이라는 범죄가 있습니다. 이 범죄로 인해 피해 아동이 돌아오지 못하는 경우도 있지요. 영화를 계기로 그 통계치를 찾아봤는데, 미성년자들의 약취 유인 사건은 2016년도에 203건 발생했고, 그중 13세 미만의 어린아이들이 피해자인 경우가 82건이나 있었습니다. 꽤 많은 건수입니다. 약취 유인은 법률 용어이고 흔히 말하는 납치와 같은 뜻입니다. 영화 속 사건의 경우 성폭행 피해는 포함되어 있지 않지만, 요즘 일어나는 미성년자 납치나 실종 사건은 대부분 성폭행이 목적입니다. 조두순 사건*처럼 어린 여자아이들이 희생되는 경우가 많습니다.

얼마 전에 전남 강진에서 한 여고생이 납치되어 숲속에서 머리가 깎인 채 사체로 발견된 사건이 있었는데, 2000년대 초반 강진에서 여자 초등학생 둘이 실종됐던 사건도 있었습니다. 당시에는 단순 실종 사건으로 처리됐는데, 이번 사건을 계기로 여고생을 살해한 범인이 수십 년 전 사건의 동일범이 아닌가 하는 의심 아래 재수사가 시작됐습니다. 여고생 살인 사건의 경우 피해자 아버지의 친구가 범인으로 밝혀졌지만, 초등학생 실종 사건은 아직 여전히 수사 중이라 결론이 나지 않은 상태입니다.

그런데 재수사 과정에서 실제로 그 당시에 약취 유인을 해서 아이의 실종 사건과 연관이 있을 법한 용의자가 현재 교도소에 있다는 사실이 발견되었습니다. 마침 수감 중인 그 용의자는 자신만의 암호를 만들어 공책에 무언가를 기록하고 있었고요. 그래서 압수 수색을 진행했더니 용의자의 공책에서 아동 음란증, 아동 성기호증을 보여주는 망상들이 발견되었습니다. 그러나 이 용의자가 그 초등학생 둘을 납치, 성폭행하고 암매장한 범인일 거라는 심증만 있을 뿐 시체라든가 하는 직접 증거를 전혀 찾지 못해서 이 사건은 아직도 미제사건으로 남아 있습니다.

이다혜   「사바하」를 보면서도 굉장히 불안했던 장면 중의 하나가 금화와 관련된 부분이었습니다. 금화가 채팅 앱으로 모르는 사람과 대화를 주고받으며 '집 나갈 거야.' 같은 식의 이야기를 하거든요. 영화 속에서는 정나한에게 납치되어 죽을 위기를 겪지만, 사실은 나한이 아니어도 이 금화라는 아이가 가출하여 약취 유인의 피해자가 될 가능성이 너무 높지 않나 생각했습니다.

이수정   성폭행 피해를 당했을 개연성이 매우 높죠.

: 조두순 사건*

2008년 12월 경기 안산시 단원구에서 조두순이 8세 여아를 성폭행해 큰 상해를 입힌 사건. 사건의 잔혹한 내용이 언론에 자세히 공개되면서 국민의 공분을 샀으며, 아동 성폭행에 대한 인식을 제고하는 결정적 계기가 되었다. 조두순은 음주로 인한 심신미약을 주장하여 징역 12년을 확정 받았고, 이에 반발하는 여론이 거셌다. 정부는 사건 이후 성범죄자 알림e사이트를 운영하고 전자발찌를 도입하는 등 사법 형사 절차를 개선했다. 조두순은 언론을 통해 사진이 공개되었다. 그의 출소일은 2020년 12월 13일이다.

대규모로 자행된 여아 낙태

이다혜   남자 아동이 피해자가 될 수 있는데도 불구하고 영화가 굳이 여자 아동을 피해자로 설정한 것은, 여자아이들에 대한 수많은 범죄의 단면을 영화화하기 위해서로 보입니다. 여자아이야말로 가장 무력한 존재인데 가장 강력한 존재인 교주가 가장 무력한 '그것'이라는 여자아이를 두려워하는 것이니까요.

영화에선 여자아이들이 납치, 살해되어도 경찰이 그다지 큰 사건으로 여기지 않는 것 같은 뉘앙스가 느껴집니다. 실제로 그렇지는 않겠지요?

이수정   네, 그렇습니다. 하지만 보호자가 없는 아이들의 실종 사건은 아무래도 보호자가 있는 아이의 실종 사건보다 훨씬 에너지를 덜 들이는 것은 사실입니다. 특히 강진 여자 초등학생 실종 사건처럼 대도시에서 먼 곳에서 발생하고, 경찰력도 취약하고, 서울과 달리 부모가 문제 제기를 하기 쉽지 않다면 지역사회에서 실종 사건으로 처리되어, '기다려 보시라.'는 경찰의 시간 끌기 끝에 덮여 버리는 일도 종종 있었습니다. 그런 식으로 묻혀 버린 사건이 바로 강진 실종 사건이었는데, 얼마 전 여고생이 살해되면서 수십 년 전에 발생한 실종 사건이 재수사된 것입니다.

이 재수사는 피해자 부모들의 의지가 있어서 시작된 것도, 경찰의 의지도 아닙니다. 우연히 다른 피해자가 발생하면서 연관 사건을 추적하던 끝에 시작된 재수사였습니다. 이 사건의 피해자들이야말로 우리 사회에서 가장 취약한 존재였을 가능성이 매우 높습니다.

이다혜   영화에서는 특정 연도에 태어난 여자아이들이 살해당하는데요, 실제로 한국에서는 특정 연도에 여자아이들이 덜 태어난 적이 있습니다. 태아를 성 감별해 여아를 낙태했기 때문이었고 백말띠 해 같은 특정한 해에는 굉장히 큰 규모의 성 감별 낙태가 있었습니다. 이런 사회적인 분위기 또한 여자아이들의 취약성을 더 높이는 역할을 하고 있다는 생각이 들거든요.

이수정   그렇습니다. 무력하고 방어 능력이 없는 여자아이들이나 여자 노인들이 범죄의 피해자가 될 가능성이 가장 높고, 꼭 범죄가 아니더라도 여러 가지 방식으로 희생을 당하게 됩니다.

친사회적 기관의 울타리가 절실하다

이다혜   박사님은 범죄 심리학자로서 오컬트와 스릴러 중에, 그러니까 귀신과 칼 든 사람 중에 어느 쪽이 더 무서우신가요?

이수정   저는 귀신이 훨씬 무서운 거 같아요.

이다혜   네? (웃음)

이수정   그런데 요즘은 사람들이 '귀신보다 사람이 더 무섭다.' 이런 말 자주 하더라고요.

이다혜   네, 저도 그런 쪽이에요. 예를 들어 한밤중에 숲속에서

야영을 하면, 숲에서 나는 소리에 정말 예민해집니다. 온갖 소리가 다 들리고, 특히 나뭇잎끼리 스치는 소리가 꼭 사람 지나가는 소리처럼 들리는데요, 그럴 때 처음에는 귀신인가 싶어 무서워하다가 소리의 정체가 사람이라고 생각하면 더 무서운 거예요. 그런데 박사님은 다르시군요.

이수정 제가 그런 게 무서웠으면 이 분야에서 연구를 하기가 어려웠겠죠. (웃음) 범죄자도 대부분 연구적 대상이라고 생각하니까, 아 특이하다 정도의 감응입니다. 어쩌면 제가 의식적으로 두려움을 느끼지 않으려고 노력하는 것일 수도 있습니다.

이다혜 그렇군요. 박사님이 보시기에, 지금 굉장히 취약한 상황에 놓인 십 대 청소년들에게 사회가 해 줄 수 있는 가장 시급하게 취해야 할 조치는 무엇일까요?

이수정 교육 기관에서 학생들을 좀 더 열심히 붙잡고 있었으면 좋겠습니다. 이제는 부모가 아이들을 붙잡고 있을 수 있는 시대는 아닌 것 같아요. 경제적인 문제를 비롯해 너무나 다양한 어려움들이 있기 때문에 아이들의 양육을 부모에게만 떠맡길 수 없는 시대입니다.
그러면 그와 같이 환경이 열악하고 보호받지 못하는 아이들에게 이전 시대 어른들이 해 주었던 보호 기능을 대행해 줄 에이전트가 등장해야 하는데, 우리 사회에서는 그게 생각보다 쉽지 않아요. 앞서도 이야기했지만 예산의 우선순위에서 밀리기도 하고요. 그러다 보니 상대적으로 학교가 해야 하는 역할이 훨씬 더 커지고 있습니다. 그런 차원에서 초등학교 방과 후 교실 등이 나름대로 의의가 있다고 생각합니다.

그런데 한국은 학업 중단이라는 시스템이 있어서 아이들이 학교에 안 나와도 예전처럼 담임 선생님들이 가정 방문을 안 하세요. 학교생활에 애착을 갖는 데 실패해 학교에서 떨어져 나가는 아이들의 숫자도 꽤 많습니다. 가출을 하면 부모가 찾았으면 좋겠는데 안 찾고, 학교를 결석하면 학교도 안 찾고, 이 사이에 아이들이 결국 추락하는 것입니다. 그런 불행을 막기 위해서 학교가 좀 더 아이들을 찾아 나섰으면 좋겠다는 생각을 합니다.

영화 속의 소년범들도 아마 학교 같은 친사회적 기관에서 관리했더라면 성인 범죄자가 되지 않았을 텐데, 불행히도 보호자를 자청하고 나선 사이비 교주가 아이들에게 잘못된 종교적 신념을 심는 바람에 결국 살인 기계로 성장하는 것이지 않습니까. 이런 결과를 방지하려면 아이들이 친사회적인 기관의 울타리 안에 있을 수 있도록 보살피고 확인하는 시스템이 필요합니다.

컴플라이언스

권위에 대한 복종,
비판적 사고를
마비시키는 억압

감독 크레이그 조벨 | 미국 | 2013년

미국 30여 개 주에서 일어난 70여 건의 동일 사건을 바탕으로 한 영화.
금요일 저녁을 앞두고 눈코 뜰 새 없이 바쁜 어느 패스트푸드 매장에 전화가
걸려 온다. 매니저인 샌드라가 전화를 받자, 전화 속 목소리는 자신이 경찰이
라고 하면서 매장에서 일하는 베키라는 여성 직원이 절도를 벌이고 있으니 수
사에 협조하라고 명령한다. 매장에서 직접 몸수색을 실시한다면 경찰이 매장
을 방문하지 않겠다는 말에 마음이 약해진 샌드라는 베키에게 이 사실을 알리
고 몸수색을 요청한다. 베키도 내키지 않지만 이를 받아들이는데, 전화 속 목
소리가 내리는 명령은 단순한 몸수색이 아닌 성추행에 가까운 방향으로 강해
진다.

샌드라를 비롯한 매장 직원들은 경찰의 권위에 따를 수밖에 없다고 판단하여
베키의 수치심에도 불구하고 명령에 복종하고, 전화의 명령은 점차 강도를 더
해 가서 결국 베키는 샌드라의 약혼자에게 성폭행에 가까운 행위를 당하게 된
다. 베키를 감시하라며 새로 전화를 받은 직원 케빈이 결국 이것이 장난 전화
임을 밝혀내고, 이런 행각을 벌인 인물은 경찰에 체포된다. 하지만 베키가 당
한 폭력적 상황의 책임이 전적으로 범인에게만 있는 것일까?

이다혜　제가 며칠 전에 메일을 한 통 받았는데요, '사단 법인 여성 문화 네트워크 사무국입니다. 2019년 올해의 인물로 한국을 대표하는 범죄 심리학자 이수정 경기대 교수가 선정되었습니다.'라는 보도 메일이었습니다.

이수정　전 또 새로운 보이스 피싱인가 했습니다. (웃음)

이다혜　경사스러운 소식과 함께 2013년 작품 「컴플라이언스」 이야기를 시작합니다. 이 영화는 네이버 닉네임 이경정 님께서 추천해 주셨습니다. 사연도 소개드립니다. '안녕하세요. 외국에서 독박 육아를 하며 죽을 맛이었는데, 박사님과 기자님 클립 덕분에 뇌가 다시 말랑말랑해지는 느낌입니다. 사실 제가 추천하고 싶은 영화가 있는데 바로 「컴플라이언스」입니다. 보는 내내 정말 자리를 박차고 뛰쳐나가고 싶었던 몇 안 되는 영화 중 하나로 기억됩니다. 어떻게 그런 일이 실제로 일어날 수 있는지 언젠가 다루어 줬으면 좋겠어요.'

좋은 영화 추천 감사드립니다. 저도 보면서 어떻게 이런 일이 일어날 수 있지 하고 똑같은 분노를 느꼈습니다. 그런데 박사님께는 꽤 익숙한 이야기일 수 있겠다는 생각이 들었습니다.

스탠리 밀그램의 '권위에 대한 복종' 실험

이수정　이 영화는 경찰 사칭자가 공적 권위를 이용해 상대에게 부당한 일을 하도록 정신적으로 유도하는 범죄를 다루고 있습니다. 영화를 보다 보면 자연스레 '스탠리 밀그램 실험'이 떠오릅니다.

이는 미국의 사회 심리학자 스탠리 밀그램이 1961~1962년에 예일 대학교에서 실시한 실험입니다. 실험의 비윤리성 때문에 밀그램은 미국 정신분석학회 회원 자격을 일 년간 정지당했는데요, 이 실험에서 두 명의 참가자 중 한 명은 교사, 다른 한 명은 학습자 역할입니다. 의자에 묶인 상태의 학습자는 단어를 외워야 하고, 교사는 학습자가 외운 단어를 틀리게 말하면 약한 전기 충격을 가해야 합니다. 사실 여기에서 학습자는 실제로 아무런 전기 충격을 받지 않고, 자극을 받는 척 비명을 지르도록 교육된 관계자였습니다.

실험 전 실시한 예측 조사 결과, 전압이 세지면 교사 역할을 맡은 사람이 실험 중단을 요구할 것이라고 예상했으나, 실제 실험 결과 교사 역할을 맡은 사람들 중 거의 70퍼센트 이상이 가장 높은 단위의 전압에 도달할 때까지 실험을 계속 수행하여 충격을 주었습니다. 이 실험은 두 번의 세계대전 중에 왜 군인들이 여러 가지 부당한 명령에 저항하지 않고 순응했는지를 설명하기 위한, '권위에 대한 복종' 실험이었습니다.

어제 제가 모 세미나에 참석했다가 재심 전문 박준영 변호사를 만나 그가 2007년 지원했던 '수원 노숙 소녀 살인 사건'*에 관한 이야기를 들었는데요, 이 사건의 굉장히 흥미로운 지점은 경찰의 강압 수사(폭행)가 없었는데도 일곱 명이 허위 자백을 했다는 것이었습니다. 어떻게 내가 죽이지도 않았는데 죽였다고 인정할 수 있는지 의

아하지만, 어떤 특수한 조건이 되면 사람들은 생각보다 쉽게 경찰의 요구 사항에 순응합니다. 그런 면에서 이 영화 또한 매우 개연성 높은 이야기라고 생각합니다.

이다혜 취조실이라는 공간의 특징도 큰 역할을 하는 것 같습니다. 바깥을 볼 수 없고, 분리되어 있고, 창문도 없고, 십 분이 지났는지 한 시간이 지났는지 모를 정도로 시간이 멈춘 듯한 느낌을 줍니다. 취조실은 고립된 상태에서 공적 권위가 높은 사람과 단둘이 마주 앉아 있도록 의도적으로 세팅된 공간입니다. 상대를 압박하기 위해 조명은 어떻게 달 것인지, 방 안에 어떤 물건을 놓을 것인지 말 것인지까지 치밀하게 계산된 공간이다 보니 심리적 압박에 시달리게 되고 허위 자백을 하게 되는 것도 이상한 일은 아닐 듯합니다. 전화를 걸고 자기 상황을 알아보기도 할 수 있는 자유가 사실 박탈된 상태잖아요. 변호인이 동석하는 경우는 그런 문제를 예방할 수 있겠습니다만.

이수정 당시에 노숙 소녀를 폭행했다고 시인하며 첫 번째 허위 자백을 했던 사람은 제일 나이가 어린 여자아이였습니다. 어떻게 보면 경찰이 전략적으로 폭행에 제일 적게 가담했고, 권위에 취약한 아이를 공략했을 수도 있겠지요.

> **: 수원 노숙 소녀 살인 사건**[*]
> 2007년 5월 아침 수원 고등학교에서 16세 소녀가 숨진 채 발견되었다. 경찰은 소녀의 신원이 파악되지 않자 소녀를 노숙인으로 상

정하고 지적 장애가 있는 이십 대 남자 노숙인 정 모 씨와 강 모 씨를 범인으로 지목했다. 정 씨는 상해 치사죄로 징역 5년, 강 씨는 폭행죄로 200만 원 벌금을 선고받았다.

사건이 일어난 지 팔 개월 후 검찰은 다시 청소년 다섯 명을 범인으로 지목했다. 청소년 다섯 명 중 미성년자를 뺀 네 명이 기소되었는데, 강압 수사 끝에 허위 자백을 했다는 피고인들의 주장이 인정되어 끈질긴 법정 공방 끝에 무죄 판결을 받았다.

앞선 노숙인 두 명 또한 재판에서 범행을 부인하여 위증 혐의로 기소되었다가 무죄 판결을 받았는데 그중 한 명은 상해 치사죄로 수감되었다가 8월에 출소해 재심 절차를 밟고 있다. 장애인이나 사회적 약자에 대한 강압 수사였다는 비판이 제기되었고 진범은 여전히 잡히지 않았다.

권력의 원칙과 책임감

이다혜   영화의 제목, '컴플라이언스'라는 말 자체가 '준법'이라는 뜻입니다. 사회화의 말뜻에는 처음 만난 사람이 명령을 내리더라도, 사회 규칙의 테두리 안에서 집행이 된다면 따르려는 노력도 포함된다고 생각합니다.

그런데 한국에서 시위하던 농민이 경찰의 물대포에 맞아 사망한 사건이 있었습니다. 우리 사회는 시민이라면 제복을 입은 사람에게 복종해야 한다고 생각하는데요. 설령 공권력을 쥔 쪽에서 말도 안 되는 변명을 해도 법이 우선적으로 그들의 편을 들어 준다고 느끼게 되는 사건들이 적지는 않았거든요.

이수정 저는 한국의 역사적 사건으로 인해 사람들이 공유하는 피해 의식도 있다고 생각합니다. 예컨대 386세대에게는 반독재 운동을 했던 경험도 있고요. 지금의 세대는 사실 그런 시위 현장을 본 적도 없음에도 사회 전체에 여전히 피해 의식이 앙금처럼 남아 있어 사법 기관에 대한 신뢰도가 무척 낮은 편입니다.

제가 젊었던 시절에는 없는 증거도 만들어 붙이는 시대였지만 요즘은 예전과는 달라 법의 테두리를 넘어서는 경우가 그리 많지는 않습니다. 아무리 요즘 검찰의 수사가 지나치다 해도, 근거 없이 하는 수사는 아닙니다. 물론 양심적인 법률가들에 의해 원칙대로, 정해진 선을 넘지 않는 테두리 내에서 정해진 법이 잘 집행되어야겠지요.

이다혜 하지만 시위 현장에서 물대포를 사용할 때는 시위 진압 목적을 달성하면서도 사람은 다치지 않게 해야 한다, 사람에게 직접 물대포를 쏘면 안 된다는 정도의 원칙은 있어야 하는 것이잖아요. 인명 피해를 막기 위해 있어야 했던 원칙이 물대포 사건에는 없었던 것이고요.

이수정 원칙이 있긴 했습니다. 다만 그 원칙을 지키지 않은 누군가가 있었던 것이지요. 이한열이 죽을 때*도 최루탄을 사람에게 쏘면 안 된다는 원칙은 있었습니다. 그런데 상황이 심각하게 과열되면서 안타깝게도 고의인지 과실인지 불분명한 사고가 발생한 것으로 보입니다.

이다혜 그런 과열된 상황에서 인명 사고가 난 경우에는 현장 책임자들이 무거운 책임감을 느껴야 한다고 생각합니다. 아무도 책임을 지려 하지 않는 것이 가장 큰 문제겠습니다. 공권력을 신뢰하고 그 권위에 복종한다는 것은 그들이 그릇된 판단을 했을 때에도 책임 진다는 전제 아래 가능한 일이기 때문입니다. 스탠리 밀그램의 실험 에 따르면 사람들 대부분이 옳든 그르든 권위에 복종하는 성향이 있 다고 보이는데요, 이런 성향은 개인의 성격이나 인종, 성별, 국적 같 은 것과는 전혀 관계가 없을까요?

이수정　개인차보다는 환경적 조건이 더 영향을 끼칩니다. 사회 적으로 고립되어 가치 판단이 불가능한 상황에서는 권위에 대한 복 종 성향이 더 뚜렷해지지요. 예컨대 아무리 양심적인 독일 군인이라 도 유대인을 독가스실로 몰아갈 수밖에 없는 환경에서 저항하기는 힘들 것입니다. 2차 세계대전 때에도 이를 실행한 군인들은 아무도 형사적인 책임을 지지 않았습니다. 다만 그것을 명령했던 자들은 국 제 형사 재판소에서 유죄 판결을 받았습니다. 하지만 밀그램의 실험 이 백퍼센트 맞는 것은 아닙니다. 누군가 한 명이라도 기존의 엄정 한 분위기를 깨는, 아이스 브레이킹을 한다면 너나 할 것 없이 동조 해 한 번에 권위가 무너지는 경우도 있습니다.

이다혜　실험 도중에 누구 한 명이 '이렇게까지 할 수는 없어, 더 이상은 못 해.' 하며 거부하기 시작하면, 다른 사람들도 동의하면서 참가자들 쪽에서 실험을 중단시킬 수도 있는데 관건은 그 한 명이 나오느냐 안 나오느냐라는 말씀이시군요.

이수정　그렇습니다. 실험의 결과 권위에 대한 복종 성향은 성별 이나 인종에 따른 개인차가 크지 않았습니다. 백인이라고 유달리 자

유 의지가 있는 것도 아니고, 여자라고 더 양심적인 선택을 하는 것
도 아니었지요.

> : 이한열의 죽음*
>
> 1987년 6월 9일, 시위 운동에 참여한 학생 운동가 이한열이 최루
> 탄을 맞아 사망했다. 1966년 8월 29일 전라남도 화순 태생으로 스
> 물두 살 당시 연세 대학교 경영학과에 재학 중이었던 그는 '박종
> 철 군 고문 살인 은폐 조작 규탄 및 민주 헌법 쟁취 국민 대회' 하루
> 전에 열린 '6·10 대회 출정을 위한 연세인 결의 대회'에 참여하던
> 중, 전경이 쏜 최루탄을 맞고 27일 간 사경을 헤매다 1987년 7월 5
> 일 끝내 사망했다. 그의 죽음은 시민의 공분을 샀고, 이후 6월 항쟁
> 과 6·29 선언의 도화선이 되었으며, 이에 전두환 군사 정권은 6·29
> 선언을 통해 대통령 직선제 개헌을 수용했다. 한편 고인은 망월동
> 5·18 묘지에 안치되었다가, 2001년 김대중 정부 시절에 민주화 운
> 동 관련자로 공식 인정받아 명예를 회복했다. 2005년 6월, 서울 신
> 촌에 '이한열 기념관'이 개관했다.

인간의 자유 의지는 존재하는가?

이다혜   영화의 주요 인물은 중년 여성 매니저 샌드라와 젊은 여
성 카운터 직원 베키인데요, 혹시 샌드라가 경찰의 전화를 받았을
때, 베키가 여자이고, 어리고, 아랫사람이라는 점이 판단에 영향을
미쳤을까요?

이수정 　 사회적 지위는 판단에 분명 영향을 끼칠 수 있습니다. 예를 들어 위계나 위력에 의한 성범죄도 마찬가지입니다. 만약 길에서 마주친 남자가 성희롱이나 추행을 했다면 즉시 신고하겠지만, 상대가 직장 상사라면 이야기가 달라집니다. 상사의 명령을 받는 것 자체도 일의 일부이고 밥줄이 달려 있기 때문에 명령을 거절하기가 어려워집니다. 즉, 어디까지가 업무적 명령이고, 어디서부터가 아닌지 구분하기 어려울 수 있습니다.

수행 비서로서 상사가 먹을 된장찌개 주문은 업무 명령이고, 출장지에서 상사 방으로 담배를 사다 주는 것은 업무 명령이 아니라고 판단할 명확한 기준이 없습니다. 그러다 보니 지위의 격차가 있을 때 '컴플라이언스'와 비슷한 일들이 많이 발생할 수밖에 없습니다.

보이스 피싱은 항상 검찰청을 사칭하며 개인 정보를 요구하거나, 송금을 하라고 시키면서 사람들에게 시간적 압박을 주고 분별력을 뒤흔들어 버리는 상황을 연출합니다. 이 영화에서도 '경찰'을 사칭하고 있는데요. 검찰이나 경찰처럼 사회적으로 신뢰할 수밖에 없는 직군을 사칭하는 이유가 있는 것입니다.

이다혜 　 스탠리 밀그램 실험에서 실험 참가자의 70퍼센트 정도가 가장 높은 단위의 전압에 도달할 때까지 실험을 계속 수행했는데요, 그러면 그 나머지의 실험을 거부한 30퍼센트가 가지는 특징이 있을까요?

이수정 　 일단 굉장히 큰 용기를 낸 사람들입니다. 참가자들은 실험에 들어오기 전에 계약을 했을 것입니다. 때문에 본인이 동의한 것을 거부하면 지금까지의 노력이 헛수고가 되는 것인데도 부당한 명령에는 복종할 수 없다며 나서는 아이스 브레이커들이 간혹 있습니다. 그들처럼 행동하기가 생각보다 쉽지 않습니다. 상식이 있다면 부당한 요구를 거부하는 것이 당연하지 않느냐고 할지 모르지만, 상식의 기준에 대해 다시 생각해 볼 필요가 있습니다.

만약 공적 권위가 있고, 지위가 높고, 돈이 많고, 권력을 가진 사람들에게 복종하는 것이 상식으로 받아들여지는 사회라면 부당한 제안을 거절하기가 생각보다 쉽지 않고 오히려 거절 자체가 비상식으로 보일 것입니다. 박근혜 정부 시절 삼성이 했던 일들이 뇌물인가 아닌가를 놓고 법률적으로 다투고 있습니다. 기업은 당시 상황상 순응하지 않을 수 없었다고 주장하고, 재판부는 그럼에도 불구하고 거절했어야 한다는 주장입니다. 인간의 자유 의지가 백퍼센트 보장되는 상황이라면 당연히 거절하고 양심의 선택을 하는 것이 맞겠지만 대부분의 현실은 그렇지 않습니다. 권력의 요구를 거절할 때 돌아오는 대가가 분명 있으니까요.

과거 정권 시절에 국제 그룹이라는 기업이 정권에 저항했다가 해체된 전례가 있는 상황에서 '나라면 고민 없이 저항할 수 있을까.'를 진지하게 생각해 보면 솔직히 쉽게 선택하기 어려웠을 것 같습니다. 실제로 많은 사람들이 양심을 선택하기보다는 '좋은 게 좋은 거다.'라는 생각을 하지요.

이다혜 머릿속으로는 '그래도 그건 아니지.'라고 생각할 수 있지만, 정말로 내가 그 상황에 닥치면 갈등할 수밖에 없을 것 같습니다. 최소한 문제를 일으키지 않고 지나가거나, 손실이 안 나는 쪽을 선택하는 것이 더 상식적인 판단이라고 볼 수도 있습니다. 한국에서는 양심에 따라 선택하면 '모난 돌이 정 맞는다.'고 말합니다.

이수정   저는 지금까지 살아오면서 정을 엄청 많이 맞은 것 같아요. 말을 참지를 못해서. (웃음)

이다혜   그런데 그 정 맞는 사람이 있어야 다른 사람들도 퍼뜩 정신을 차리거든요.

이수정   물론 정 맞는 사람 본인에게는 손해가 나지요. 사실 타협이 훨씬 더 편안한 생활을 보장하는 것은 맞습니다. 그런데 제가 이야기하고 싶은 것은, 사회적 규범이 언제나 옳은 것만은 아니라는 것입니다.

이다혜   특히나 성범죄 관련 판결을 보면 현재의 사회적 규범을 가지고 성범죄에 대해 논하는 것이 너무나 무력하게 느껴질 때가 있습니다.

내부 고발자에 대한 가혹한 이중 잣대

이수정   우리 사회가 어떤 전환기를 맞았다고 봐야겠죠. 기존의 가부장적 질서가 옅어지면서 이미 사고방식이 바뀐 사람들이 많은데, 사회적 변화를 따라가지 못하고 과거에 상식이라고 여겼던 낡은 규범에 아직도 묶여 있는 사람들이 있습니다. 내부 고발자도 비슷한 입장에 놓여 있다고 봅니다. 본인은 문제가 있다고 여겨 양심에 따라 고발한 것인데 그로 인해 맞닥뜨려야 하는 어려움은 이루 말할 수 없이 큽니다.

이다혜　자살의 형태로 의문의 죽음을 당하는 사람들도 있습니다. 그렇다면 부당한 복종을 거부하는 법 자체를 훈련이나 교육을 통해서 학습할 수도 있을까요?

이수정　교육을 통해 학습할 수는 있지만, 그 선택에 따른 대가가 있을 수 있음을 함께 배워야 할 것입니다. 부당한 조직에서 내가 승진을 해 봤자, 그들의 부당함을 기반한 이익을 나누어 가져 봤자, 하는 식으로 생각한다면 대가를 감수하며 양심을 선택하는 것이고, 어떻게든 이 조직에서 인정받고 생존해야 한다고 생각한다면 권위에 복종해야겠지요.

양심의 선택에 따라 내부 고발을 한 뒤 조직에서 나와 개인 방송을 하는 사람들도 있는데, 많은 사람들이 그 의도를 의심합니다. 혹시 정치를 하려고 저러는 것 아니냐는 식으로 비난하기도 합니다. 그러나 그 의도가 무엇이든 양심의 선택을 했다는 사실에 대해서는 한번 높이 평가해 줄 필요가 있습니다.

이다혜　지금 말씀하신 부분이 무척 공감이 갑니다. 내부 고발자에 대한 기준이 너무 가혹해요. 양심을 선택한 고발자라면 돈을 바라서도 안 되고, 십자가를 진 양 모든 책임을 지고 고발의 정당성을 증명까지 해 보여야 한다는 시선에 문제가 있다고 봅니다. 내부 고발자도 먹고살아야 하잖아요. 그런데 모든 삶의 행보를 조심해서 걷지 않으면 용기를 내 행한 양심선언까지도 다 같이 무위로 돌아가 버리곤 합니다. 고발하는 사안에 대해서도 결백해야 하는 데다가, 개인사도 전부 결백하지 않으면 고발의 진정성을 의심받기도 하고요. 저는 그런 현상을 보면 많은 사람들이 양심의 선택을 못하고 살고 있기 때문에 오히려 남에게 가혹한 기준을 들이대는 것이 아닌가 싶습니다.

이수정　사실 피해자 입장을 생각해 보면 양심의 갈등 이전에 무엇이 옳은 선택인지 분명하게 볼 수도 있습니다. 그러면 용기가 없던 사람도 용기를 낼 수도 있습니다. 많은 사람들이, 저 역시도 마찬가지고, 남의 입장을 생각하지 못하고 그 결과 피해를 잘 인지하지 못합니다. 무심코 잘못된 방향으로 가는 배에 올라탔더라도 가능한 한 빨리 뛰어내려야 하는데 내리기가 쉽지 않고, 그러다 보니 점점 더 잘못된 방향으로 가 버리고 맙니다.

이다혜　저도 조직이 배와 같다는 생각을 할 때가 있습니다. 처음에는 조직의 문제가 그리 심한 것 같지 않고, 언제든 내 선택대로 움직일 수 있을 것 같지만, 시간이 지나면서 자신도 그 책임의 일부가 되고, 고발하면 다 같이 망한다는 생각이 들면서 순응하게 됩니다. 처음 출발할 때는 조직이라는 배에서 쉽게 뛰어내릴 수 있을 것 같지만 시간이 지나면 뛰어내리기가 점점 더 어려워지는 것과 같습니다.

이수정　이 영화에서도 처음에는 매니저 샌드라가 경찰의 명령이 부당하다는 생각을 했을 수도 있습니다. 하지만 일단 순응하기 시작하여 결국 돌아올 수 없게 된 것이지요. 애당초 첫 단추를 끼우지 말았어야 했는데 말입니다.

이다혜　영화 속에서 사건은 이렇게 진행됩니다. 전화가 한 통

걸려오고, 전화 너머의 남자는 자신이 관할 경찰서의 대니얼스 경관이라고 이야기합니다. 그리고 한 여성이 돈을 잃어버렸다며 경찰서를 찾아왔고, 당신 가게의 19세 금발 여성을 범인으로 지목했다고 말합니다. 그러면서 매니저한테 그 용의자를 잡아 놓으라고 지시합니다. 그다음에는 가방과 주머니를 수색하고 전화기를 압수하라고 합니다. 또 다음에는 옷을 벗기고 알몸 수색을 하라고 합니다. 이제 곧 수사팀이 갈 텐데, 그 전에 자기를 도와주면 용의자인 베키가 유치장에 감금되지 않을 수 있다, 그러니까 당신이 하는 일이 베키에게도 좋은 일이라는 식으로 이야기합니다. 여기까지만 봤을 때, 경찰 수사를 받아 본 적 없는 사람으로서 '이것은 좀 이상한데?' 하고 의심할 만한 대목이 있다면 어디일까요?

이수정　경찰이 알몸 수색을 시키는 것부터 엉터리입니다. 한국이라면 더욱이 말도 안 되고요. 다만 미국은 아무래도 보안관 시절부터 경찰의 권한이 굉장히 세고, 총기도 허용된 사회이다 보니 일반 시민이 순응하지 않을 수 없는 사회적 분위기가 있기는 합니다.

이다혜　저는 전화로 명령하는 것부터가 이상했습니다. 전화로 이런 명령을 내리는 것이 가능할까요?

이수정　글쎄요. 미국은 나라가 워낙 넓으니까 일단 잡아 두라는 말이 그럴듯하게 여겨질 수도 있지 않을까요. 한국이라면 통하지 않을 겁니다. 특히 요즘은 보이스 피싱 범죄를 대비해 금융 감독 위원회나 검찰은 직접 전화를 걸지 않는다고 알리기도 하고요.

이다혜   영화 속에서 범인은 패스트푸드점에서 일하는 십 대 금발 여성을 타깃으로 고릅니다. 이런 타깃 선정에 특별한 이유가 있을까요?

이수정   일단 패스트푸드점에서 일하는 십 대 여성이 워낙 흔하니까 누구 하나는 걸리리라고 생각했을 것입니다. 염색을 했든 아니든 간에 금발 여성 또한 드물지 않고요. 패스트푸드점 아르바이트생에 대한 프로토타입이 존재하는 것입니다. 범인 입장에서는 랜덤하게 말한 것일 수 있습니다.
    문제는 매니저입니다. 비판 능력이 있는 사람이라면 아마 꼬치꼬치 따져 물었을 것입니다. 어디 소속 경찰이냐, 이름을 대라, 그 십 대 여성 직원의 이름은 뭐냐, 등을 물어보고 확인한 후 다시 연락 드리겠다고 했을 것입니다. 그래서 이 영화에서는 손님이 많고 분주한 금요일로 시간대를 설정합니다. 아침부터 정신없이 사건 사고가 일어난 끝에 전화를 받다 보니 매니저의 판단 능력이 떨어진 상황으로요.

이다혜   지적하신 것처럼 아침에 매장 주방의 냉장고가 고장 나는 바람에 수습해야 하고 당장 결정해야 할 것도 많고, 매장 평가도 한다고 하고, 그러니까 더 정신이 없고 시간적 여유가 없는 상황에서 경찰의 전화까지 받다 보니 평소 같으면 속지 않을 일에 속는다는 생각이 들었습니다.

이수정   그렇습니다. 정말 교묘하게 그런 환경이 조성되는 날이 있습니다. 보이스 피싱도 상황 판단력이나 IT 활용 능력이 떨어지는 노인들만 당할 것 같지만, 실제로는 모든 연령대에 피해자가 발생합니다. 아주 젊은 사람들도 카톡 몇 번만 해 보면 알 수 있는데 확인도 안 하고 돈부터 보내기도 합니다. 판단 능력을 떨어뜨리는 특정한 상황적 요인도 분명히 존재합니다.

'내가 아니어도 누군가가 하겠지'

이다혜　　권위란 무엇인가, 새삼 생각해 보게 됩니다. 동시에 제복 입은 경찰이 눈앞에 있는 것도 아닌데 수화기 너머의 목소리에 어떻게 똑같은 권위를 부여할 수 있는가 하는 의문도 듭니다.

이수정　　'경찰입니다.' 하는 말을 들으면 내가 지금까지 살아오면서 봤던 모든 경찰의 이미지가 머릿속에 떠오르면서 당연히 순응하고 협조해야 한다는 생각이 뒤따르게 되는 것이죠. 그러니까 그냥 단순한 목소리가 아니라 목소리가 연상시킨 나의 경험, 경찰의 모습, 사법권 등이 판단을 좌우하는 셈입니다.

이다혜　　주변 사람들 반응도 답답하긴 매한가지입니다. 이를테면 베키의 친구가 지금 상황이 이상하고 폭력적이라는 생각을 계속하기는 하지만 동료가 '야, 오히려 경찰에 신고하면 골치 아파져.' 같은 식의 이야기를 하자 바로 수긍하고 맙니다. 상황이 부당하고 이상하다는 생각을 하면서도 행동에 나서지 못하는 이유가 뭘까요?

이수정　　만약 자신도 대마초를 피운다거나 하는 식으로 무언가를 숨기고 있다면 본인이 골치 아파질 수도 있다는 생각을 했겠지요. 경찰에 신고하는 것이 쉽지 않을 수 있습니다. 보통 '다른 누군 가가 신고하겠지, 나는 지금 바쁜데 신고하면 장소도 설명해야 하고 시간을 많이 빼앗길 거야.'라는 식으로 외면하면서 첫 단추가 잘못 끼워지는 것이지요.

이다혜　　말씀하신 것처럼 신고를 하면 그 과정이 생각보다 빨리 끝나지 않아요. 이를테면 전화가 다시 걸려오고, 출동했는데 말씀하 신 것과 상황이 다르다, 지금 어디 계시는 거냐, 다시 한번 확인해 줄 수 있느냐 하기도 하고요. 또 상황이 확인되어도 나중에 다시 경찰 이 찾아오거나 제가 경찰서로 가야 하기도 합니다. 증언할 수 있느 냐 묻기도 하지요. 내가 지은 죄가 아니라도 사법 기관과 연루되면 무언가 복잡해집니다.

그래서 처음엔 맹렬하게 자신의 결백을 주장하던 베키도 알몸 수색을 전후로 점점 무기력해지고 나중에는 고분고분 지시를 따르 게 됩니다. 이런 피해자의 심리 변화는 무엇일까요?

이수정　　허위 자백 사건의 분리된 공간이 영향을 끼치는 것과 비 슷한 양상으로 보입니다. 내가 지금 혼자뿐이고, 아무도 날 도와줄 수 없고, 나의 억울함을 풀어 줄 조력자도 없다는 생각이 들면 어떻 게든 이 고통스러운 상황부터 모면해야겠다는 생각이 들고 순응이 시작됩니다. 그렇게 비판 능력이 마비되면 무기력해지면서 폭력이 없는데도 허위 자백까지 하게 되는 것입니다.

이다혜　　영화 속 범죄자도 능수능란합니다. 범인은 샌드라와 비 밀을 공유하고 매니저로서의 능력을 칭찬합니다. 당신이 너무 일을 잘해 주고 있다, 당신이 경찰 업무에 큰 도움을 주고 있다고도 합니다. 그는 전화를 통해 누군가를 설득하고 마음을 바꾸게 만드는 일에 능숙해 보입니다.

특히나 범인은 사적인 대화를 적절히 섞습니다. 지금 직원들이 다 바쁘다고 하니까 '약혼자를 믿으시나요? 약혼자를 믿으신다면 그를 불러서 일을 해 보면 어떨까요?'라며 더 큰 범죄를 저지르게 만듭니다. 이런 대화 방식들이 상대방을 조종하는 데에 영향을 주나요?

이수정　당연히 영향을 줍니다. 어떻게 보면 보이스 피싱의 진화된 기술이라고 할 수도 있습니다. 보이스 피싱 범죄자들도 개인 정보를 사전에 미리 확보합니다. 특히 빚이 있는 사람에게 전화를 걸어 이율이 낮은 상품으로 안내해 주겠다며 계좌를 만들게 하고 그 과정에서 송금을 유도하는 것과 같은 방식입니다. 아마 범인도 대화를 통해 그런 취약 지점을 찾고 있었을 것입니다. 대화 도중 매니저에게 남자가 있다는 사실을 알아내고, 그 남자를 범죄에 이용하도록 유인하고요. 상대방에 대한 정보를 많이 알면 알수록 공격할 수 있는 지점들은 늘어납니다.

이다혜　그래서 뭔가 수상쩍을 때, 상대가 내게 묻지 않은 것은 굳이 말하지 않는 것도 대화의 기술일 듯합니다. 내가 이야기를 하면 할수록 상대는 나에 대해서 더 많이 알게 되고, 그러면 이용당할 수 있는 것도 많아지니까요.

이수정　그래도 많은 사람들이 보이스 피싱에 속지 않잖아요. 전 한 번도 당한 적이 없습니다. 때로는 세상을 살면서 의심을 갖는 것이 좋은 때도 있는 것 같습니다.

이다혜   성범죄자들 중에 자신의 권위에 복종하는 피해자를 통해 성적 쾌락을 얻으려는 듯 보이는 사례가 많습니다. 그런데 이 영화의 경우에는 전화로 경찰을 사칭하면서 다른 사람을 조종해 범죄를 저지릅니다. 이렇게 복잡한 방식으로 쾌락을 얻는 사람의 심리는 무엇일까요?

이수정   이 범인은 도착적인 성적 욕구가 있을 수 있습니다. 이런 유형의 범죄자를 현실에서 만난다면 통화가 음란하게 전개될 가능성이 굉장히 높습니다. 예를 들면 피해자의 옷을 다 벗긴 다음 몸을 설명하게 한다든가, 기분이 어땠느냐고 물어본다든가 하면서 수화기 너머에서 자위를 하고 있다든가 하는 식으로요.

고립된 상황이 초래하는 판단 능력 마비

이다혜   혹시 한국에서도 비슷한 범죄가 발생한 적이 있나요?

이수정   한국에서는 랜덤 채팅 앱을 통해 여성들에게 음란한 행위를 시킨 후 동영상을 찍어 보내게 하는 사건들이 자주 일어납니다. 범죄자들이 이런 식으로 음란 동영상을 많이 확보하지요. 사람들이 아무 생각 없이 SNS에 많은 개인 정보를 올리는 시대이다 보니, 범죄자들은 상대방의 정보를 알아내 명령을 거부하기 어렵게 만드는 데 사용합니다.

명령을 들어 주지 않으면 가족에게 큰 문제가 일어날 수도 있다는 식으로 협박하기도 하는데, 특히 미성년자들은 이런 유인에 취약해 쉽게 피해자가 됩니다. 엄마한테 이야기하겠다, 학교에 이야기하겠다, 그런 협박을 듣는 순간 누구나 공포에 질리게 마련입니다. 처음엔 별것 아니었는데 지금까지 이야기한 것들이 다 녹음되어 있다는 식의 이야기를 하면 그때부터는 녹음본 유출을 막기 위해 더 큰 문제 상황으로 들어섭니다. 이를테면 옷을 벗고 사진을 찍어 보내라 하면, 처음에는 얼굴이 나오지 않으니 괜찮겠지 하다가 점점 더 심한 요구로 이어져도 거절하지 못하게 됩니다. SNS를 통해서 불특정 다수에게 자발적으로 개인 정보를 노출하는 것이 굉장히 위험한 일이라는 것을 잊지 말아야 합니다.

이다혜 이 영화에서 가장 이해할 수 없는 부분 중의 하나는, 매니저가 술을 마신 중년의 약혼자를 앞치마만 입은 알몸의 젊은 여성 직원과 함께 밀폐된 공간에 단둘이 있게 두었다는 것입니다. 금요일이라서 손님이 너무 많고 일손이 부족하니까 어쩔 수 없었다고는 하지만, 매니저가 이런 판단을 하는 이유는 뭘까요? 약혼자에 대한 신뢰 때문일까요, 아니면 권위에 대한 복종, 혹은 조직에 잘 보여야 한다는 충성심 때문일까요?

이수정 실제로는 경황이 없어서 그랬을 것으로 보입니다. 누구든 빨리 데려다 놓고 자기는 일을 해야 하는 상황이었으니까요. 금요일 저녁이라 정신은 없고, 경찰이 올 때까지 용의자로 특정된 이 젊은 금발 직원을 붙잡고 감시할 사람이 있어야 한다는 생각만 했겠지요.

이다혜　매니저 샌드라는 사건 후에 결국 해고됩니다. 그런데 해고된 다음 방송에 출연한 샌드라는 '당신은 세뇌당했나요?'라는 질문을 받습니다. 이런 정도를 세뇌라고 볼 수 있나요?

이수정　세뇌의 대표적인 경우는 베트남전에 참전했던 미군들 중 일부가 고립된 환경에서 가혹한 고문을 겪은 후 결국 공산주의적 가치를 내면화한 사례에서 찾을 수 있습니다.

사실 영화 속 매니저의 경우를 전형적인 세뇌 상황으로 보기는 어렵습니다. 서빙을 하기 위해 계속 바깥을 왔다 갔다 했기 때문에 사회적 규범으로부터 벗어난 고립된 상황이기 때문에 판단 능력을 상실했다고 보기에는 무리가 있습니다.

이다혜　실제 사건에서 범인은 굉장히 여러 번 범행을 했던 것으로 추측됩니다. 다른 패스트푸드점들에서도 비슷한 전화에 대한 신고 내역이 굉장히 많았던 것입니다. 그중 성폭행까지 간 가장 심각한 사건이 이 영화화된 사건입니다. 그런데 범인으로 지목된 사람은 마지막에 무죄를 선고받습니다. 선불 카드를 이용해 전화를 했기 때문에 증거가 없었던 것입니다.

매니저 샌드라는 방송에 나가 자기가 옷을 벗으라고 하거나 그 외의 요구를 했을 때 베키가 다 동의했다고 주장합니다. 그리고 누구라도 그 상황이라면 다 자기처럼 행동했을 것이라고도 말합니다. 하지만 모든 상황이 녹화된 CCTV 영상이 있어 베키가 제발 그만하라고 애원하는 등의 영상들을 보여 주자 샌드라는 갑자기 말을 바꿉니다. 이 장면을 보면서 샌드라는 왜 방송 출연을 수락한 것일까, 자기는 진짜 억울하다고 생각하는 것일까 궁금증이 들었습니다.

이수정　그랬을 가능성이 굉장히 높습니다. 본인의 잘못이 아니다, 시킨 사람의 잘못이다, 생각했을 것입니다. 하지만 결국 본인이 판단한 것이니 샌드라의 잘못이 전혀 없다고는 볼 수 없습니다. 다만 범인은 성적인 추행 정도까지만 몰아가려 했는데 갑자기 샌드라의 약혼자가 등장하면서 상황이 더 심각하게 전개되었고, 그런 것들은 범인 입장에서 예상했던 일은 아닌 것으로 보입니다.

이다혜　이 영화의 마지막에 십 년 동안 미국 30개 주에서 70건이 넘는 유사 사건이 발생했다는 정보가 나옵니다. 이 정도 규모면 권위에 대한 복종도 복종이지만, 매니저들이 자기의 권위를 과신했기 때문에 사건이 이어진 것이 아닌가 싶습니다. 경찰의 말을 들음으로써 권위에 복종하고, 동시에 자기 아랫사람에게 권위를 행사한 셈이죠.

이수정　어떻게 보면 패스트푸드점의 독특한 상황이 사건을 만들었다고도 볼 수 있습니다. 직원의 거의 전부가 임시직이고, 절도가 일어나면 그 즉시 해고해도 상관이 없고, 그러다 보니 매니저에게 더 많은 의사 결정권을 줄 수밖에 없게 됩니다. 범인이 직원의 생사여탈권을 쥔 매니저를 공략한 것입니다. 한국의 경우 이런 식의 범죄보다는 위계나 위력에 의한 성희롱 혹은 성추행이 훨씬 더 문제가 됩니다.

이다혜　이 일로 베키는 보상금 66억 원을 받고, 샌드라의 약혼자는 범행을 자백한 뒤 5년 형을 선고받습니다. 한국이라면 어떻게 되었을까요?

이수정　　한국이라면 아마 디지털 포렌식[9]으로 증거를 확보한 다음 전화한 사람을 찾아내 그 사람에게 5년 형 정도를 주었겠지요. 우리의 경우에 보상금 66억 원은 턱도 없는 액수입니다. 6억 원도 쉽지 않지요. 아무리 성폭행 사건이라도 피해자에게 주어지는 민사 보상이 굉장히 적습니다.

개인만 처벌하고 시스템은 그대로인 사회

이다혜　　영화에서는 패스트푸드점을 고소합니다. 개별 매장에서 이런 유사한 사건이 연이어 있었다면 본사에서는 그 사실을 알 수 있었을 것이고, 그렇다면 사전 교육을 해야 했다는 것입니다.

이수정　　이 부분은 우리도 법률을 개정해야 한다고 생각합니다. 예를 들어 성폭력 사건이 일어난 학교에 책임을 물을 수 있어야 합니다. 부모는 학교가 아이들의 안전을 도모할 것을 예상하고 보낸 것인 만큼 아이가 성폭력 피해를 당했다면 학교를 상대로 손해 배상 청구를 하는 것이 당연합니다. 이런 경우를 대비해 형사적으로 학교에 책임이 있음을 법률의 어딘가에 명기해야 합니다. 형사적 책임이 입증되어야 그다음에 민사 소송을 할 수 있으니까요.
　　얼마 전 경기 성남 어린이집에서 다섯 살짜리 남자아이에 의한 성폭력 사건*이 있었잖아요. 그런데 그 어린이집은 자기들은 책임

9　각종 디지털 기기나 인터넷에 있는 데이터를 수집·분석하여 범죄의 증거를 확보하는 수사 기법.

이 없다, 주어진 가이드라인에 따라 운영을 했다고 주장하고 있습니다. 결국 어린이집 입장에서는 가해자 학생의 등원을 막는 것이 자신들이 할 수 있는 최선이라는 것이죠.

: 경기 성남 어린이집 성폭력 사건*

2019년 11월 29일, 자신의 5세 딸이 어린이집의 동갑 남자아이에게 성폭력을 당했다는 피해 사실을 호소하는 청원인의 글이 국민 청원 게시판에 올라오면서 널리 알려진 사건이다. 피해 부모는 성폭력이 어린이집뿐 아니라 아파트 자전거 보관소에서도 일어났다는 주장과 함께 '아동 간 성폭력 사고 시 강제력을 가진 제도를 마련해 달라.'고 호소했다. 아울러 가해 아동을 처벌하는 것은 불가능해도 국가 대표인 가해 아동 아버지의 대표 자격을 박탈해 달라고 주장했다. 해당 청원은 '성남 어린이집 성폭력 사건'으로 불리게 되었고 게시된 지 한 달 동안 24만 1135명이 동의했다. 2020년 2월 17일, 청와대 김유임 여성 가족 비서관은 청와대 국민 청원 유튜브 채널에 출연, '유아 대상 성교육에 대한 전반적 점검과 성 인지 교육 프로그램을 강화하고 조사, 상담, 중재, 보호, 치료, 사후 관리 등을 포괄하는 전문 기관 연계 시스템을 만들겠다.'고 밝혔다. 그에 따르면 '현행 아동 복지법상 어린이집은 아동에게 성폭력·아동 학대 예방교육을 육 개월에 1회 이상 연간 여덟 시간 이상 수행하고 그 결과를 제출해야' 한다.

이다혜   하지만 관리 감독을 해야 하는 사람들이 분명히 있습니다. 영화 속 사건처럼 본사에서 이런 비슷한 사건이 있을 때 어떻게

대처하라고 가이드를 주고, 관련 규정을 만들어야 하고 업체의 책임을 어디까지 물을 수 있을지도 더 분명히 해야 한다고 봅니다.

이수정   맞습니다. 그렇기 때문에 66억 원이라는 보상금은 가해자가 아니라 업체가 내는 것이 맞죠. 그런데 우리의 경우에는 랜덤 채팅 앱이나 음란물을 만드는 업체에 손해 배상을 청구할 수 없게 되어 있어 모든 일이 사용자들의 책임이 되어 버립니다. 예를 들어 음란물 거래로 돈을 번 웹하드 업체 대표 양진호는 징역형을 받았는데, 업체 자체는 과거 그 어느 때보다도 성황입니다.

이다혜   이런 사건들을 볼 때마다 우리 사회에 개정의 의지가 있는지에 대해 의구심이 듭니다. 수레바퀴가 계속 돌아가게 만드는 것은 시스템인데, 개인만 처벌하고 시스템은 공고히 하는 것입니다. 그러다가 일이 커지면 그중에서 약한 고리만 선택해서 끊어 내는 것이죠.

이수정   과거의 잘못된 관행들에 진절머리를 내며 바뀐 정부도 여전히 과거의 관행에서 벗어나지 못하고 있는 부분이 있어 정치권에 실망하게 되는 듯합니다. 이제는 그 고리를 제대로 끊어 낼 용기가 필요하겠습니다.

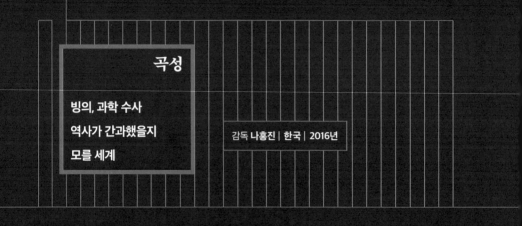

곡성

빙의, 과학 수사
역사가 간과했을지
모를 세계

감독 나홍진 | 한국 | 2016년

전라남도 곡성의 한 시골 마을 지구대에서 근무하는 경찰 종구는 홀어머니와
아내, 그리고 영민한 어린 딸 효진이와 가난하지만 화목하게 살아가고 있다.
어느 날 새벽, 종구는 이웃 조 씨가 죽었다는 전화를 받고 현장에 나선다.

싸늘한 시체로 포대에 담겨 있는 조 씨와 온몸이 칼로 난자당한 채 죽어 있는
조 씨의 아내. 그리고 수갑을 찬 채, 망연자실한 표정으로 마루에 걸터앉아 있
는 또 다른 이웃, 박흥국까지 사건 현장은 섬뜩하고 괴이하다.

그즈음 산 속 깊은 곳에서 일본인인 듯한 낯선 외지인이 산짐승의 내장을 뜯어
먹는 모습을 보았다는 이야기 등 마을에 흉흉한 소문이 돌기 시작한다. 종구는
현장을 목격했다는 여인 무명의 이야기에 귀를 기울이지만 일단 경찰은 정신
착란을 일으키는 환각 버섯 중독을 사건의 원인으로 결론을 내린다. 하지만 흉
흉한 사건의 원인이 일본인이라는 소문과 의심은 마을 전체에 걷잡을 수 없이
퍼진다.

그러던 중, 갑자기 종구의 딸, 효진이가 며칠 앓는가 싶더니, 원인 모를 발작을
하기 시작한다. 피해자들과 비슷한 증상을 보이자 다급해진 종구는 무속인 일
광을 불러들인다.

이다혜　　반가운 소식부터 전합니다. 먼저, 올해 네이버 오디오클립 가운데 문화 예술 부문에서 「이수정 이다혜의 범죄 영화 프로파일」이 청취율 1위를 기록했다는 소식입니다. 이수정 박사님, 소감 한마디 해 주세요.

이수정　　기쁩니다. 그런데 이거 프로그램 10개 중에서 1위 한 것 아니에요?

이다혜　　580개 중 1위입니다.

이수정　　오, 대단하네요. 감사합니다, 여러분.

이다혜　　그리고 올해 여러 곳에서 글로벌 스타가 된 이수정 박사님께서 2019년 제야의 타종식을 빛내는 인물로 선정되셨다는 소식을 들었습니다. 축하드립니다.

이수정　　네, 감사합니다. 드디어 펭수의 실물을 보게 될 기회가 왔습니다. 펭수 한번 안아 보는 조건으로 타종하기로 했습니다.

이다혜　　이렇게 훈훈한 소식들과 함께 저희는 이제 펭수와 가장 잘 어울리는 영화 「곡성」에 대해 이야기하겠습니다. 오늘의 주제가 빙의거든요.

이수정 　펭수가 탈을 쓰긴 하네요. (웃음)

이다혜 　펭수는 과연 펭귄일까요, 인간일까요? 자, 지금부터 시작하겠습니다. 박사님은 「곡성」을 어떻게 보셨나요?

이수정 　굉장히 찝찝하게, 눈을 많이 못 뜨고 봤습니다.

이다혜 　선생님도 못 보시는 것이 있나요?

이수정 　범죄는 별로 무섭지 않은데, 귀신은 무서워서 잘 못 봅니다. 저는 자연 현상에서 벗어나고 예측 불가능한 것을 싫어합니다. 그런 것들은 과학으로도 설명이 안 되고 어떻게 할 수가 없으니 찝찝합니다.

타자에 대한 혐오에서 비롯된 두려움

이다혜 　「곡성」은 2016년 개봉 당시에 화제를 몰고 왔던 흥행작입니다. 범죄 수사물과 오컬트를 한국식으로 접목한 공포 영화로, 내용은 크게 세 축으로 이루어집니다. 곡성이라는 시골 마을을 배경으로 해서 첫째, 일련의 살인 사건이 일어난다. 둘째, 어느 날 갑자기 마을을 찾은 일본 사람이 있다. 셋째, 이를 둘러싼 두 명의 적대적인 무당이 있다.

이 세 가지 축에는 공통점이 있는데, 모두 미스터리에 싸여 있으며 매우 밀교적이라는 것입니다. 실제로 시골 마을에서 괴이한 사건이 벌어지면 어떻게 될까 하는 상상을 불러일으키는 영화이기도 한데, 박사님은 이와 비슷한 범죄를 접하신 적이 있으신가요?

이수정　비슷하다고 할 수 있을지 모르겠지만, 이단이 작은 마을에 모여 집단생활을 하며 일어난 몇몇 사건이 떠오릅니다. 한국에도 오대양 사건 같은 집단 자살 사건들이 있었는데요, 저는 그런 사건들이 영화 「곡성」과 굉장히 비슷하다는 생각이 들었습니다. 외부로부터 격리되어 그들끼리의 비밀스러운 생활이 유지되고, 자기들만의 위계를 허물려는 외부 세력에 다 같이 대응하고, 심지어 그들에게는 공권력도 무력하기 짝이 없는 점들이 그 이유입니다. 일본의 옴진리교도 연상되는데요, 영화도 굉장히 종말론적입니다.

범죄가 아직 일어나지 않았다고 하더라도 일반 사회의 규율과 다른 룰을 적용하는 집단생활 자체는 굉장히 위험합니다. 예컨대 인권이라는 것은 언제, 어디에서든 지켜야 할 기본적 권리인데 인권마저 침해되고 자신들만의 정의가 규범으로 통용되는 집단이라면 그것이 종교적이든 아니든 위험 요소가 다분합니다.

이다혜　「곡성」의 흥미로운 점 중 하나는 유독 여성의 존재를 이성으로 파악 불가능한 존재로 그리고 있다는 점입니다. 영화 초반, 화재 현장에서 발악하는 여자는 불이 나기 전날 밤 정전이 됐을 때, 옷을 다 벗고 경찰서에 온 사람이기도 합니다. 이 인물을 필두로 해서 주인공 종구의 어른스럽던 딸은 나중에 귀신에 씌고, 천우희 배우가 연기하는 무명은 인간이 아닌 존재를 보는 듯 그려집니다. 영화 「사바하」 때 말씀하신 것처럼, 한국의 무교에서 제사장 역할을 하는 무당이 주로 여성이기 때문에 이런 식의 설정이 가능해지는 것일까요?

이수정　주목할 점은 이런 캐릭터들이 여성에 대한 신비주의적 관점을 보여 주면서도 한편으로 비난을 받을 가능성도 품고 있는 것입니다. 마치 '저 여자가 문제야.' 하는 종류의 오래 이어져 온 편견의 상징처럼 보이기도 합니다. 비난받을 가능성이 높고, 귀신에 들리는 인물들이 왜 굳이 여자여야 했을까 의문이 듭니다. 드라마 「손, 더 게스트」에 나오는 귀신은 남자였습니다. 서서히 이렇게 성별에 자유로운 설정이 등장하고 있기는 합니다.

이다혜　그런데 재미있는 것이, 여성이 신내림을 받아 무속인이 되면 보통 장군님을 모십니다. 여자의 몸을 하고 있지만 굉장히 권위 있는 남자의 목소리로 호통을 치고 예언을 하는 것입니다. 혹시 여자의 목소리로는 조언을 할 수 없다는 것일까요?

이수정　아주 예리하고 흥미로운 지적입니다. 심지어 귀신일지라도 가부장적인 틀에서 벗어나기 어렵다는 것을 보여 주는 듯합니다. (웃음)

이다혜　(웃음) 다음 이야기로 넘어가겠습니다. 영화에는 시골 마을에 대한 도시적 편견도 깔려 있는 듯합니다. 우선 동네 자체가 샤먼적인 기운이 있는데, 종구 같은 동네 경찰들은 화재 현장에서 범행 도구로 보이는 칼을 맨손으로 막 수거합니다. 「살인의 추억」에서도 비슷한 일이 벌어지지만 그 배경은 1980년대였고, 「곡성」은 현재가 배경인 듯하거든요. 지금도 이런 일이 벌어질 수 있을까요?

이수정   그런 일은 일어날 수 없습니다. 하지만 이 영화에 CSI가 등장하면 어울리지 않고 주요 소재 또한 샤머니즘이라 과학적으로 진행할 수 없으니까 경찰도 무능하게 그린 것 아닌가 싶습니다. 더불어 해학적인 효과도 불러일으키고요.

이다혜   영화에는 '일본 놈한테 당한 여자가 불난 집 그 여자래.', 또 일본 남자가 말하는 '더럽고 음탕한 암캐년'이라는 등의 대사가 나옵니다. 독특하게도 이런 대사들은 아무도 실제로 본 적이 없는 이야기를 다른 사람에게 전하는 과정, '그런 일이 있었대.' 하고 소문을 옮기는 과정에서 등장합니다. 이런 대사에서 살인, 방화 등의 불길한 사건 사고가 문제 있는 여자에게서 기인한다는 동네 남자들의 편견을 드러내는 것 같습니다. 뭔가 이상한 일이 생기면 그 일에 반드시 어떤 여자가 관계되어 있을 것이고, 그것이 모든 것을 설명한다는 식의 뿌리 깊은 여성 혐오 문화입니다.
특히나 공포 영화 장르는 이런 식으로 미친 여자를 중심으로 진행되는 경향이 있는데, 가만히 살펴보면 가부장 중심 사회에서 억울하게 피해를 당한 전력이나 전생을 바탕으로 하는 경우가 많습니다. 한국의 한 맺힌 여자 귀신 서사를 대표하는 「장화 홍련」도 떠오릅니다.

한국의 한 맺힌 여자 귀신 서사

이수정 저는 심지어 「곡성」에서 일본인이 등장한 것조차도 한 맺힌 여자 서사에 부합하는 것처럼 보입니다. 반일 감정을 약간 자극해서 결국 한국 여성들의 한과 희생을 더 두드러지게 보여 주는 식입니다. 분명 한 맺힌 남자도 있을 텐데, 한국에 한 맺힌 남자 귀신은 없다는 것이 참 신기합니다.

물론 '더럽고 음탕한 년' 같은 대사를 남자들만 했던 것은 아닙니다. 여성들 사이에도 가부장적 사고방식이 자리 잡고 있지요. 남녀를 가리지 않고 가부장적 사고방식이 내재되어 있기 때문에 영화의 설정들이 설득력을 갖추는 것으로 보입니다.

이다혜 여자들이 현실에서 자신의 문제를 해결할 수 없기 때문에 이렇게 한 맺힌 여자 귀신이 많은 것 아닐까요. 죽지 않고는 자신의 억울한 사연을 풀어낼 수 없는 것이지요. 특히 조선 시대에는 성범죄의 피해자가 살아서 피해를 고발하는 것이 사실상 불가능했습니다. 그러니까 처녀 귀신이라는 것도 그런 식으로 죽은 희생자의 억울한 사연을 소문의 형식으로 공유한 방식이었지 않을까 여겨집니다.

이수정 여성들은 가장 밑바닥 계층이었고, 가장 많은 피해를 당했고, 그러니까 한도 더 많이 맺혔을 것이라는 합리적 가정 아래 등장한 것이 처녀 귀신들의 한풀이 이야기입니다. 사또의 머리맡에 남자 귀신들이 나타나는 경우는 별로 없지 않습니까? 그런데 제가 자주 하는 이야기지만, 죽어 버리면 자신의 한을 풀 수는 없어요.

이다혜　『춘향전』만 봐도 알 수 있지만, 사실 사또들도 문제가 많거든요. (웃음) 그러니까 사또한테 문제를 해결해 달라고 하는 것도 사실 이율배반적입니다. 왕도 마찬가지고요.

영화 「곡성」의 또 다른 특징은, 타자에 대한 혐오에서 비롯된 두려움이 만연한 사회라는 점입니다. 첫 번째 타자는 일본 배우 구니무라 준이 연기한 일본인 노인입니다. 「곡성」의 감독은 일본에 대한 한국인의 민족주의적 반감을 괴담과 섞어 공포를 조성합니다. 예를 들어 이 노인은 짐승을 산 채로 잡아먹는다든가, 옷을 다 벗고 숲속을 돌아다닙니다.

두 번째 타자는 무명입니다. 스포일러에 해당하는 부분이지만, 무명은 인간의 인식적인 한계를 뛰어넘은 일종의 예지자입니다. 그런데 처음 등장할 때는 어딘가 모자란, 지적 장애를 가진 여자처럼 보입니다.

일본인 노인과 무명은 이 영화 속에서 불길하고 수상한 느낌을 풍기는 존재입니다. 무리에 속해 있지 않기 때문에 동네 사람들은 일단 그들을 의심하고 봅니다. 낯선 존재를 더 배려하고 알기 위해 노력하지 않고 안 좋은 일의 신호로 받아들이고 있다는 점이 눈길을 끕니다. 극도로 폐쇄적인 성격을 가진 공동체가 불길하다고 여기는 존재들은 대체적으로 이런 특징을 갖고 있는 듯 보입니다.

이수정　인종 차별에 관해 심리학 연구에서 말하는 기질적 귀인 착오(Dispositional Attribution Error)와 연관 지어 이해해 봅시다. 기질적 귀인이란 타인의 행동이 타고난 기질로부터 비롯되었다고 성급히 단정해 버리는 인지 착오입니다. 수많은 환경적 요인을 고려하지 않고 하는 오판입니다. 예를 들어 백인 거주지에 흑인 한 명이 살고 있다면, 마을에 문제가 발생했을 때 무작정 흑인을 원인이라고 보는 식입니다.

동네에 일어난 여러 가지 사건과 직접적인 연관 관계가 없다 해도 무언가 불길한 일이 일어나면 일본인 때문이다, 혹은 지적으로 모자란 장애인 무명 때문이다, 이런 설정을 통해 어떻게 보면 공동체 규범의 잔인함을 보여 주며 귀신이 두려운지, 아니면 이런 공동체가 더 두려운지를 묻고 있는 것 같기도 합니다.

이다혜　사실 한국에도 타자에 대한 편견이 많습니다. '우리'라고 규정된 집단 밖에서 온 사람 말이죠. 그중 제가 가장 많이 들은 표현은 '며느리가 잘못 들어와서 그렇다.'는 것입니다. 사위가 잘못 들어와서 집안이 망했다고는 이야기하지 않습니다. 예들 들어 집안 식구들이 자꾸 아프면 나쁜 생활 습관과 유전적 요인 때문일 확률이 높겠지요. 그것은 그 집안이 원래 갖고 있는 문제인데도 며느리 탓을 많이들 합니다. 그런 표현들 자체가 계속 함께 살아 온 '우리'와 새로 들어온 '누군가'를 분리해서 낯선 이에게 안 좋은 일을 덮어씌우는 논리처럼 들립니다.

이수정　그렇습니다. 사회 심리학에는 인 그룹, 아웃 그룹의 개념이 있습니다. 서로 잘 알고, 관계도 밀접한 인 그룹 사람들은 나쁜 일이 생기면 모든 가능성을 아웃 그룹에서 찾아 비난하고 차별합니다. 이 영화에도 아웃 그룹에 속하는 인물들이 곳곳에 존재하며 인 그룹 구성원들에게 비난을 받습니다. 영화가 보여 주는 병리적인 논리가 잘 굴러가도록 만든 장치인 셈입니다.

빙의와 조현병은 어떻게 다른가

이다혜　이 영화 속의 범죄 사건들은 누군가가 초자연적인 탈을 쓰고 저지르고 있는 것인지, 아니면 진짜 초자연적인 것인지 구분할 수 없습니다. 관객을 혼란스럽게 만들며 끝까지 으스스한 분위기를 유지한다는 것이 이 영화의 장점입니다.

곡성 마을이 온갖 괴이한 사건에 휘말리는 가운데 종구의 어린 딸 효진에게 이상한 증세가 나타납니다. 심하게 열이 오르고 발작을 하더니 무언가에 씐 것처럼 행동합니다. 흔히들 귀신이 씌었다, 빙의됐다고 하는데, 과학적으로는 이런 현상을 어떻게 설명하고 있나요?

이수정　일단 저는 종교 학자가 아니어서 빙의에 대해 잘 모릅니다. 그래서 저도 빙의와 조현병의 차이가 무엇인지에 대해 자료를 찾아보았습니다. 빙의는 조현병의 양성 증상과 굉장히 흡사합니다. 그런데 조현병 환자들은 아이 컨택도 잘 하지 못하는 등 '사회적 위축'이 일어나 사람 대면을 굉장히 어려워하는데 빙의된 사람은 오히려 상대의 눈을 노려보는 경향이 있다고 합니다. 조현병 환자들의 사회적 위축과는 좀 다른 것이지요.

이다혜　그리고 보면 빙의된 사람이 점집을 차릴 경우 사업을 위해서라도 시선을 똑바로 맞추고, 방문자의 말하는 방식이나 차림새를 보고 자신의 빅 데이터에 대입해 속마음을 간파해 내는 콜드 리딩도 해야 하는데, 조현병 환자라면 면대면 접촉부터가 힘드니 그럴 수 없겠네요.

이수정   사실 저는 빙의 자체를 믿지 않습니다. 과학적 입장에서 임시적인 정신 상태도 정신 질환으로 봐야 한다고 생각합니다. 빙의 의 경우에는 조현병 환자들이 복용하는 향정신성 약물들도 별 효과 를 발휘하지 못한다고 하던데, 사실 빙의 현상을 직접 본 적이 없어 서 정확한 정보를 전달하기는 어렵습니다. 자신이 귀신이 들렸다고 주장했는데 알고 보니 조현병이었던 사례는 본 적이 있어도 정말 고 유하게 빙의를 경험하는 사람은 본 적이 없습니다.

이다혜   빙의는 다중 인격과는 완전히 다른 걸까요?

이수정   경우에 따라서 그런 증상의 일부일 수는 있겠습니다. 빙 의 증상은 본인이 스스로 '내가 빙의가 됐다.' 하고 주장하는 경우보 다 제삼자가 '저 사람 빙의된 것 아닐까?' 하고 생각하는 경우가 더 많을 것으로 추정됩니다.

이다혜   한국에서는 그런 것을 무병, 혹은 신병이라 하여 빙의된 사람이 무속인이 되기도 합니다. 하지만 서양에서 조현병에 가까운 행동을 보인다고 해서 '그 사람이 신내림을 받아 예측 능력이 생겼 다.'고 하지는 않습니다.

이수정   프로이트가 봤다면 히스테리성 성격 장애라고 했을 것 입니다.

프로이트 시대에는 배우자가 참전으로 사망해 혼자가 된 여성들 이 환자로 많이 찾아왔다고 하는데요, 팔다리 뼈 근육 다 멀쩡한데 갑자기 마비가 되는 증상을 진단할 마땅한 기준이 없어서 히스테리성 성격 장애로 판정했다고 합니다. 결국은 성적 본능의 무의식적 억압 때문에 생긴 장애로 해석한 것인데, 그런 증상이 무병과 비슷합니다.

이다혜　프로이트는 성적 억압을 굉장히 중요하게 봤습니다. 이야기를 듣다 보니 자궁내막증 관련 책에서 읽은 이야기가 떠오릅니다. 자궁내막증은 북미나 유럽 쪽에서 굉장히 많이 발견되는 질병 중의 하나인데, 예전에는 의사들이 여자들의 많은 증상을 과민해서 그런 것으로 쉽게 치부했기 때문에 초기에 발견하지 못하는 경우가 많았다고 합니다. 같은 증상이라 해도 남자 환자는 위중할 가능성을 염두에 두지만, 여자 환자는 더 깊게 살펴보지 않고 신경증이라고 진단하는 경우가 많았다고요.

　그래서 저는 히스테리성 성격 장애라는 진단이 비단 성적 억압 때문이 아니라 어떤 극심한 스트레스와 신체적 고통을 심인성으로 치부했던 것은 아닐까 생각했습니다.

이수정　설득력 있는 이야기로 들립니다. 우리의 신체는 아직도 과학적으로 밝혀지지 않은 것들이 훨씬 더 많고 특히 신경계의 기능이 그렇습니다. 여성들에게 무병 같은 증상이 더 잦고, 무당도 여자가 더 많은 데는 아직 우리가 모르는 과학적인 이유가 있을 수도 있겠지요.

이다혜　예를 들어 한국은 무척 오랫동안 보릿고개가 있었는데, 가족 내에서 가장 힘이 없던 젊은 여자들이 영양적으로 더 취약한 상황에 놓이는 경우가 많았을 듯합니다. 밖으로 드러내지 못한 성적 학대 등의 문제까지 감안하면 무병이 왜 여자에게 잦은지, 조현병과 비슷한 증상인지 등을 설명할 수 있지 않을까 싶습니다.

이수정　요즘 이런 종류의 신내림 비즈니스가 호황을 누리고 있습니다. 유튜브 최고 인기 콘텐츠가 무당 영상이라는 이야기도 있고요. 그런데 왜 그럴까요? 저는 결국 젊은 층(대다수의 유튜브 유저)이 취업에 어려움을 겪고 있기 때문이라고 생각합니다. 비과학적 점술 비즈니스의 성황은 경제적 상황과 매우 밀접히 연관되어 있습니다. 집단 생활을 하는 사이비 종교의 번성도 마찬가지입니다. 최근에 이런 종류의 하위문화가 번성하는 데는 그만큼 경제적인 결핍이 간접적인 영향을 미치는 것입니다.

이다혜　그럴 수 있겠습니다. 개인이 현실적으로 돌파하기 쉽지 않으니 미신에 기댈 수밖에 없을 것으로 보입니다. 운명적인 무언가가 일어나기를 기다리는 심리라고도 할 수 있겠습니다. 그런데 '빙의 범죄'라는 것도 있을 수 있을까요? 어떤 범죄자는 내가 아니라 내 안에 있는 무언가가 나에게 시킨 것이라고 주장하기도 하지 않습니까.

이수정　내 안의 악마가 시킨 짓이라고 말하는 사람들도 있긴 합니다. 급성 정신병(acute psychosis) 환자의 경우 자신이 악마나 귀신에 들렸다고 주장하기도 하는데 그것은 본인이 그렇게 해석하는 것일 뿐 전문가들이 보기에는 그저 급성 정신병의 한 증상일 뿐입니다. 급성 정신병은 다채로운 환각 망상 상태, 정신 운동성 흥분, 혼미 등을 나타냅니다.

사패산 등산객 살해 사건*의 범인은 당시 산에서 장기간 노숙을 한 탓에 영양 상태가 무척 나빴습니다. 처음에는 범인의 목적이 강간인 줄 알았는데 조사했더니 급성 정신병 증상이 발견되었습니다. 그런데 확정 판결을 받고 교도소에서 다시 보니 급성 정신병 증상이 사라졌습니다. 심한 경우에는 영양실조만으로도 낮과 밤을 구분 못 하기도 하는데 교도소에서 하루 세 끼 밥도 잘 주고 안전하게 재우니까 열악한 환경으로 인해 발병한 급성 정신병 증상이 사라진 것입니다. 이 사례에서 알 수 있듯, 급성 정신병은 신체적 건강과도 굉장히 밀접한 연관성이 있습니다.

이다혜　　제가 앞서 이야기했던 보릿고개 이야기에 근거가 있는 셈이네요. (웃음)

> **: 사패산 등산객 살해 사건***
> 2016년 6월, 경기도 의정부시 사패산에서 오십 대 여성 등산객 정 씨가 숨진 채 발견됐다. 정 씨가 머리 손상과 목 졸림으로 살해됐다는 시신 부검 결과를 토대로 경찰이 시신 주변에서 발견된 체모의 DNA와 등산로 주변 CCTV를 분석하는 등 용의자를 특정하는 데 주력하던 중 범인이 자수했다.

사회 경제적 상황과 비과학적 믿음의 상관 관계

이수정　　아무튼 제 결론은, 빙의라는 증상은 아직 과학적으로 입증되지 않았다는 것입니다.

사회적 무의식일 수도 있고, 자기 암시 효과일 수도 있습니다. 여러 가지 건강상의 취약함 때문에 일시적으로 일어난 급성 정신병 증상일 수도 있는데, 우리에게 익숙한 샤머니즘으로 해석을 하려는 욕망이 생깁니다. 누구나 자신에게 불가사의한 현상이 일어나면 설명하기 위해 해석 기제를 찾는데, 그 과정에서 합리적인 이유를 찾지 못하면 자연스럽게 신비주의로 빠져들 수도 있습니다.

이다혜　저는 감기에 걸린 채 비행기를 탔다가 항공성 중이염을 무척 심하게 앓은 후로 피곤하면 중이염이 도지곤 합니다. 가끔 귓속에서 이명처럼 뭔가 펄럭펄럭하는 소리가 나면 '아, 잠을 좀 자야겠다, 피곤하니까 이런 일이 생기는 것이다.'라고 생각합니다. 만약 제가 병원에 가서 설명을 듣지 않았다면 중이염으로 인한 이명이 아니라 뭔가의 치맛자락 소리라고 생각했을 수도 있겠습니다.

이수정　특정 사회가 공유하는 공통의 믿음이 있습니다. 과학적으로 입증되지는 않지만 세대 간에 전이되는 믿음들이지요. 빙의나 신내림 같은 현상은 그런 집단적 믿음에 훨씬 근접하다고 보입니다. 앞서 이야기한 대로 사회 경제적인 상황과도 관련이 있는, 솔직히 말해서 일종의 비즈니스이기도 하고요.

이다혜　한국에는 무당이 갖는 권위라는 것이 있는데, 그것은 사람들이 무당에게 그런 권위를 주기 때문에 가능한 것이잖아요. 앞서 영화 「사바하」를 다룰 때 선생님께서 말씀하셨듯이, 한국에는 종교 지도자가 여성인 경우도 꽤 있고요. 저는 텔레비전에서 아가동산을 다룬 다큐멘터리를 보면서 너무나 신기했습니다. 해외에는 이렇게 나이 든 여자가 전면에 나서서 사람들을 이끄는 경우가 드물기 때문입니다.

이수정   모계 사회가 아니고는 그러기가 쉽지 않죠.

이다혜   그런데 한국은 모계 사회가 아니잖아요.

이수정   그런데 앞서도 말했듯이, 무당이나 사이비 종교 교주는 리더이기도 하지만, 다른 한편으로는 모든 비난을 한 몸에 받아야 하는 마녀의 역할이기도 합니다. 중세 시대에는 전혀 인과 관계가 없는데도 불구하고 사회적으로 일어나는 불행한 사건, 전염병 같은 것을 이유로 마녀를 화형시켰잖아요. 오늘날에도 그런 마녀 사냥이 활용되고 있는 셈이고 그것은 우리 사회의 문제로 인식해야 합니다. 왜 여성 캐릭터를 그런 식으로밖에 소비할 수 없느냐인 것입니다.

이다혜   맞습니다. 다른 말로 하면 여성 리더에 대해서도 존경과 혐오를 함께 투사하는 식으로밖에 소화하지 못한다는 것이겠죠.

이수정   그렇습니다. 실제로 합법적인 테두리 안의 여성 리더를 바라보는 시선에도 꼭 리더로서의 존경심만 있는 것은 아닙니다. 한편으로는 비난받는 역할을 동시에 감수해야 하지요.

이다혜   「엑소시스트」나 「곡성」, 「검은 사제들」 등 귀신 들린 존재를 다루는 영화들에서 귀신이 들리는 주체는 젊다 못해 어린 여성들입니다. 특히나 초경을 하는 정도의 나이대가 많은데요, 이를테면 억압이 심하기 때문에 극단적인 방식으로 스트레스가 표출된다거나 혹은 성적 학대에 대한 피해를 간접적인 방식으로 표출하는 것일 수 있겠습니다.

이수정 그럴 수 있습니다. 어린 여자아이들이 훨씬 더 취약하다는 고정 관념이 존재합니다. 그렇기 때문에 만약 귀신이 공격을 한다 치면 저 같은 나이 먹은 여자보다는 어린 여자아이들이 공격 대상으로 훨씬 용이하겠지요.

이다혜 그런데 사실 귀신뿐 아니라 현실 속에서도 공격이 가장 용이한 대상은 어린 여자입니다. 남자 아동이 주인공이었던 영화 「오멘」도 있지만, 「오멘」의 남자아이는 악마라서 '너희들은 다 내 아래에 있다.'고 생각한다는 설정입니다. 악마와 마녀는 비슷한 것처럼 보이지만 사실 지위가 다릅니다. 악마는 신과 동급인데 마녀는 급이 낮은 하수의 느낌입니다.

영화 속 효진이는 빙의된 이후 부모나 어른을 가리지 않고 욕을 합니다. 그런데 대체로 이렇게 빙의된 여성들이 욕을 많이 합니다. 성인에게 욕을 하고 반항하는 일이 허용되지 않는 어린 여자들이 이런 방식으로 발작한다는 것이 단지 개인의 문제인지, 혹시 주변의 문제는 아닌지 하는 생각을 하게 됩니다.

이수정 사회적 규범에 반하는 행위, 고정 관념을 깨는 상징적인 행동 중 하나라고 생각하면 이해가 쉽지 않을까 싶습니다.

이다혜 이런 상황에서 엑소시즘을 행하는 사제들이나 곡성의 박수무당 같은, 사특한 여자의 몸에서 귀신을 쫓아내는 역할을 하는 사람은 성인 남성입니다. 앞서 이야기한 악마랑 비슷한 맥락일 텐데, 젊은 여자의 병증을 해결하기 위해서 성인 남자의 권위를 신뢰한다는 설정으로 보이기도 합니다.

이수정 혹시 사특한 여자가 귀신이 들렸는데 그 귀신을 쫓아내는 사람도 동성인 여자이면 재미가 없을까 봐 그렇게 설정한 것 아닐까요? (웃음)

이다혜 그것은 아닌 것 같습니다. 왜냐하면 「오멘」처럼 남자아이한테 악마가 씌었을 경우 해결사로 수녀님이 나오지는 않잖아요. '검은 사제들'은 있어도 '검은 수녀들'은 없습니다.

이수정 그러네요. 사제는 다 남자이니 그럴 수밖에 없겠어요.

이다혜 그럼 '가톨릭에 여자 사제를 허용하라!'를 결론으로 하면서 이야기를 마무리하도록 하겠습니다. (웃음)

3부

이 문제가 곧
내 문제일 수 있다는 연대 의식

성범죄

미저리

**스토킹,
결핍된 욕망이
낳은 범죄**

감독 로브 라이너 | 미국 | 1991년

'미저리'라는 주인공이 등장하는 로맨스 소설 시리즈로 유명세를 얻은 소설가 폴은 이제 그만 시리즈를 끝내고, 좀 더 '진지한' 작품을 쓰기로 결심한다.
폴은 그 길로 산 속 호텔에 틀어박혀 새로운 작품에 매진한다. 탈고하자마자 원고를 들고 출판사로 향하던 폴은 눈길에 차가 미끄러지며 사고를 당한다. 심한 부상으로 인적 드문 곳에서 꼼짝없이 죽을 위기에 처하지만 기적처럼 애니가 나타나 폴의 목숨을 구한다. 애니는 전직 간호사로, 남편과 사별한 뒤 산속에서 혼자 살고 있으며 소설『미저리』와 폴의 '열성 팬'이다.

애니는『미저리』시리즈를 전부 사 모은 것은 물론 폴의 모든 인터뷰 내용을 다 외울 정도로 열성이다. 사실 폴이 묵는 호텔 주변에서 그가 작업하는 걸 내내 지켜봤고 사고 당일에도 폴의 뒤를 몰래 뒤쫓던 중 그를 발견한 것.
열성 팬으로서 정성을 다해 폴을 돌보던 애니는 시내에서 사 온 미저리 시리즈의 마지막 편을 읽고 나서 갑자기 태도를 바꾼다. 미저리를 죽이고, 시리즈를 끝내는 걸 도저히 용서 못하겠다면서 원고를 불태우고 미저리를 살려 내라고 윽박지른다.
애니는 폴을 가두고, 학대하고, 위협하면서 새로운『미저리』시리즈를 써 내려간다.

이다혜   호러와 스릴러의 제왕 스티븐 킹의 동명 소설을 각색한 영화 「미저리」를 중심으로 스토킹 범죄에 관해 이야기합니다. 「미저리」는 작가가 타자기로 원고를 쓰던 아득한 시절의 이야기입니다. 만약 현재라면 출판사와의 연락부터 시작해서 거의 모든 것을 스마트폰을 이용해 실시간으로 처리했겠죠. 주인공 폴처럼 자동차 사고가 난다 해도 바로 구급차를 부르고 출판사에 연락하고 원고 파일은 클라우드에 백업했을 것입니다.

그러나 영화 「미저리」의 폴은 타자기로 글을 쓰는 시대의 작가이고, 덕분에 열성 팬 애니를 만나 엄청난 위기에 처합니다. 여기에서 드는 첫 번째 의문인데요, 열성 팬과 스토킹 범죄는 어떻게 다른가요?

이수정   열성 팬들은 글자 그대로 본인이 우상이라 생각하는 대상을 응원하고 환호를 보내는 사람들인데, 사실 우상화된 대상과 직접적인 인간관계가 있는 건 아닙니다. 그런데 이런 사람들 중에 실제로 자신이 우상과 유의미한 관계가 있다는 망상에 빠지는 사람들, 단순히 상상이 아니라 그것이 현실이라고 느끼는 사람들이 있습니다. 이들은 자신이 집착하게 된 대상을 쫓아다니며 일거수일투족을 감시하고 집착 대상에게 자신의 의미를 부각시키기 위해 계속 노력합니다.

열성 팬이 다 스토커인 건 아니지만, 그들 중 극소수는 스토커로 변하는 경우도 있는 거죠. 대상에 대한 관심이 병적 집착으로 넘어가면서 범죄로 이어지는 사례입니다.

망상에 근거한 병적 집착

이다혜 스토커는 하나부터 열까지 상대에 대한 모든 사항을 수집하고 알고 있기 때문에 열성 팬과 비슷하지만, 사실상 그 공통분모는 굉장히 작을 수 있겠다는 생각이 듭니다. 영화「미저리」에 등장하는 애니라는 인물을 스토커라고 볼 수 있을까요? 폴이 쓴 소설 속의 등장인물을 무척 좋아하고, 소설을 쓴 작가인 폴에게도 굉장히 집착하는 것으로 묘사되고 있거든요.

이수정 충분히 스토커라고 볼 수 있습니다. 꼭 지속적인 관계를 맺고 있을 때만 스토커로 인정할 수 있는 건 아닙니다. 상대의 의사에 반해서 쫓아다니는 모든 행위가 스토킹이 될 수 있어요. 애니의 입장에서는 폴을 알고, 그를 좋아한 행위에 지속성이 있지만, 상대방인 폴의 입장에서 애니는 본 적도 없는 여자입니다. 이런 애니의 행동은 스토킹입니다. 난생처음 보는 사람을 스토킹할 수도 있습니다. 예컨대 성범죄를 목적으로 여자를 쫓아간다면 단 1회라도 그건 스토킹입니다.

이다혜 「미저리」에 등장하는 애니는 감정 기복이 굉장히 심하고 잔혹한 면이 있습니다. 영화에서는 애니가 연쇄 살인범일 가능성도 암시하고 있습니다. 영화가 알려 주는 정보를 종합해 볼 때 애니라는 인물은 어떤 사람이라고 보시나요?

이수정　경계성 성격 장애와 사이코패스 중간 지점에 있는 사람이 아닌가 싶습니다. 이런 식으로 관계에 집착하는 사람들은 결핍이 많은 사람들이에요. 일반적인 성인의 경우 독립적으로 존재하면서 충분히 만족감을 느끼는 반면, 이런 사람들은 스스로에 대한 만족감과 자존감이 떨어져 결핍을 다른 사람과의 관계로 메꾸려 합니다.

그 다른 사람은 자신보다 훨씬 더 나은 사람, 사회적으로 인정받는 사람, 그의 지위가 결국 나의 지위로 느껴져야 하는 사람인 경우가 대부분입니다. 그러다 보니 연예인들에게 굉장히 중요한 의미를 부여하곤 합니다. 연예인의 성공이 마치 나의 성공처럼 느껴지는 것이죠.

연예인이 사고를 치거나 물의를 빚으면 마치 자신의 일인 양 나서서 옹호하거나 말도 안 되는 주장을 하고, 경우에 따라서는 마치 복수라도 하듯 불법적인 행위를 서슴지 않는 팬이 있습니다. 이들은 연예인과 자신이 굉장히 친밀하고, 따라서 본인의 에너지를 들여 비호해야 한다고 착각하는 사고 장애를 가집니다.

경계성 성격 장애인의 행동 저변에는 어린 시절부터 욕구 충족이 안 되어 생긴 결핍이 깔려 있습니다. 결핍은 쉽게 채워지지 않으니 감정 기복이 굉장히 심할 수밖에 없습니다. 왜냐하면 이들이 집착하는 대상과의 관계는 상호적인 것이 아니기 때문입니다. 한쪽만의 일방적인 관계가 만족을 주기란 어렵죠.

자기가 만족할 만한 수위까지 도달할 수 없기 때문에 괴리를 느끼면 격분하게 되고 그래서 막 화를 냈다가도, 상대방이 여지를 보여 주고 유용한 관계가 지속될 수 있다는 생각이 들면 또 굉장히 헌신적으로 변합니다. 이런 경우에는 버림받을지 모른다는 불안이 제일 큰 고민입니다. 그런 불안이 크면 클수록 상대가 도망가지 못하게 강박적으로 붙잡는 것입니다.

영화 「미저리」의 가장 대표적인 장면은 애니가 작가를 묶어 놓고 잔혹 행위를 하는 부분입니다. 그렇게 오도가도 못 하게 잡아 두는 목적은 헌신적인 모습을 보여 줌으로써 너에겐 나밖에 없다, 나의 존재가 사실은 너에게 굉장히 큰 의미가 있다는 걸 주입하는 것입니다. 그런데 이 작가라는 사람은 계속해서 도망가려 하고, 그 결과 애니는 버림받을 수도 있다는 불안에 휩싸이면서 사건이 발생하는 것입니다.

이다혜   스토커는 대개 애니처럼 정신 질환이 있는지 궁금합니다. 보통은 상호적인 관계에 있을 때는 애정이 깊어지고, 멀리 있는 대상을 강렬하게 좋아할 때는 팬이 됩니다. 그런데 어떤 사람은 영화의 애니처럼 스토커가 된단 말이죠.

경계성 성격 장애와 스토킹

이수정   스토킹은 성격 장애와 관련이 있습니다. 일반인들 중에 성격 장애라고 볼 만한 문제를 안고 있는 사람들이 많게는 20퍼센트까지 됩니다. 저 자신도 강박 장애라는 문제가 있어요. 보통 전문직에서 일하고 실수를 싫어하는 사람들에게 강박 장애가 드물지 않게 발견됩니다.

본인 스스로 자신의 문제를 알고 조절할 수 있어야 하는데 영화 속 애니는 정도를 넘어섭니다. 넘어서고도 본인의 행동이 비정상이고 문제 행동이며 범죄임을 인식하지 못하는 지경에 이르면, 치료를 받아야 할 문제입니다. 그런데 성격 장애는 치료가 잘 되지 않습니다. 치료 약도 없고 기껏해야 항우울제 혹은 항불안제를 쓸 수밖에 없는데, 그것들은 사실 성격 장애를 완화할 뿐이지 치료할 수 있는 약물이 아닙니다.

이다혜　　그러면 성격 장애는 보통 상담을 통해서 증상을 완화시키나요?

이수정　　그렇습니다. 상담을 통해서 완화시키려는 노력은 할 수 있어요. 당사자에게 문제가 있음을 인식시켜 스스로 고쳐야겠다는 의지를 가져야 개선될 수 있습니다. 상담 치료가 그런 통찰을 얻게 하는 데까지는 도움이 될지 모르지만, 그다음부터는 자신이 스스로 인정하고 고쳐야 합니다. 결코 쉽지 않아요.

성격 장애로 인한 스토킹은 결핍 행동이라서 이 결핍을 채울 만한 계기가 있으면 성격적인 문제가 줄어들 수 있습니다. 예를 들어 고유정의 경우 작년에 현재 남편과의 사이에 아기를 임신했다가 자연 유산이 됐거든요. 그 이후로 성격적인 문제가 증폭됐고 결국에는 살인 사건에까지 이른 것일 수 있습니다. 그러니까 만약 작년에 임신해서 자신에게 애착을 갖는 아이가 태어났더라면 이후의 비극적인 사건이 안 벌어졌을 개연성이 굉장히 높아요.

혼자서 성격적인 문제를 해결하기는 사실상 불가능합니다. 결국 신뢰 관계를 통해 극복할 수밖에 없어요. 영화 속 애니는 경제적 능력을 가진 전문직 간호사였죠. 만약 애니에게 정말 헌신적인 남편이 있었다면, 작가 폴에게 그렇게 극단적으로 집착하지 않았을 것입니다.

이다혜　「미저리」에서는 애니가 유명 작가를 스토킹합니다. 이처럼 보통은 누구나 이름을 들으면 알 만한 연예인이라든가 작가를 스토킹하지만, 일반인을 스토킹하는 경우도 있잖아요. 유명인 스토킹과 일반인 스토킹 사이에 차이가 있을까요?

이수정　보통은 일반인, 예컨대 전 애인, 전남편이나 전부인 같은 사람들을 더 많이 스토킹합니다. 특히 한국 남성들 중에 파트너를 자신의 소유물이라고 여기는 사람들이 있잖아요. 그런 사람들은 상대에게 거절당하는 것을 쉽게 수용하지 못합니다. 그래서 소유욕의 연장선상에서 이별한 파트너를 찾아다니며 괴롭히고, 그렇게 괴롭히는 데서 자신의 존재감을 확인하며 만족을 느낍니다.

성격 장애를 가진 스토커들은 상대방에게 사랑받는 게 목적이면서도 사랑을 받을 줄 모릅니다. 사랑받기 위해서는 상대방을 인정해 주고, 관용을 베풀고, 인격체로 대우해 주고, 상대가 원하는 걸 줄 줄 알아야 하는데, 이들은 애당초에 상처받은 존재이기 때문에 제대로 사랑을 할 줄 모르는 거예요. 그렇게 인정받고 사랑받고 싶은 욕망은 있는데 그걸 구현하는 방법을 모르니까 폭력적인 방법을 선택합니다.

이다혜　그러면 스토커가 남성이냐 여성이냐에 따라서도 스토킹 범죄 양상이 다른가요?

이수정　　가정 폭력을 범죄로 보지 않는 경향이 있는 한국에서는 남성들이 연인이나 파트너가 자기 마음대로 조종되지 않으면 격분해서 폭행하는 경우가 많습니다. 애니 같은 여성 스토커 사례는 그렇게 많지 않고요.

경계성 성격 장애를 가진 스토커들은 많은 경우 상대의 외도를 의심하면서 상대가 나를 떠날지도 모른다는 생각을 하기 때문에 보통 자살극, 자해 등을 많이 합니다. 진짜 죽고 싶어서가 아니라 그렇게 하면 상대방이 안절부절못하며 떠나지 않기 때문입니다. 그런 식으로 상대를 조종하는 것이 이들의 욕구입니다.

남자들은 워낙에 덩치도 있고, 여자들과 물리력에서 차이도 있으니 폭행을 해서 상대를 통제하지만, 그렇지 못한 여자들은 스스로 자해하는 방식으로 상대를 통제합니다. 애니는 여자치고 덩치도 있고, 폴이 다리를 다쳐 꼼짝을 못하는 상황이었기 때문에 일반적인 역할을 뒤집을 수 있었죠.

이다혜　　말씀하신 바에 따르면 심한 경우 스토킹이 살인에 이르는 경우도 스토커가 남성이냐 여성이냐에 따라 차이가 있다고 볼 수 있겠네요.

이수정　　성별에 따라 차이가 있을 수 있습니다. 남성은 인명 피해를 낼 가능성이 훨씬 높지만, 여성은 상대방을 영원히 내 것으로 만들고자 살인이라는 극단적인 선택을 하기도 합니다. 이런 경우 여성은 체력적 열세로 인해 상대를 제압하기 어렵기 때문에 보통 독극물이나 약물을 사용합니다.

스토킹 방지법이 살인을 막는다

이다혜 「미저리」의 애니는 자신이 폴의 예술 세계를 좋아하고 이해한다는 것부터 시작해 폴이 자신과 폴, 두 사람의 관계를 가지고 창작 활동을 하고 있다는 망상에까지 이릅니다. 스토킹에서 망상이 중요한 역할을 한다고 볼 수 있을까요?

이수정 그렇습니다. 스토커들은 각자 자기만의 판타지를 만듭니다. 남자 연예인을 쫓아다니던 한 스토커는 자기가 그의 부인이라는 판타지를 갖고 있어서 연예인이 집을 비울 때마다 가서 빨래도 해 주고 밥도 해 놓았습니다. 결국 밤늦은 시간에 그 연예인 곁에 같이 누워 자다가 발각되어 고소되었습니다. 한국 남자 가수에게 벌어진 실제 사건입니다.

가볍게 사생팬이라고 말할 수도 있지만 이들은 사실 심각한 스토커고, 대부분 경계성 성격 장애를 갖고 있으며, 자신의 결핍을 채우기 위해 대상이 원치 않는 헌신을 합니다. 이런 관계 망상에 빠져 있다가 결국에는 자신의 헌신을 알아 달라고 욕구를 표출하면서 문제를 일으키고 피해자는 공포에 빠지게 되는 것입니다.

이다혜 특정 연예인 혹은 일반인에게 이런 식의 강박적인 집착을 보이다가 그 집착을 다른 사람에게 옮겨 가기도 하나요?

이수정 집착 대상이 바뀌기도 합니다.

이다혜 A라는 사람을 스토킹하다가 모종의 이유로 A를 더 이상 스토킹하지 않고 B, C 이렇게 다른 사람에게 관심을 보이며 새롭게 스토킹하는 일이 실제로 있다는 말씀이시죠?

이수정   스토커 본인의 관심이 끝나면 새로운 대상으로 옮아가는 거죠. 연예인이라면 인기가 없어지면서 더 이상 가치 있다 느껴지지 않으면 충분히 그럴 수 있습니다. 여성의 경우 실제로 배우자가 바뀌는 경우도 있어요. 고유정도 그런 사례로 볼 수 있습니다. 연애를 육 년씩이나 해서 결혼을 하고 보니 본인의 기대 수준에 미달했기 때문에 폭언과 폭행을 일삼다가 이혼해 새로운 남자를 만났고, 이번에는 영원히 허니문 관계가 지속되길 기대하면서 두 번째 결혼을 했죠.

경계성 성격 장애를 가진 여자 중에 처음에는 남자가 떠날까 봐 굉장히 걱정하다가 어느 순간 남자가 필요 없어지면 새로운 사람을 만나면서 이전에 관계 맺었던 사람을 사망에 이르게 하는 경우가 있습니다. 영화 「미저리」에서도 애니가 연쇄 살인범일 가능성을 계속 시사하잖아요. 경계성 성격 장애를 가진 여성 살인범들 중에 파트너를 여러 명 죽인 살인범이 실제로 있고, 한국에도 물론 있습니다.

이다혜   KBS에서 지난해 1심 선고가 끝난 381건의 살인과 살인 미수 사건을 전수 조사했더니, 여성 피해자의 30퍼센트가 살해당하기 전 스토킹에 시달렸다는 결과가 나왔습니다. 참고로 남성 피해자는 5퍼센트 정도였습니다. 이 조사 결과를 보면, 범인의 상당수가 피해자와 연인이나 부부 같은 친밀한 사이였던 적이 있고, 또 헤어진 후에 이별을 받아들이지 못하고 재결합을 요구하다가 살인에 이르렀다고 합니다.

이수정　이 조사 결과에서도 알 수 있듯, 스토킹을 막으면 사실 인명 피해를 막을 수 있습니다. 그 연관성을 증명하기 위해 기자들이 달라붙어 381건의 판결문을 모두 읽고 사건을 분석해 스토킹 사례를 찾아 낸 것입니다.

그런데 사실 스토킹은 법정 용어가 아니기 때문에 판결문에 스토킹이라는 용어를 쓰지 않습니다. 그래서 기자들이 내용을 다 읽고 분석한 것입니다. 남자가 죽은 경우에도 어떻게 하다가 남자가 죽었는지 내용을 전부 읽어 보고 일일이 정리해서 결국 381건의 살인과 살인 미수 사건 중 살인의 예비적 행위로서 스토킹이 일어난 30퍼센트를 확인한 것입니다.

이다혜　말씀하신 것처럼 스토킹이라는 말 자체가 판결문에 쓰이지 않는다면, 구체적으로 어떤 일이 일어났을 때 그것이 살인의 예비적 행위가 인정되는 스토킹 행위라고 보시는지요? 예를 들어 하루에 삼사십 번씩 전화를 한다든가, 아니면 집 앞에 계속 서 있다든가 하는 행동도 스토킹으로 간주되나요?

이수정　그 정도로는 피해자가 생명의 위협을 느끼지 않죠. 그런데 살인의 예비적 행위가 있었다는 것은 실제로 피해자가 생명의 위협을 느낄 만한 사건들이 발생했다는 뜻입니다. 폭행의 수위가 높아 병원에 상해로 입원을 했다든가, 또는 폭행을 피하기 위해 피해자가 경찰에게 가해자의 접근 금지를 요청했다든가 한 수준입니다.

상해 신고 이력이나 접근 금지 전력 같은 것을 보면, 피해자가 당한 고통의 수위가 어느 정도인지 짐작할 수 있습니다. 그런 전력을 근거로 스토킹 사례의 여부를 판단한 것이죠. 스토킹 방지법이 입법이 안 되고 있는 것이야말로 가장 큰 문제 중 하나입니다. 남자들, 특히 나이 든 국회 의원은 스토킹을 정의하기가 애매하다는 이유로 입법에 소극적입니다. 옛날로 보면 구애 행위로 볼 만한 행동을 스토킹이라면서 법적으로 제재하는 것이 타당하냐, 억울한 사법 피해자를 더 많이 양산하는 것 아니냐, 이런 종류의 논쟁이 오가다가 결국은 법사위까지 올라가지도 못하고 끝나는 식입니다.

그런데 그런 논쟁 자체가 참 우습다는 생각이 드는 것이, 요즘은 사방 천지에 CCTV가 있어서 최근에 일어난 신림동 강간 미수 사건*의 경우도, 모르는 남자가 버스 정류장부터 쫓아와서 여자가 도어록 키를 누르고 원룸으로 들어간 이후에도 문 앞에 서서 계속 침입을 시도하는 모습이 그대로 찍혔잖아요. 그런 식으로 증거를 잡아 처벌하면 되는 겁니다. 스토킹이 구애 행위다 아니다를 가지고 탁상공론할 필요도 없는 것입니다.

더군다나 일회성 스토커들은 대상을 바꿔 가며 두 번 세 번 반복적으로 스토킹하기 때문에 피해자가 여럿입니다. 신림동 사건의 가해자가 신림역에서 쫓아간 여자도 한두 명이 아닐 것입니다. 상습 스토커인 것이죠. 이처럼 명백한 피해가 실재하는데 구애 행위냐, 아니냐를 토론하는 것이 무슨 의미가 있는지 모르겠습니다.

: 신림동 강간 미수 사건*

2019년 5월 28일 오전, 삼십 대 남성 조 모 씨가 지하철 2호선 신림역 부근에서 귀가 중인 이십 대 여성을 뒤따라가 원룸에 침입을 시도한 사건. 당시 조 씨의 모습이 찍힌 CCTV 영상이 온라인을 통해 확산되면서 조 씨가 체포됐으며, 검찰은 조 씨가 과거 길을 지나가는 여성을 강제 추행한 사실로 입건된 전력을 언급하며 강간 미수 혐의를 적용해 징역 5년을 구형했다. 그러나 재판부는 주거 침입 혐의만 유죄로 보고 징역 1년을 선고했다.

스토킹은 결코 구애 행위가 아니다

이다혜   스토킹 행위로 위협을 느끼는 실제 피해자의 억울한 사정보다 천만분의 하나 정도 있을 가해자의 가능성을 먼저 염두에 두고 있는 셈이라니요. 또 한 가지 짚고 넘어갈 점은, 이처럼 스토커에 의해 강력 범죄가 발생하면 추후 가해자가 연인인 사람을 찾아간 것이라는 식으로 보도되는 경우가 많다는 것입니다. 그런데 실제로는 연인 관계가 아니거나, 아니면 연인이나 부부였다고 해도 그 관계가 이미 몇 년 전에 끝난 경우가 태반입니다. 그런데도 가해자의 말만 일방적으로 듣고 마치 아직까지 무슨 관계가 있는 양 보도하는 경향이 있습니다. 연인이든 부부든 관계가 끝나면 남이잖아요.

이수정   네, 죽은 피해자는 말이 없으니까 생존한 사람의 말에 전적으로 의존하는 것이 현재 한국 수사 절차의 큰 문제 중 하나입니다. 예컨대 난생처음 보는 사람을 몇 달 동안 스토킹하다가 피해자가 죽어 버리면 스토커가 '사실 죽은 여자랑 나랑 사귀던 사이다.'라고 주장할 수 있는 것입니다. 어차피 스토커들은 망상에 빠져 있기 때문이죠.

안인득 사건* 당시 살해당한 여고생도 사건 전부터 안인득에게 계속 스토킹을 당했습니다. 그런데 만약 그 학생의 가족이 경찰에

신고를 안 했고, CCTV에도 찍혀 있지 않았다면 안인득이 그 여학
생과 사귀었다고 거짓 주장을 해도 안인득의 진술을 따를 수밖에 없
는 것입니다.

이런 사고 자체가 너무나도 가부장적입니다. 남자는 원래 그런
식으로 구애하는 존재, 여자는 원래 속마음은 '예스'이면서도 '노'라
고 말하는 존재로 취급하면서, 결국 살아 있는 사람의 진술에 의해
실제로는 애인도 아니고 부부도 아니었던 피해자가 억울하게 파트
너로 둔갑해 버리는 사건이 한두 건이 아닙니다.

> **: 안인득 사건***
>
> 안인득은 2019년 4월 17일 오전 4시 29분경 경상남도 진주시의 한
> 아파트에서 4층 자신의 집에 불을 지른 뒤, 화재로 대피하는 주민
> 들을 상대로 흉기를 휘둘러 스물두 명을 살해하거나 상해를 입혔
> 다. 이로 인해 숨진 고등학생 최 모 양의 가정은 사건 발생 전 지속
> 적으로 안인득의 스토킹과 위협에 시달리는 바람에 사비를 들여
> CCTV를 설치하고 경찰에 신고하기도 했다. 안인득은 2019년 11
> 월 27일 국민 참여 재판으로 진행된 1심 선고 공판에서 사형을 선
> 고받았다.

이다혜   나아가서는 '네가 그런 여지를 준 게 아니냐.'는 시선으
로 피해자를 바라보는 풍토도 여전히 존재합니다. 신림동 사건처럼
스토킹 피해를 신고해도 실제로 사건이 일어나 인명 피해가 발생하
기 전까지는 경찰이 해 줄 수 있는 것이 거의 없어 보입니다. 실제로
폭행당하거나 끌려갈 뻔하는 일이 발생하지 않고, 그저 스토커가 따

라다니기만 하거나 집 앞에 매일 서 있는 정도로는 경찰이 아무 조치도 취할 수 없다는 식입니다.

이수정　상해 정도는 되어야 형사 사건으로 처리할 수 있기 때문에 그런 사건이 발생할 때까지 기다리라는 식이죠.

이다혜　문제는 스토킹이 상해 정도로 끝날지, 아니면 정말 피해자가 죽게 될지는 아무도 알 수 없고, 말씀하신 것처럼 피해자가 죽은 다음에 가해자 쪽에서 무슨 말을 할지도 알 수 없다는 데 있습니다. 상황이 이렇다 보니 스토킹 방지법이 가장 중요해 보이는데, 이 법안이 1999년에 국회에 상정됐다가 회기 종료로 폐지된 뒤 아직도 처리가 안 되고 있단 말이죠. 스토킹 범죄에 대한 정치인들의 의식 부족이 입법 불발의 원인이라고 생각하시나요?

이수정　그렇습니다. 그런데 지금은 양상이 다릅니다. 오늘날에는 여러 가지 하이테크 기술들 덕에 증거가 남지만 1999년이나 2000년대 초반에는 CCTV도 훨씬 적었고, 스마트폰을 쓰지도 않아 자료가 없었습니다. 제가 아직도 기억나는 것이, 그 당시 여자에게 매일 꽃을 보내는 행동이 스토킹이냐 아니냐를 놓고 진짜 첨예하게 다투었거든요. 열 번 찍어 안 넘어가는 나무가 없다는데 그러면 구애 행위를 하지 말란 말이냐부터 시작해서 토론이라 부르기도 민망한 수준이었습니다. 스토킹을 그런 식으로 가볍게 취급하는 것은 결과적으로 문제의 심각성을 희석할 뿐입니다.

스토킹 방지법은 선량한 젊은 청년들을 범죄자로 만들기 위한 법률이 아닙니다. 그리고 스토킹 피해자들이 꼭 여성이 아닐 수도 있습니다. 앞서 이야기했듯이 남자 연예인을 쫓아다녔던 스토커는 여자였습니다. 사람들은 자신이 그런 공포를 경험해 본 적이 없으니까 피해자가 느끼는 절박한 공포를 제대로 고려하지 못합니다.

그런 차원에서 신림동 사건은 시사하는 바가 굉장히 큽니다. 누구라도 그 CCTV 장면을 보면 도망치듯 들어가 문을 꽝 닫는 여성의 공포가 직접적으로 느껴지니까요. 이제야 남자들도 상황이 심각하다는 걸 깨달은 것입니다.

이다혜 저는 신림동 사건을 통해 같은 영상을 본다고 해서 모두가 똑같이 느끼는 것은 아니라는 것을 다시금 실감하기도 했습니다. 피해자분의 옷차림새를 지적하는 사람들도 있었습니다. 범죄가 일어났을 때 그런 일이 일어날 수밖에 없었던 이유를 제멋대로 상상하지 말고 눈에 보이는 명백한 피해를 바탕으로 판단하고 처벌하려는 정신이 필요합니다.

현재로서는 스토킹 방지법이 없고, 법이 만들어진다고 해도 효력이 발생할 때까지는 시간이 걸릴 텐데, 그때까지 스토킹 피해자들이 자신을 보호하려면 어떻게 대처하는 것이 좋을까요?

이수정 현재도 긴급 임시 조치는 할 수 있습니다. 경찰 내부에서 경찰서장이 중심이 되어 긴급하게 신변 보호가 필요하다고 판단되면, 일단 임시 조치를 취하고, 차후에 법원에서 선고가 되면 접근 금지 명령을 내리는 식으로 집행할 수 있습니다. 피해자가 위급 상황에 사용할 수 있는 스마트워치를 지급하기도 하는데, 그럼에도 사건이 발생하면 경찰이 지구대에서 출동하는 데 시간이 걸린다는 점이 문제입니다. 사건은 피해자와 가해자가 대면한 순간 순식간에 벌어지니까요. 그 대표적인 사례가 바로 서울 강서구 아파트 살인 사건입니다. 이 사건의 피해자는 결코 신고를 못 해서 죽은 것이 아닙니다.

스토킹과 가부장적 사고방식

이다혜　혹시 스토커 기질이 있는 사람을 미리 알아볼 수 있는 방법이 있을까요?

이수정　미리 알아볼 수 있으면 좋겠지만, 사실상 어렵습니다. 스토커들은 상대방에게 심리적으로 개입하기 시작하면서 점점 상대방을 통제하려 들거나 감시합니다. 내가 지금 비정상적인 감시 상태 아래에 있는지 아닌지는 스스로 느낄 수 있으니 조심하는 것이 좋습니다. 그런데 자칫 여성들이 그것을 애정이라고 오해할 수 있습니다. 애정인지 아니면 감시나 통제인지 좀 더 냉철하게 판단할 수 있어야 합니다.

예를 들어 상대방이 밤 10시까지 들어간다, 혹은 밤에 약속이 있다고 미리 이야기했다면, 그 의사 결정을 믿고 시간대를 맡기는 것이 정상입니다. 그런데 강박적으로 시간 체크를 한다거나 심지어는 현장에 쫓아온다면 스토커 기질을 의심해 볼 필요가 있습니다.

이다혜　영화 「미저리」를 보면 소설가 폴의 부상이 거의 낫고 소설도 완성되어 가는 시점에서 애니가 폴을 죽이고 자기도 죽겠다는 생각을 합니다. 자신이 원하는 방향으로 가고 있는 것처럼 보이는데 왜 그런 생각을 하며, 그 심리적인 이유는 뭘까요?

이수정   폴이 떠날까 봐 두려운 것입니다. 소설이 완성되면 관계가 끝날 수 있잖아요. 그런데 애니는 계속 지금과 같은 상태가 유지되기를 바랍니다. 너는 아무 일도 안 해도 되고, 모든 일을 내가 다 하고 돈도 내가 벌어 올 테니 너는 나를 떠나지만 않으면 된다, 그게 애니의 마음인 것입니다. 제 생각에 이 영화의 핵심은 제목입니다. 그게 바로 '미저리'인 거죠.

이다혜   제가 1990년대에 대학을 다녔는데, 그때는 스토킹이라는 말이 없었고, '미저리'라는 말이 일반 명사처럼 쓰였습니다. 남자들이 자기 마음에 안 드는 여성이 자기를 좋아하면 '누구누구는 미저리야.'라고 말하는 식이었습니다. 자신에게 집착한다는 뜻이지요.
그런데 당시 여자들은 자기 집이나 학교 앞에 누군가 서 있어서 수업을 못 들어간다거나 하는 스토킹 피해를 자주 겪고 있었는데도 스토커에 대해서 '그 남자 미저리야.' 식의 말은 하지 않았습니다.
사실 미저리는 영화 속 여자 주인공의 이름이 아니라 남자 주인공 폴이 쓰는 소설 속의 여자 주인공 이름이며, 굉장히 아름답고 인기 많은 인물로 그려집니다. 그런데 사람들이 보통 '그 사람 미저리야.'라고 이야기할 때는 영화에서 주인공 애니를 연기한 배우 캐시 베이츠를 지칭하는 듯합니다. 그런 면에서 당시 한국에서 쓰인 '미저리'라는 말에는 아름답지 않은 중년 여자에 대한 일종의 혐오가 묻어 있었다는 생각이 듭니다.
생각해 보면, 남자는 본인이 위해를 입을 가능성을 빠르게 인지하는데, 여자는 남자들의 폭력을 폭력으로 잘 인식하지 못하는 것 아닐까요. 그리고 인식한다 해도 '내가 잘못한 게 있지 않을까? 사람들이 나를 이상하게 보지 않을까?' 등의 자기 검열 때문에 쉽게 말하지 못하는 건 아닐까요.

이수정 그런 게 사실 가부장적인 사고의 핵심입니다. 가부장적인 사고방식은 꼭 남자만 가지고 있는 것은 아닙니다. 내가 나의 불안과 공포심, 상대방의 위협에 대해 문제의식을 갖지 못하고 그저 여자로서 감당해야 하는 운명이라고 생각한다면 그것 자체가 굉장히 가부장적인 사고라고 생각합니다.

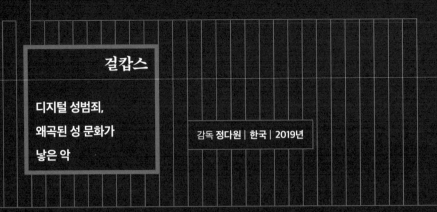

걸캅스

디지털 성범죄,
왜곡된 성 문화가
낳은 악

감독 정다원 | 한국 | 2019년

왕년에는 전설의 형사였으나 이제는 민원실로 발령받아 해고 일순위에 처한 미영. 다혈질에 주먹이 먼저 나가는 화끈한 성격 때문에 민원실로 밀려난 현직 형사 지혜.
둘은 사실 한 집에 살면서 티격태격하는 올케와 시누이 사이이다.
그리고 민원실에서 둘 사이에 낀 내숭 10단의 천재 해커 장미.

세 사람은 민원실에 성범죄 신고를 하러 왔다가 그냥 돌아선 한 여성이 차에 치이는 광경을 목격하고 사건에 휘말리게 된다. 교통사고로 의식을 잃은 이 여성의 친구는 그녀가 48시간 후 업로드가 예고된 디지털 성범죄 사건의 피해자임을 알리고 하소연한다.

하지만 경찰 내 각 부서는 이 사건을 외면하고, 분노에 찬 세 사람은 비공식 수사에 나선다. 이태원 문신 가게로, 유흥가와 술집으로, 곳곳을 찾던 미영과 지혜는 이 사건의 범인들이 데이트 성폭력을 목적으로 한 약을 유통하고 있음을 밝혀내고 그들을 일망타진할 기회를 노리는데……

이다혜   의미 있는 흥행 기록을 썼던 영화 「걸캅스」를 중심으로 디지털 성범죄에 관해 이야기합니다.

「걸캅스」는 지금 이 순간 한국 사회에서 여성을 둘러싸고 벌어지는 온갖 사회 문화적 문제들을 다룬 영화입니다. 오늘은 그중에서도 디지털 성범죄에 집중해서 이야기 나눕니다. 박사님, 디지털 성범죄라는 게 뭔가요?

이수정   일단 성범죄의 범위 안에 들어가지만 기존의 성범죄, 즉 신체적 접촉에 의한 성폭력과는 성격이 약간 다릅니다. 사이버 공간상에서 첨단 기술들을 이용해 일어나고 퍼지는 다양한 성적 침해 행위를 총칭하는 말이라고 보면 되겠습니다.

자살까지 부르는 불법 동영상

이다혜   보통은 실제로 접촉이 있어야 범죄라고 칭하는 경우가 많지 않습니까. 디지털 성범죄는 사람과 사람이 만나지 않고도 범죄 행위가 일어날 수 있다는 점이 다르고 또 중요해 보입니다.

이수정   맞습니다. 또한 디지털 성범죄는 끝없이 퍼져 나갈 수 있다는 점에서 피해가 막심합니다. 자신이 원치 않는 영상들, 그것도 대부분 극히 사적인 내용의 영상들이 사이버 공간에서 피해자도 모르는 사이에 퍼져 나가는 거죠. 오프라인에서 일어난 사건이라면 본인이 분명히 알겠지만, 유포의 매개가 온라인이다 보니 내가 어디까지 피해를 입었는지 스스로 알지 못한다는 데에서 오는 두려움, 누가 나를 알아보는 건 아닌가 하는 공포 때문에 피해자의 심리적인 고통이 엄청납니다.

이런 피해를 당했을 때 강건한 사람은 적극적으로 대응하기도 하지만, 흔한 경우는 아닙니다. 결국은 세상을 등지고 혼자서 은둔 생활을 하다가 심한 우울증 끝에 자살하는 사람까지 있습니다. 디지털 성범죄가 점점 더 늘어나면서 다양한 피해가 양산되고 있는 것이 현실입니다.

피해자들이 엄연히 존재하는 반면, 한쪽에서는 불법 동영상을 포함한 디지털 음란물을 제작하거나 유통하는 사람들이 금전적으로 큰 이득을 취하고 있습니다. 불법 동영상을 사고팔고, 회원 등록을 받는 식으로 웹하드 업체를 운영하면서 거부가 된 사람들도 실재하지요. '갑질 폭행' 등의 혐의로 구속 기소된 웹하드 업체 회장 양진호도 그런 사람들 중 한 명입니다.

이다혜　　요즘에는 '디지털 성범죄 아웃(DSO)'[10], 한국 사이버 성폭력 대응 센터(한사성) 같은 단체들도 있어서 적극적인 대처를 하고 있는 편이지만 아직도 현실적인 대책이 굉장히 부족합니다. 관련 인

10　디지털 성범죄 아웃(DSO, Digital Sexual crime Out)은 '소라넷 아웃 프로젝트'를 시작으로 디지털 성범죄의 문제점을 고발하고 공론화하기 위해 2015년 10월 28일 설립되었고 국내 최대 디지털 성폭력 사이트였던 소라넷 폐쇄 운동을 벌였다.

터뷰 기사들을 읽다 보면, 불법 동영상을 삭제하기 위해 피해자에게 연락을 취했더니 이미 자살했다는 소식을 듣게 되는 사례가 드물지 않습니다.

이수정　통계상 집계되지 않은 피해자들입니다. 지금은 조금 나아졌지만 얼마 전까지만 해도 자신이 찍힌 불법 동영상을 자기가 직접 온라인에서 캡처해 증거로 제출해야만 했습니다. 경찰에 신고하려 해도 그 과정이 너무 고통스러웠던 겁니다.

어렵게 신고를 해도 누가 그런 불법 동영상을 제작, 유포했는지 경찰이 찾아내는 건 쉽지 않습니다. 경찰은 경찰대로 어려움을 겪다 보니 수사 진행이 안 되고, 그 와중에 피해가 2차, 3차로 계속 번져 나가니까 피해자는 자포자기하게 됩니다. 결국 피해자가 자신이 찍힌 영상을 완전히 없앨 수 없다는, 따라서 나는 이 사회에 존재할 수 없다는 결론에 도달해 극단적인 선택을 하는 경우까지 생기는 겁니다.

그리고 불법 동영상 중에 '리벤지 포르노'라는 것이 있습니다. 옳은 표현이 아니라서 사용을 지양해야 하는 용어이긴 한데요, 남성이 자신에게 이별을 통보한 여성에게 앙갚음할 목적으로 과거 연애 시절에 찍은 사적인 동영상을 불법적으로 유포하는 것을 말합니다. 그중에는 예전 여자 친구의 개인 정보를 불법 동영상과 함께 유포하는 바람에 피해자가 제삼자에게 또 다른 피해를 입는 사례도 있었습니다.

가장 유명했던 불법 동영상 사이트로 서버가 해외에 있었던 '소라넷'을 들 수 있습니다. 지금은 없어졌지만 소라넷과 흡사한 목적의 사이트들이 수없이 많고, 현재의 형사 사법 제도 내에서는 이 사이트들을 제대로 관리하기 어렵다는 것이 문제입니다.

'소라넷'과 '버닝썬' 사건

이다혜   한국 사회에서 디지털 성범죄 문제가 표면화되기 시작한 것이 언제부터인가요?

이수정   언론에서 다룬 사례를 추적해 보면 소라넷이 아마 가장 본격적으로 세상에 알려진 디지털 성범죄 사이트일 듯합니다. 그러나 소라넷 이전에도 불법 음란 동영상이 무분별하게 유통됐고, 차단 프로그램을 사용하지 않는 사이트들에서는 성매매 업소의 유인 동영상 팝업창이 무차별적으로 뜨는 등, 디지털 성범죄의 전조 증상들은 전부터 많았습니다.

이다혜   그런 것들을 범죄라고 인식하는 것 자체가 중요할 듯합니다.

이수정   우리 사회에 왜 이것이 범죄라는 인식이 없었을까 곰곰이 생각해 보면, 여성을 성의 대상으로 생각하고, 성을 사고파는 것을 범죄라고 생각하지 않는 풍조가 원인으로 보입니다. 불법 동영상들을 성매매와 연관된 영상이라고 생각하는 거죠. 성매매는 성폭력과는 양상이 다르잖아요. 그렇다 보니 불법 동영상을 상업적 목적의 음란물과 구분하지 못하고, 동영상 속 인물이 피해자일 수 있다는 생각을 못했던 것 같습니다. 예를 들어 예전에 유행했던 「빨간 마후라」 같은 불법 촬영물을 그냥 야한 동영상 정도로 생각하던 시기가 있었고요.

이다혜　동영상에 등장하는 여성 역시 동의한 상태에서 촬영했을 거라 생각한다는 말씀이시죠?

이수정　그렇습니다. 보통 상업적인 음란물은 배우들이 동의해야 하니까, 불법 동영상도 그 연장선상에서 다루어진 좀 독특한 음란물, 혹은 아마추어들이 제작한 음란물 정도라고 생각했던 겁니다. 예전에는 그게 피해자의 동의 없이 혹은 의사에 반해서 찍힌 영상이고, 피해자의 자살까지 불러일으키는 범죄와 연관되었다고는 생각하지 못했던 겁니다.

이다혜　앞서 잠깐 언급하셨던 소라넷 사건에 대해 좀 더 이야기해 보고자 합니다. 이 사건은 많은 사람들이 디지털 성범죄의 심각성을 인지하게 만든 큰 사건이었습니다. 소라넷 사이트는 지하철이나 에스컬레이터 같은 일상 공간에서 여성들을 불법적으로 촬영한 영상, 술이나 약물에 취한 여성을 강간하는 범죄 영상을 올린다든가, 또는 이런 식의 범죄를 공모하는 글을 올려 물의를 일으켰습니다. 2015년에 SBS의 「그것이 알고 싶다」에서 방송되었는데, 대부분의 여성들은 아예 존재 자체도 모르던 사이트가 굉장히 큰 규모로 운영됐다는 사실이 충격을 주었습니다.

소라넷의 가입자 수는 100만 명 정도로 추산되는데, 1999년에 개설해서 2015년에 폐쇄됐으니까 운영 기간은 16년 정도 됩니다. 그 기간 동안 업로드된 불법 동영상은 4만 건이 넘는 것으로 알려져 있습니다. 그런데 선생님 말씀대로 지금은 이것과 비슷한 사이트가 더 많이 생겼단 말이죠. 이런 숫자들이 갖는 의미가 있을 것 같습니다. 단순히 100만 명이 회원이니까 100만 명만 문제라는 식의 사고는 불가능할 것 같거든요.

이수정   그렇습니다. 이번에 버닝썬 사건*과 연관된 정준영 사건**에서도 정준영을 비롯한 몇몇 남자 연예인들이 피해자가 동의한 적 없는 성관계 동영상을 찍어서 공유했죠. 정준영 사건은 소라넷 문화의 전형이라 볼 수 있겠습니다.

소라넷의 경우 특정 앱처럼 멤버들끼리 배타적으로 영상이나 정보를 공유하는 게 아니라, 가입만 하면 많은 사람들이 사용자로 등록되는 오픈 마켓 형식입니다. 그러나 소라넷도 1999년에 개설할 당시에는 몇 명의 소수가 모여 정준영의 카톡방처럼 자극적인 영상을 서로 공유하는 작은 규모로 시작되었습니다. 그러다 회원이 늘어나자 그 안에서 여러 가지 목적의 방들이 생기고, 일부는 그곳에 헤어진 여자 친구를 촬영한 불법 동영상을 올리고, 일부는 여성들의 화장실 영상만 집중적으로 올리기도 하며 확장되어 갔습니다. 자극적인 주제를 중심으로 점점 세분화되는 과정 중에 있었던 것으로 보입니다.

소라넷의 문제가 2015년에 처음 알려진 것은 아닙니다. 이삼 년 전부터 실무자들 사이에서 이런 사이트가 있더라는 문제 공유가 있었고, 이게 불법인지 합법인지를 놓고 논쟁이 벌어지기도 했습니다.

이다혜   실무자란 경찰 쪽 실무자를 말씀하시는 건가요?

: **버닝썬 사건***

2018년 11월 서울 강남구에 위치한 나이트클럽 '버닝썬'에서 벌어진 범죄 사건. 클럽 직원들에게 집단 폭행을 당한 김상교 씨의 고발로 알려졌다. 흔한 폭행 사건인 줄 알았으나 수사가 진행되면서 경찰과의 유착, 마약 유통, 성범죄, 조세 회피, 불법 촬영물 공유 등의 실태가 드러나며 연예계와 정재계를 아우르는 대형 스캔들로 비화되었다. 그 결과 버닝썬과의 유착 관계가 포착된 강남 경찰서의 전직 경찰관 강 모 씨가 체포되고, 각종 비위에 연루된 이들을 포함해 현직 경찰관 152명이 대거 전출되었다. VIP들에게 마약을 공급했다는 의혹이 제기된 버닝썬의 공동 대표 이문호는 마약 투약 혐의로 구속되었다. 버닝썬을 방문한 국내외 연예인, 기업가, 재벌가 자제 들의 이름이 구체적으로 거론되는 가운데, 이들에게 성매매를 알선하고 불법 도박과 탈세 등을 자행한 혐의로 보이그룹 '빅뱅'의 멤버이자 버닝썬의 운영자 승리(본명 이승현)와 YG엔터테인먼트 대표 양현석이 검경의 조사를 받았다. 금품을 대가로 승리의 뒤를 봐준 혐의로 경찰청 소속 윤 총경이 구속되고, 성범죄 영상을 불법 촬영 및 유포한 혐의로 승리의 지인인 가수 정준영과 최종훈 등이 체포되었다. 이들에게 성매매를 알선하고 자금을 횡령한 혐의로 승리의 동업자인 유리 홀딩스 대표 유인석도 조사를 받았다. 그러나 대통령이 엄정 수사를 지시하고, 특검과 청문회를 요청하는 청와대 국민 청원까지 등장했던 이 거대한 사건은 정준영, 최종훈, 윤 총경, 이문호 등을 구속하는 선에서 흐지부지되었다. 승리는 2020년 3월 9일 현역 입대했다.

: 정준영 사건**

정준영은 2012년 케이블 방송국 오디션 프로그램으로 데뷔한 가수다. 버닝썬 사건에 연루돼 수사를 받다가 연예인들이 참여한 카

카오톡 대화방에서 여성들과 성관계한 사실을 밝히며 몰래 촬영
한 영상을 전송하는 등 열한 차례에 걸쳐 불법 촬영물을 유포한 혐
의, 술에 취한 여성을 집단 성폭행한 혐의 등으로 2019년 3월 구속
기소되었다. 그해 11월 29일에 열린 1심에서 징역 6년을 선고받았
으나 항소했다.

이수정　경찰 쪽이라기보다 저를 포함해서 문제가 있음을 인지
한 사람들이 있었고, 그중에는 당연히 「그것이 알고 싶다」 팀도 있
었습니다. 소라넷이라는 동영상 공유 사이트가 있다더라 하는 이야
기를 할 때만 해도 이게 범죄로 성립되는지, 안 되는지를 놓고 의견
이 분분했습니다.

한국은 성매매가 일상적으로 이루어지는 국가고, 13세 이상이면
성매수를 해도 범죄시하지 않는 나라잖아요. 더군다나 성매매의 처
벌 수위 또한 굉장히 낮습니다. 그러다 보니 인터넷에서 회원 등록
을 해 자기들끼리 음란물을 주고받아도 그것으로 별다른 경제적 이
득만 얻지 않으면 취미 생활 정도일 수 있지 않을까 하는 안이한 생
각이 퍼져 있었던 겁니다. 고백하자면, 저 역시 그런 사람들 중 하나
였습니다.

그런데 막상 뚜껑을 열고 보니 그야말로 자살까지 시도하는 피
해자들이 존재한다는 걸 확인하게 됐고, 대부분의 공유 영상들이 피
해자의 동의 없이 찍은 불법 촬영물이며, 그 영상과 함께 유포된 개
인 정보로 인해 성폭행 같은 또 다른 2차 범죄가 양산되고 있다는
사실을 뒤늦게 알게 되었습니다.

이다혜　최근 버닝썬 사건에서 언급된 것처럼 약물을 이용해 의

식을 잃게 한 후 여성을 강간하는 영상을 찍는 경우가 있어 충격이었는데요, 그런 수준의 범죄도 상상하기 너무 괴롭지만, 그 외에도 화장실에서 여성이 용변 보는 것을 찍는다든가, 교복 입은 학생의 뒷모습, 스키니진을 입은 여성이 걸어가는 모습까지 불법 촬영되어 유통되고 있습니다. 사실 그런 것들은 그냥 일상이잖아요. 여성들이 일상을 살아가는 모습을 포르노로 소비할 수 있다는 것이 저는 너무 이해가 되지 않습니다.

이수정 성을 인격으로부터 분리된 일종의 상품으로 생각하는 것이죠. 이성과 정상적인 인간관계를 형성하지 못하고 성적으로 대상화하는 일종의 병리적 요소들이 온라인에 모여 범죄적 환경이 형성된 것입니다. 온라인의 익명성 뒤에서 일탈된 성적 욕망들이 분출되고 있는 상황입니다.

성매매 문화와 성범죄율의 연관성

이다혜 박사님 말씀을 듣다 보니, 성매매가 사회적 분위기에 크게 일조한다는 생각이 듭니다. 성매매를 한다는 것 자체가 성이라는 것을 한 사람의 인격적이고 온전한 부분에서 떼어 내 별개로 사고팔 수 있는 것으로 생각하는 것이잖아요. 그렇게 생각하는 사람이 많으면 많을수록 이런 불법 동영상 유통을 비롯한 디지털 성범죄의 양상도 더 많고 복잡해질 듯하고요.

이수정 한국에서는 성폭행을 한 가해자가 피해자에게 돈을 주고 합의하면 그 사실을 양형 인자로 삼습니다. 실제로 감경 사안 중에 '피해자와의 합의'가 포함됩니다. 이는 곧 피해자와 피해자가 당한 피해를 떼어 놓고 생각한다는 것이거든요.

'그냥 성관계를 좀 할 수도 있는 건데, 나를 성폭력으로 고소하다니. 그럼 내가 돈을 주고 너의 성을 산 것으로 하겠다. 그러니 합의해 달라.' 이런 식의 사고를 하는 가해자들이 많습니다. 그리고 실제로 사법 제도 내에서 합의금을 감경 사안으로 삼고 있습니다. 안타까운 현실이긴 하나 합의 제도 자체를 비난할 수만은 없습니다. 안 그러면 피해자에게 마음의 위로라는 형태를 어떻게 입증하겠느냐는 현실적 문제가 있기 때문입니다.

이다혜　피해자들이 합의할 때 돈을 받는 이유는 이미 발생한 피해, 그러니까 신체적 혹은 정신적 치료 등에 대한 조치가 필요한데 국가가 적극적으로 지원하지 않기 때문이라고 알고 있습니다. 가해자가 자신이 야기한 피해에 대해 보상을 하는 차원에서 합의를 하고 금전적 보상을 하고 있다는 것입니다.

이수정　자구책의 일환으로 볼 수도 있어 무조건 비난할 수만은 없는 현실입니다. 그런데 꼭 성범죄자만 저런 사고방식을 갖고 있는 것은 아닙니다. 성을 물건처럼 우습게 생각하는 사람들이 있고, 심지어는 법의 테두리 내에도 그런 개념이 여전히 남아 있다고 볼 수도 있습니다.

누구나 피해자가 될 수 있다

이다혜　성범죄와는 관계가 없어 보이는 일반인들도 불법 동영상을 범죄라고 생각하지 않는 경향이 있는데, 지금 말씀하신 것처럼 성에 대한 인식 문제와 관계가 있을까요?

이수정　관계가 있죠. 그리고 이 문제가 곧 내 문제일 수 있다는 연대 의식이 중요합니다. 사람들이 '내가 이 불법 동영상을 보면 피해자 여성이 자살할 수도 있다.'는 생각을 하면서 영상을 볼까요? 아마 그렇지는 않을 겁니다. 그런 동영상을 보지 않는 많은 여성들도 이건 내 문제가 아니니까, 나는 이런 동영상에 노출될 리 없으니까, 나는 안전한 관계만 맺고 있으니까, 하면서 불법 동영상 문제는 그들만의 문제라고 생각한다면 동영상을 보는 남성들과 다른 점이 무엇일까요.

이것은 결코 일부 여성 또는 일부 남성만의 문제가 아닙니다. 예컨대 안전한 화장실을 사용하고, 안전한 차량을 타고, 안전한 사무실에서 근무하고, 집에도 보안 장치가 잘 돼 있어서 아무나 집에 들어올 수 없는 환경에서 사는 여성이, 디지털 성범죄에 취약한 환경에서 사는 여성들에 대해 그건 그들의 문제일 뿐이라고 생각하는 순간, 사실은 동영상을 제작하고 유포하는 남자들과 별반 다르지 않은 잘못을 저지르는 것입니다. 피해자를 외면하는 것 자체가 가해 행위의 연장선상에 있을지도 모릅니다.

결국에는 무심하거나 무시하는 태도들이 오늘날 디지털 범죄의 만연을 조장하는 데 일조했다고 생각합니다. 형사 사법 기관에 있는 사람들도 마찬가지입니다.

이다혜   저는 성범죄에 관해 이야기할 때 가장 답답한 것 중 하나가 이른바 '그런 여자'와 '그렇지 않은 여자'를 구분하는 것입니다. '그런'에는 '밤늦게 다닌' '술을 많이 마신' 등의 의미가 포함될 수 있겠죠. 범죄 피해를 당하는 사람들은 따로 있고, 그럴 만한 이유가 있다는 식의 사고방식입니다. 피해자가 불법 동영상으로 인해 고통 받고 있다는 '사실'에 집중하는 것이 아니라 어쩌다 그렇게 됐느냐며 '왜'에 집중하는 것입니다. 왜 영상을 찍었느냐, 왜 그런 곳에 갔느냐, 왜 그 사람을 만났느냐는 식으로요. 피해자가 피해를 당할 만했다는 걸 입증하는 데 지나치게 공을 들이고 있지 않나 싶습니다.

이수정   결국은 재판에서도 '피해자다움'을 따지잖아요. 범죄 피해를 당하면 그 피해로 고통받으면서 피해자다워야 하는데, 당당하다든가 울지 않는다든가 하면 피해자답지 않은 걸 보니 너의 책임도 일부 있는 것 아니냐, 가해자만 몰아붙이지 마라, 이런 논리로 빠져 버리기도 합니다.

이다혜   전 '몰카'라는 용어도 문제라고 생각합니다. 지금은 불법 동영상이라는 말을 많이 사용하고 있지만, 예전에는 그냥 몰카 영상이라고만 했단 말이죠. 몰카라고 하면 불법적이라기보다는 그저 짓궂은 장난 같은 느낌이 있고, 또 어떤 의미에서는 약간 짜고 치는 고스톱 같은 느낌도 있습니다. 오랫동안 불법 동영상을 몰카라고 불러 온 것 자체가 범죄에 대한 인식을 희석했다는 생각이 듭니다. 어떤 범죄를 어떻게 명명하는가도 굉장히 중요합니다. '야동'이라는 말도 많이 쓰는데, 야한 동영상이 아니라 성 착취 동영상이라고 표현한다면 TV 예능 프로그램에서 야동을 보네, 좋아하네, 이런 말을 대놓고 하기는 어렵지 않겠습니까?

이수정　맞습니다. 몰카라는 용어는 피해자에 대한 인권 침해를 유희처럼 만들어 버립니다. 그 용어의 연장선상에서, 앞서 언급했던 리벤지 포르노도 사실은 포르노가 아니죠. 상업화된 것만 포르노라 부를 수 있는 것인데, 분명한 불법 동영상을 포르노라고 부르는 데다 그 앞에 리벤지라는 말까지 붙여 버림으로써 사실을 왜곡해 버립니다.

리벤지라 하면 뭔가 복수할 만한 일이 있었다는 전제를 깔고 가는 것인데, 일단 남자와 헤어지는 것은 복수를 당할 만한 일이 아니지요. 단지 이해가 쉽다는 이유만으로 몰카, 리벤지 포르노 등의 용어 사용은 지양해야 합니다.

이다혜　이것이 복수이기 때문에 괜찮다는 그릇된 인식도 있는 것 같습니다. 여자 친구가 다른 사람을 만나게 되어 나와 헤어지자고 했다, 그래서 그 여자 친구의 사적인 영상을 유포한다 하면 무슨 정의 구현이라도 되는 듯 반응하거나 댓글을 달거나 하는 사람들이 있습니다.

이수정　그런 일련의 현상이 있는 것이 사실입니다. 이번 정준영 사건을 기점으로 불법 동영상 촬영 및 유포죄를 엄중하게 처벌할 경우 우리 사회에 경종을 울리는 판례가 될 수 있어 예의 주시하고 있습니다.

이다혜　그 말은 곧, 이번에 불법 동영상 촬영과 유포죄를 저지른 정준영 일당에게 가벼운 처벌이 내려지거나 벌금형밖에 나오지 않는다면, 결국 우리 사회가 이 범죄를 그렇게까지 심각하게 생각하지 않는다는 사회적 합의가 이루어질 수도 있다는 의미잖아요.

이수정   그러니까 반드시 엄중 처벌을 해야 하는데 어떤 결과가 나올지 궁금합니다. 경찰은 아예 들어가지도 못하는 공간을 만들어 운영하고 성매매를 알선하는가 하면, 여성의 성을 상납하는 방식으로 사업을 해 왔던 버닝썬의 대표 승리도 불구속 결정이 나지 않았습니까? 무소불위의 권력을 휘두른 것이나 마찬가지인 당사자가 불구속이 되고 제대로 처벌받지 않는다면 사람들이 사회는 역시 이런 곳이다, 하나도 나아진 것이 없다는 냉소와 무력감에 빠질 수밖에 없습니다.
지난 5월 17일은 강남역 사건 3주년이었습니다. 그 사건이 일어났을 때 너무나 많은 사람들이 문제의식을 가졌지만, 지금 버닝썬 사건이 흘러가는 과정을 보면서 다들 참 달라진 것이 없다, 어쩌면 이렇게 사회가 여성들의 인권을 우습게 생각할 수 있느냐며 참담해하고 있습니다.

안 잡는 것인가, 못 잡는 것인가

이다혜   2015년에 여성들이 소라넷 폐쇄 청원을 시작하고 본격적인 사회 문제로 의제화하면서 이듬해에 소라넷 사이트가 폐쇄됐는데 그때 운영자도 체포됐습니다. 이미 수많은 피해자들이 스스로 목숨을 끊은 뒤였기 때문에 안타까움이 컸고, 그러면서 경찰이 그동안 충분히 잡을 수 있었는데 안 잡은 것 아니냐는 비판이 나오기도 했습니다.

「걸캅스」의 등장인물 지혜가 말했듯이, 경찰로 대표되는 공권력이 여성의 안전이나 인권을 보호하는 데 너무 안이했던 것 아닌가 하는 분노의 목소리였죠. 실제로 우선순위에서 밀린다는 느낌도 있고, 디지털 성범죄는 수사 방법이 이전과 다를 수밖에 없기 때문에 국가 차원의 투자나 경찰 조직 내에서의 지원이 필요한데, 그런 자원도 굉장히 부족해 보인다는 지적이 있었습니다.

이수정　무척 부족한 것이 사실입니다. 조금씩 늘어나고는 있지만 역부족인 상황입니다. 디지털 성범죄를 수사하려면 마약 수사 못지않게 함정 수사를 허용해야 하거든요. 그런데 여전히 함정 수사를 엄격하게 적용해 허용하지 않고 있습니다. 예를 들어 '13세 가출 청소년입니다. 오늘 잘 곳이 필요합니다.'라고 인터넷에 올렸을 때 그 글 밑에 제안을 다는 사람들은 다 불법 행위를 예비하는 사람들이잖아요. 그런 사람들 자체를 검거할 수 있는 법이 필요합니다.

많은 국가들에 아동 유인 방지법이 존재합니다. 미성년자들을 유인하는 것 자체가 범죄잖아요. 싱가포르는 유인하는 행위를 상습적으로 하면 징역형이 나올 수도 있습니다. 예비적인 행위만 해도 처벌을 받는 분위기니 동영상을 올리면 얼마나 엄중 수사를 하겠습니까. 그러나 한국에는 현재 그 같은 아동 유인 범죄를 예방할 수 있는 법률이 하나도 없습니다. 그뿐인가요. 한국은 아직 스토킹 방지법도 없죠. 그러다 보니 그런 법의 빈틈을 틈타 범죄가 곰팡이처럼 마구 번져 나가는 겁니다.

이다혜   과거에는 성 산업에 종사하는 여성들의 성만을 거래와 착취의 수단으로 삼았다면, 지금은 아예 만난 적도 없는 일반인 여성들의 일상생활까지 대상화하고 성애화하는 실정입니다.

이수정   이번에 버닝썬 사건에서 보았듯이, 일반인 여성에게 약물을 먹여 정신을 잃게 한 후 성적인 착취를 하는 심각한 상황입니다. 마약은 처벌하지만 약물을 먹여 성폭행한 부분은 현재 처벌을 제대로 못하고 있잖아요.

이다혜   디지털 성범죄 사건의 특성상 범인을 잡기가 어렵다는 이야기를 많이들 합니다. 그런데 예를 들어 정치 관련 댓글 수사는 굉장히 열심히 수사를 하지 않습니까. 그런 차이를 볼 때마다 저는 정말 '디지털 범죄이기 때문에 수사하기 힘든 것이 맞습니까?' 하고 묻고 싶어집니다. 더군다나 수사가 잘 이루어지면 그것 자체로 예방 효과가 있지 않나요?

이수정   물론 있습니다. 무심코 댓글을 달았다가 수백 건의 고소를 당하고 크게 벌금을 문 후에는 조심하게 되니까요. 말씀하신 대로 경찰이 정치인 댓글 관련 수사 정도의 의지를 가지면 사실 아이피 주소를 가지고 범인을 찾아내는 데 크게 어려움이 없을 겁니다. 문제는 취약한 환경에 있는 여성들입니다. 예를 들어 피해자가 집을 나온 미성년자라면 사건을 해결해 봤자 주목받거나 공적을 인정받을 가능성이 그리 높지 않다는 안이한 생각을 하는 경찰이 많을 수 있는데 그 결과 수사가 제대로 안 이루어지면 그게 범죄자들에게 금전적 이득이 된단 말이죠. 그래서 양진호 같은 사람이 나오지 않았습니까.

외국이라고 이런 일이 왜 없겠어요. 영국도 아동 유인 방지법이 있습니다. 미성년자를 대상으로 한 유인 행위는 아주 엄격하게 통제하고 있습니다. 성매매를 목적으로 아이를 유인하는 댓글을 올리는 것 자체가 범죄예요. 성매매 업소를 차리고 13세부터 18세까지의 가출 청소년들은 연락하라고 본인의 휴대폰 번호를 인터넷에 올려놓는 행위가 불법인 것입니다. 그러나 한국은 그 댓글만으로는 처벌할 수 없습니다.

일전에 영국 시민 단체의 흥미로운 이야기를 들은 적이 있습니다. 이 단체의 구성원은 대부분 아이를 둔 엄마를 비롯한 여성들입니다. 영국은 아동 유인 범죄의 경우 경찰이 함정 수사를 할 수 있는데, 이 민간단체가 하는 일이 함정 수사와 관련이 있습니다. 회원들이 앱 같은 곳에 '13세인데 가출했어요.' 이런 식으로 거짓 메시지를 올린 후 밑에 죽 달리는 댓글들을 캡처해서 신고합니다. 예컨대 댓글 한 개당 포상금을 10원씩을 주어도 운영이 됩니다. 이런 식의 신고 포상금 제도도 예방에 큰 역할을 합니다.

그래서 영국에서는 온라인상이라도 함부로 아동 유인 행위를 할 수 없습니다. 누군가가 감시하고 있다는 두려움 때문이죠. 신고 당할 위험성이 높을수록 사람들은 경계하기 마련입니다. 우리도 그런 분위기를 마련해야 하는데 아직 범죄를 예방하는 법도 없을 뿐 아니라 민간인에 의한 함정 수사를 시도했다가는 처벌을 감수해야 합니다. 그리고 경찰은 또 인력이 부족해서 수사를 못 한다 하니 어떻게 해 볼 도리가 없는 답답한 상황입니다.

이다혜　　한국에서 주차 위반 신고에 대해서는 포상금 제도를 운영하기도 하잖아요.

이수정　　그렇죠. 제가 불법 주차를 했다가 신고를 당해 벌금을 낸 적이 있는데, 사진을 보니 경찰이 찍은 것 같지는 않더라고요. (웃음) 그때 제가 이거 누가 찍었는지 궁금하다는 생각을 잠시 했죠.

이다혜　　그런 식의 제도를 불법 촬영물 신고에 적용해 운영하면 더 많은 사람들이 조심하게 될 텐데 말이에요. 공유도 죄라는 사실이 분명해지고 그에 대한 벌금을 낸다면 말입니다.

이수정　　그렇게 시민 스스로 경계심을 높이게, 스스로를 관리하게 만드는 일은 아주 눈곱만 한 아이디어로도 얼마든지 가능합니다. 문제는 의지가 있느냐입니다. 제가 볼 때는 청와대가 의지를 가지면 제일 쉽게 해결될 것 같고, 대통령이 너무 바쁘다면 국회 의원 중 누군가가 의지를 갖고 개정안을 내든, 새로 입법을 하든 통과되도록 끝까지 노력을 해 줬으면 좋겠는데 아직은 아쉽습니다.

범죄 피해 이후의 인생이 중요하다

이다혜　　이야기를 하다 보니 디지털 성범죄를 포함해서 스토킹방지법도 아직까지 해결이 안 되어 새삼 안타깝습니다. 제일 중요한 것은 피해자를 어떻게 도울지와 관련된 부분일 것 같아요. 디지털 성범죄 피해를 입은 사람들을 실질적으로 도울 수 있는 제도와 기관이 있나요?

이수정　디지털 성범죄 상담 센터 같은 것들이 있기는 한데, 역부족입니다. 상담 센터가 있어도 피해자의 정신력이 상담을 받을 수 있는 정도로 회복이 되어야 집에서 나와 상담소까지 갈 수 있잖아요. 그들을 위한 배려가 현실적인 수준까지는 미치지 못하고 있다는 게 문제로 보입니다. 또한 디지털 성범죄는 피해자만의 문제가 아니기 때문에, 이 문제에 대해 다 같이 공감대를 가질 필요가 있습니다.

그리고 피해자들에게는 디지털 성범죄의 피해 사실이 내 인생에서 크게 중요하지 않다고 생각하는 용기도 필요한 것 같습니다. 물론 인터넷상에 내 성기 사진이나 성관계 동영상이 돌아다니는 건 너무나 고통스러운 일입니다. 그럼에도 그것은 나의 탓이 아니며, 나는 불운한 범죄의 피해자일 뿐이라는 사실, 내 전체 인생에서 그런 피해는 그저 일부일 뿐이고 내겐 앞으로 더 많은 시간이 남아 있다는 사실을 잊지 않았으면 좋겠습니다.

이다혜　피해를 입은 개인이 혼자 마음먹는 것을 넘어서 옆에 있는 사람들도 다 같이 그렇게 생각해야 한다고 봅니다. 불법 동영상 피해자들이 스스로 인터넷을 검색하다가 '이건 내 영상이잖아.'라고 우연히 자신의 피해 사실을 알게 되는 게 아니잖아요. 보통은 주변의 누군가가 '이거 너야?'라며 캡처 화면이나 동영상을 보여 줘서 자기도 그제야 그런 영상이 있다는 걸 알게 되는 경우가 대부분입니다.

피해 사실을 알게 되는 단계부터 이미 다른 사람들이 내가 찍힌 불법 동영상을 보고 있다는 생각을 할 수밖에 없는 상태라면, 사실 피해자 혼자의 힘으로 생각을 바꾸고 넓은 시선으로 사건을 바라보기란 너무 어려운 일 아니겠습니까.

이수정　제가 피해자들이 좀 더 성숙하게 대응할 필요가 있다고 말한다고 해서 디지털 성범죄가 중요하지 않다는 이야기는 절대 아닙니다. 디지털 성범죄는 아주 잘못된 행위이고 엄벌에 처해야 마땅합니다. 다만 제가 하고 싶은 이야기는 '노 빅 딜(no big deal)', 나의 일상이 제일 중요하다, 그러니까 별일 아닐 수 있다는 것입니다. 피해자들의 남은 인생이 더 중요하다는 것, 변함없이 아침에 일어나고, 일을 하고, 저녁이면 쉬고, 그런 일상이 훨씬 중요합니다.

나의 의지와 상관없이 떠돌아다니는 나의 화장실 영상이 발견된다 해서 내 인생이 그날로 멈추는 건 아닙니다. 그러니 용기를 갖고, 무너지지 말고, 어떻게든 대응을 하고, 극복할 수 있도록 노력하자는 이야기를 꼭 해 주고 싶어요. 얼마나 아름다울지 알 수 없는 미래의 시간들이 기다리고 있는데, 범죄의 피해자라는 이유만으로 혼자서 위축되고, 사회를 등지고, 극단적인 생각을 하게 되면 너무나 안타까운 일이잖아요. 그 이야기를 꼭 하고 싶었습니다.

여성 경찰관 선발 확대의 필요성

이다혜　「걸캅스」에서도 불법 동영상으로 피해를 입은 여성이 경찰서에서 신고를 하려다가 근처에서 남자들이 시끄럽게 떠드는 걸 보는 순간 너무 무서운 마음에 급하게 나가다가 사고를 당합니다. 이 영화는 경찰서에서 일하고 있는 여러 직군의 여성들이 한 사람의 피해자를 구하기 위해서 힘을 모으는 내용입니다.

지금 말씀해 주신 것처럼, 일단은 법적인 테두리 내에서 처벌이 확실히 이루어지는 것이 굉장히 중요하고 우선적이긴 한데, 피해를 입었다고 해도 그게 나의 전부를 잃은 건 아니라고 생각하는 것 역시 중요하다는 걸 잊지 말았으면 합니다.

이수정　이 영화가 갖는 시사점이 바로 그것이라고 생각합니다. 여성들이 여성을 구제하는 영화잖아요. 물론 그런 이유 때문에 이 영화를 비하하는 사람들도 있기는 하지만 말입니다.

제 개인적인 이야기를 하자면, 저는 제가 여자가 아니었으면 이 바닥에서 이런 연구를 하며 살지 않았을 것 같아요. 여자였기 때문에 피해자가 당한 고통에 공감하고 이해할 수 있었고, 그래서 이 일을 깊게 해 봐야겠다 생각했습니다. 이십 년 후에 어떻게 될지 알 수 없고, 당장은 쉽지 않고, 공포도 느끼고, 어려움도 있지만, 내가 이 일을 함으로써 내 딸이 안전하게 사는 데 조금이라도 도움이 된다면 해야 한다고 생각했습니다. 지금에 와서는 그렇게 결심했던 것이 상당히 잘한 선택이었다는 생각이 듭니다.

이런 식으로 여성들은 함께 생각하고, 공감대를 느끼고, 자매애를 형성하고, 상호 부조를 해야 합니다. 옆에 있는 여성의 존재 자체가 부조가 된다면, 피해자들이 혼자라는 생각을 하지 않게 될 겁니다.

이다혜　지난해 혜화역에서 불법 동영상 관련 시위가 몇 차례 있었습니다. 그때 저도 몇 번 나갔는데, 그때 외쳤던 구호들 중에 여성 경찰의 수를 늘리라는 요구도 있었어요. 많은 여성들이 수사 기관에 가서 디지털 성범죄 피해 사실을 신고하는 과정 자체를 굉장히 고통스럽게 느낍니다. 내가 나온 영상을 봤을지도 모른다는 생각이 드는 남성 수사관 앞에서 그 영상이 어떤 내용인지 설명하거나, 그 영상을 캡처해 증거로 제출해야 한다면 고통이 심할 수밖에 없을 것입니다.

여성 관련 범죄들에 좀 더 적극적으로 대처할 수 있는 여자 수사
관이 있으면 피해자 입장에서도 신고하기 훨씬 좋고, 수사 기관 입
장에서도 조사 과정에서 도움이나 협조를 구하기가 훨씬 쉬울 것 같
은데 어떻게 생각하시나요?

이수정　맞습니다. 그것을 전문성이라고 할 수 있을 듯합니다. 강
력 범죄 피해자의 약 90퍼센트가 여자인 현실에서 여성 수사관들은
분명 유용합니다. 여성 경찰관의 수가 많아져야 한다는 것은 옳은
지적입니다.

이다혜　마지막 질문 드리겠습니다. 기존의 법이 기술과 사회의
인식 변화를 따라잡지 못하는 만큼 새로운 법안을 마련하는 것도 중
요해 보이거든요. 앞서 말씀해 주신 포상금 제도도 있겠습니다만,
새로운 법이 마련된다면 현행법의 어떤 부분을 보완하는 것이 좋을
지 여쭙고 싶습니다. 이와 관련해 현재 입법 준비 중이거나 예고된
법안이 있나요?

이수정　신고 포상금 제도가 없지는 않습니다. 그런데 한국은 온
라인상에서 불법적인 장면을 캡처해 제출하는 걸로 끝나는 게 아니
라, 범인을 검거해서 범인이 기소가 되면 그때 가서 포상금을 줍니
다. 이래서야 누가 신고를 하겠어요. 신고하면 즉시 포상금을 받을
수 있어야 합니다. 그래야 많은 사람들이 신고할 것입니다. 신고자
에게 범죄 사실 입증까지 요구할 의무는 없으니까요. 이 부분은 꼭
개선돼야 한다고 생각합니다.
　그리고 이미 여러 번 이야기했지만, 한국은 의제 강간 연령이 너

무 낮습니다. 미성년자 의제 강간죄에 대한 연령 기준을 상향하고, 아동 유인 행위 단속을 위해 온라인상에서 함정 수사를 허용해야 합니다. 왜 마약만 함정 수사를 합니까. 이 정도만 우선적으로 개선되어도 첫 번째 단추는 성공적으로 끼울 수 있습니다.

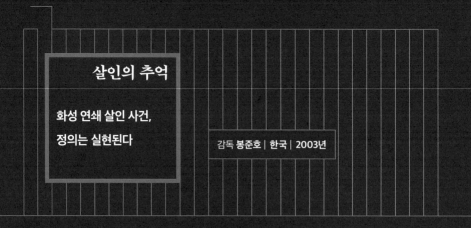

살인의 추억

**화성 연쇄 살인 사건,
정의는 실현된다**

감독 봉준호 | 한국 | 2003년

1986년 경기도 화성에서 무참히 강간 살해된 젊은 여성의 시체가 발견된다. 그로부터 두 달 뒤, 비슷한 수법으로 살해당한 또 다른 여성의 시신이 발견되면서 사건은 세간의 주목을 받기 시작한다.

특별 수사 본부가 꾸려지고 토박이 형사 박두만과 조용구, 그리고 서울에서 내려온 형사 서태윤이 수사를 담당한다. 육감에 의존해 사건을 수사하는 두만은 일단 의심 가는 사람을 잡아다 다그치고 보지만 증거 기반 수사를 지향하는 태윤은 증거를 꼼꼼히 검토해서 단서를 찾으려고 하여 수사 초반부터 신경전을 벌인다.
결국 두만이 먼저 평소 피해자를 좋아하던 장애인에 대한 소문을 듣고 백광호를 용의자로 검거한다. 그는 폭력을 통해 백광호에게 자백을 받아 내고, 현장과 증거를 조작해서 그를 범인으로 탈바꿈시킨다. 하지만 언론이 잔뜩 몰려든 현장 검증 당일, 백광호의 아버지가 난입해 아들의 무죄를 주장하면서 두만의 시나리오는 틀어진다. 결국 백광호는 풀려나고, 수사는 원점으로 돌아온다.

그리고 얼마 뒤, 다시 범행이 시작된다. 두만과 태윤은 미친 듯이 사건에 매달리지만 범인의 실마리는 좀처럼 잡히지 않는데…….

이다혜   2003년작 「살인의 추억」을 중심으로 화성 연쇄 살인 사건에 관해 이야기하려 합니다. 이 영화는 연극 「날 보러 와요」를 원작으로 하고 있고, 소재는 물론 한국 영화에서 볼 수 없었던 세련되고 참신한 연출로 개봉 당시 큰 화제를 모았습니다. 봉준호 감독의 오늘을 있게 해 준 영화라고 해도 과언이 아닐 텐데요.

지난 2019년 9월 18일, 영영 미제 사건으로 남을 줄 알았던 화성 연쇄 살인 사건의 진범이 현재 교도소에 수감 중인 이춘재라는 사실이 밝혀지면서 이 영화가 다시 주목을 받고 있습니다. 저도 이 뉴스를 듣고 엄청나게 충격을 받았습니다. 미제 사건 전담 수사팀을 비롯해 수사관, 법의학자 등 이 분야의 종사자들이 느끼는 기쁨이나 회한이 정말 엄청났겠다는 생각이 들었습니다.

DNA법과 끈질긴 수사 의지로 받아 낸 자백

이수정   그렇습니다. 수사 기관과 법무부에서 DNA법[11]이 통과된 2010년부터 강력 범죄로 수사를 받은 피의자나 재소자들의 DNA

---

11   범죄 수사 및 예방을 돕고 국민 권익 보호를 목적으로 하는 DNA 정보 이용·보호에 관한 법률.

를 데이터베이스화 한 덕분입니다. 이 과정에서 당시 무기수였던 이춘재의 DNA도 수거되었던 것이고요. 화성 연쇄 살인은 워낙 사건도 많고 그에 따른 증거물도 많았기 때문에 경기도 청사 내 여러 경찰서에서 화성 사건을 정리하면서 유효한 증거물들을 추릴 수 있었습니다. 7월 15일 경기 남부 지방 경찰청 미제 사건 수사팀이 일부 유용한 유류품을 국립 과학 수사 연구원으로 보내 DNA 감정을 의뢰했고 그 결과 세 가지가 일치한다는 국과수의 통보를 받았습니다.

경찰은 5·7·9차 사건의 피해 여성 유류품에서 나온 DNA와 오십 대 남성의 DNA가 일치한다는 국과수 감정 결과를 토대로 이춘재를 유력 용의자로 특정하고 수사를 벌였습니다. 이춘재는 줄곧 범행을 부인했지만 경찰의 끈질긴 대면 조사 끝에 10월 1일 결국 범행 내역을 모두 시인했습니다. 이춘재는 당시 사건들의 범인만이 알 수 있는 범행 지역, 장소 등을 그림으로 담아 진술했으며, 이를 바탕으로 경찰은 10월 14일 이춘재를 유력 용의자에서 피의자로 전환해 정식 입건했습니다.

이다혜 박사님은 이 뉴스를 언제, 어떻게 알게 되셨나요?

이수정 이 사실이 발표되기 전부터 재수사가 진행 중이라는 것은 알고 있었고요. 범인이 이춘재로 특정이 된 이후에는 자백을 받아 낼 수 있을지의 여부가 사실 의문이었습니다. 경기 남부 지방 경찰청 전담 수사팀 소속 프로파일러가 이춘재가 수감된 부산 교도소로 출장을 가 면담을 시작했는데, 처음에는 이춘재가 면담을 명확하게 거부했습니다. 만나 주려고도 하지 않았는데, 뭔가 심경의 변화가 있어서인지, 프로파일러들의 공감 능력이 워낙 출중했기 때문인지 입을 열기 시작해서 일정한 만남 이후에 드디어 범행을 시인하기 시작했습니다.

이다혜　이춘재가 처음에 범행을 시인하지 않았던 이유는 무엇일까요?

이수정　시효가 끝난 사건이니까 이제 와서 굳이 평생 동안 은폐한 범행을 인정할 필요가 없다고 판단했을 것입니다. 그런데 그 사이에 프로파일러들이 DNA 검사 결과가 발뺌할 수 없는 증거물임을 설득했던 것 같고 결국 4차 사건의 DNA까지 이춘재의 DNA와 일치하는 것이 확인된 시점부터 본인이 9건 사건의 범인이라고 털어놓기 시작한 것으로 보입니다. 그때까지는 해피엔딩으로 보였습니다.

그가 9건의 살인 사건 외에 자신이 5건을 더 저질렀고 성폭력 사건도 30건 더 저질렀다고 이야기할 때까지도 그럴 수 있겠거니 생각했는데, 범인이 이미 잡혀 복역을 끝낸 8차 사건도 본인이 벌인 사건이라고 주장하면서부터 완전히 새로운 국면이 시작되었습니다.

이다혜　8차 사건 관련해서 조금 후에 더 자세히 이야기 나눠 보겠습니다. 이렇게 교도소에서 복역 중인 재소자의 여죄가 밝혀지는 경우가 흔한가요? 그런 경우에 범죄자가 자백하는 사례, 함께 복역 중인 다른 재소자가 듣고 전달하는 사례, 또 경찰을 비롯한 수사 인력의 노력으로 밝혀지는 사례 중에서 어떤 경우가 제일 많을까요?

이수정　기존의 미제 사건 팀에서 보관하던 증거물에서 추출된 증거에 의해 범인이 특정되는 경우들이 간혹 있습니다. 과학 기술이 발달하면서 시간이 흐른 후에 사용할 수 있게 된 것입니다. 그런데 뒤늦게 지문의 일부, 즉 쪽지문이 발견되고 그 지문의 주인도 확인됐는데, 지문이 찍힌 경로가 입증이 안 되어 유죄 확정이 안 된 사례도 있습니다. 그러니까 그 지문이 범행 현장에서 찍힌 것인지, 아니면 증거물의 배달 업체나 테이프 생산 업체에서 찍힌 것인지를 입증하지 못한 것입니다. 실제로 뒤늦게 범인이 밝혀지는 데에는 다양한 경로가 있습니다.

역대 최악의 장기 미제 사건 '화성 연쇄 살인'

이다혜　이번 뉴스 때문에 많은 분들이 화성 연쇄 살인 사건에 대해 다시 알게 되셨을 텐데요, 간단하게 짚겠습니다. 화성 연쇄 살인 사건은 언제 시작돼서 얼마나 오랫동안 지속되고, 또 얼마나 많은 피해자를 양산한 사건인가요?

이수정　화성 사건은 1986년부터 일어난 사건입니다. 1986년 9월 이전에는 연쇄 성폭행 사건이 5~6건 일어났던 것으로 보고되어 있습니다. 그러다 9월에 첫 번째로 71세의 여성이 강간 살해됩니다. 그해에 3건이 더 연달아 일어나고 1987년에 2건, 1988년에 2건, 1990년에 1건, 1991년에 1건이 일어납니다. 당시에 총 10건의 사건 중 9건이 동일범의 소행이고 1건은 모방 범죄일 것이라 추정했는데, 9건 모두 목 졸라 살해한 강간 살인이었고, 시신에 여러 가지 잔혹한 가혹 행위를 한 흔적들이 남아 있었습니다. 여성을 결박한 흔적이나 입에 재갈을 물린 흔적, 사용한 도구들에서 공통점이 보여 범인의 고유한 특징으로 추정됐죠.

지금 문제가 되는 8차 사건은 1988년 9월 16일 화성시의 한 가정집에서 당시 13세 박 모 양이 잠을 자다가 성폭행당한 뒤 목이 졸려 살해된 사건으로, 화성 사건 중 유일하게 실내에서 일어났습니다. 나머지 9건은 야외에서 일어났고, 결박이나 재갈 등 범인만의 고유한 특징, 피해자가 대부분 성인 여성이라는 공통점이 있었습니다. 그런데 8차 사건은 피해자의 나이도 어린 데다 실내에서 일어났기 때문에 모방 범죄라 판단하고 범인을 추적했던 것으로 보입니다.

이다혜　　1986년부터 1991년까지는 아시안 게임과 서울 올림픽이 열렸던 시기입니다. 그런 국가적인 행사 때문에 당시 경찰 인력이 이 사건에 집중하기까지 시간이 걸렸다는 이야기도 있고, 이 사건이 연쇄 범죄인가를 판단하는 데에도 상당한 시간이 걸렸다는 이야기를 들었습니다. 그러다 보니 초동 수사가 미흡했던 것 아닌가 하는 지적이 계속 나오고 있는데요.

이수정　　초동 수사가 미흡했던 것으로 추정되는 부분들은 사실 곳곳에 많습니다. 심지어는 혈액형 추정에도 오류가 있었습니다. 화성 사건 피해자들 중에 특히 B형이 많았다고 합니다. 시신에서 나온 혈흔이 피해자의 것인지 가해자의 것인지 정확히 감별해 내지 못한 상태에서, 거의 모든 사건에서 B형 혈흔이 추출되니 범인이 B형일 것이라고 추정했던 것으로 보입니다. 그러다 보니 이춘재도 용의선상에 여러 번 등장했는데 혈액형이 O형이라는 이유로 배제됐던 것이 여러 가지 진술들에 의해 확인되고 있습니다. 영화 「살인의 추억」

을 보면 당시의 수사 상황이 얼마만큼 난맥상이었는지 보여 주는 장면들이 많지요. 8차 사건의 체모에서 나온 혈액형도 B형이라고 하는데요. 결국 당시 혈액형을 감별하는 방법 자체가 지금처럼 정확하지 않았던 것 아니냐는 의문들이 제기되고 있는 상황입니다.

이다혜　「살인의 추억」을 보면 발자국이 있어도 발자국을 보존하거나 정확하게 측정하지 않습니다. 요즘은 일반인에게도 과학 수사가 잘 알려져 있기 때문에 헛웃음이 나올 정도입니다. 현장을 어떻게 보존할 것인지에 대한 원칙이 지금과는 굉장히 달랐기 때문에 현장 보존이라는 개념 자체가 희박했던 것이죠?

이수정　그렇습니다. 최근 고유정 사건 때도 현장 보존이 문제가 되었습니다. 나중에 감사까지 나온 것이 현실인데요. 이 사건은 무려 30년 전 사건이다 보니, 사건이 일어나면 구경하는 사람들부터 형사들까지 인파가 현장을 뒤덮어서 그중에 어떤 발자국이 범인의 발자국인지조차 알기 어려웠습니다. 현장에 남아 있는 모든 증거물을 채집한다는 이유로 그 주변에 있던 담배꽁초까지 수거했는데, 그 꽁초가 수사관의 것인지, 구경하던 주민의 것인지도 구분하지 못한 채 증거물들이 뒤섞이던 시절이에요.

이다혜　자백으로 진범이 밝혀졌지만, 그래도 수사진이 포기하지 않고 오랫동안 사건을 주시한 결과라는 점에서 수사진의 쾌거라고 할 수도 있겠습니다. 다만 어떻게 보면 이춘재가 청주에서 살인을 저지르고 체포됐을 때 수사 공조만 잘 이루어졌다면 훨씬 일찍 밝혀질 수 있는 사건이 아니었나 하는 생각도 듭니다.

이수정　맞습니다. 1994년 1월 이춘재는 자신의 집에서 처제를 성폭행하고 둔기로 여러 차례 때린 후 살해해 무기 징역형을 선고받았습니다. 그때도 강간 살인 사건이었고, 결박을 하거나 재갈을 물리는 방식, 머리에 무언가를 씌우는 고유한 특징이 화성 사건과 굉장히 흡사한 부분들이 있어서 화성 사건 수사관들 역시 의심을 품기는 했습니다. 그래서 청주에 화성 사건의 범인인지 한번 확인을 하고 싶다고 이야기를 했는데, 당시 청주에서 구속 상태로 수사를 하던 와중이라 이춘재를 화성으로 보낼 수 없었습니다. 결국 화성의 수사관들이 내려가서 이춘재를 확인해야 했는데, 그 과정 중에 이춘재의 혈액형이 O형이라는 이유로 용의선상에서 다시 빠져나간 것으로 보입니다.

이다혜　그 당시에 수사선상에 오른 사람들이 엄청나게 많다고 들었습니다. 제가 들은 바로는 약 이만 명 정도가 조사를 받았다고 알고 있는데, 그렇게 많은 사람들을 조사할 정도의 열성이면 확실한 물적 증거의 기반이 될 만한 혈액형에 대해 더 섬세하게 접근했어야 하는 것이 아닌가 아쉬움이 듭니다.

혈액형에 발목 잡힌 수사

이수정　그런데 흥미로운 것은 청주 처제 살인 사건이 한국에서 처음 DNA를 이용해 범인을 잡은 사건이라는 점입니다. 많은 사람들이 잘 알지 못하는 부분인데요, 결국 청주 사건이 일어났던 1994년에 이춘재의 DNA를 확보했다는 이야기가 됩니다. 1994년 당시 화성 연쇄 살인 사건 당시의 혈흔 증거물에서도 얼마든지 DNA를 검출할 수 있었을 텐데, 안타깝게도 공조가 이루어지지 않았습니다. 추정 중인 화성 사건 범인의 혈액형과 이춘재의 혈액형이 일치하지 않으니 공조할 필요성을 느끼지 못했던 것입니다.

당시 수사관들은 범인의 혈액형이 B형이라는 기록은 어디에도 없다, 혈액형에 의존해 수사하지 않았다고 말하지만, 사실 B형이 얼마나 결정적 판단의 근거로 쓰였는지 「살인의 추억」에 잘 나와 있습니다. 영화 내내 B형을 쫓는 장면들이 나오는데요, 「살인의 추억」이 그 당시 형사들의 자문을 받아 만든 영화잖아요. 저도 「살인의 추억」을 두 번이나 봤는데, 막상 자백한 범인 이춘재는 O형이어서 굉장히 놀랐습니다.

이다혜　결국은 청주 사건 당시 이춘재의 DNA와 화성 사건 혈흔의 DNA를 비교했다면 1994년에 해결될 수 있었던 사건인데, 혈액형이라는 장애물에 막혀 2019년에야 전말이 드러났다는 사실이 굉장히 당황스럽습니다.

앞서 말씀 주신 것처럼 당시 봉준호 감독이 사건 조사를 굉장히 많이 했다고 알려져 있는데요, 그래서 더욱 극중 송강호, 김뢰하 배우의 연기를 보면 당시 경찰이 저렇게까지 무능하고 악랄했나 하는 생각이 듭니다. 폭력, 고문, 부실 수사도 많이 보이고요, 심지어 점쟁이를 찾아가기도 합니다. 오죽 답답하면 그럴까 싶기도 하지만, 초동 수사를 보면 마구잡이라는 생각밖에 들지 않습니다. 당시 수사진이 왜 그렇게 가혹 행위를 많이 했을까 추정해 보면 증거보다는 감에 의존하기 때문이 아니었을까요.

이수정 그 당시에는 수사 관행상 자백이 가장 중요한 증거였습니다. 어떻게든 자백을 받으면 객관적 증거를 확보하지 않아도 유죄 판결이 나기도 하던 시절이죠. 서울대생 박종철*이 가혹한 수사를 받다가 사망하기도 했습니다. 폭력이 사용되지 않았을 것이라고 추정하고 싶지만 당시에는 그런 폭력 수사, 고문 수사가 굉장히 자주 일어났던 것이 사실입니다.

문제는 8차 사건입니다. 나머지 사건은 공소 시효가 끝났기 때문에 이춘재가 범인이라는 것을 알아내도 이춘재를 피의자 신분으로 만들 수도 없고, 형사 절차를 진행할 수도 없고, 재판 개시도 불가능하니 유죄 판결은 더더욱 불가능합니다. 그러니까 어쩌면 그냥 이춘재가 범인임을 알아낸 것으로 끝나 버릴 사건인데, 이미 억울한 옥살이를 한 사람이 있는 8차 사건은 다릅니다.

이다혜 여기에서 질문이 있습니다. 무기 징역이라는 형을 살면서 모범수로 복역하면 심사 때 가석방을 받을 가능성도 있는 것으로 알고 있는데요, 예컨대 이춘재의 경우, 화성 일대에서 벌인 살인 사건의 공소 시효가 끝나 추가로 형을 살게 하는 것은 불가능하더라도, 모범수든 아니든 상관없이 원래 받은 무기 징역으로 형을 살게 할 수도 있나요?

이수정 물론 무기 징역형을 받아도 삼십 년쯤 복역하면 관행상 대부분 가석방이 됩니다. 8차 사건의 범인으로 복역한 윤 모 씨도 무기 징역을 선고받고 이십 년을 복역하다 2009년 가석방이 되었습니다. 하지만 이춘재는 그런 관행에서 벗어난 최초의 사례가 될 수도 있습니다. 말 그대로 무기 징역인 것이죠. 아마 다시 사회로 나오지는 못할 것으로 보입니다.

: 박종철 고문 치사 사건*

1987년 부산 출신의 학생 운동가 박종철이 경찰의 고문으로 사망
한 사건을 말한다. 1987년 1월 13일 자정 즈음, 경찰청(당시 치안 본부)
의 대공 분실 수사관 여섯 명이 서울 대학교 언어학과 학생으로 적
극적으로 학생 운동을 펼치던 그를 연행, 남영동의 치안 본부 대공
분실로 끌고 가 선배인 박종운의 행방을 추궁하며 고문을 가했고,
그는 이 과정에서 사망했다. 이 사건을 계기로 1987년 범국민적 항
쟁이 일어났고 6월 민주 항쟁으로 이어졌다.

'강압 수사'와 '부실 수사' 논란

이다혜   영화 속에서 송강호 배우가 연기하는 박두만 형사는 용
의자 백광호를 연행해서 유도 심문을 하고 허위 자백을 받아 현장과
증거를 조작합니다. 그렇게 용의자를 만들어 낸 탓에 현장 검증은
아수라장이 되고 또 수사팀도 해체되는데, 그 후에도 수사 방식은
달라지지 않습니다.

그리고 백광호라는 인물은 지적 장애로 설정되어 있는데요, 실
제 8차 사건의 범인으로 억울하게 형을 살았던 윤 모 씨의 경우 소아
마비를 앓았다고 알고 있습니다. 사실 범행을 저지르기 어려운 신체
조건임에도 불구하고 수사진이 범인으로 몰아갔다는 생각을 할 수
밖에 없습니다. 물증 없이도 자백 자체가 가장 중요한 증거로 취급

되었던 관행이 저항하기 어려운 사람을 범인으로 몰아가게 만든 것은 아닌가 하는 생각이 듭니다.

이수정　분명 그런 측면도 있습니다. 물론 그 당시에도 자백만으로 유죄 판결을 받아 내기가 그렇게까지 쉬웠던 것은 아닙니다. 그러다 보니 자백에 맞추어 여러 가지 물적 증거들을 확보하려고 한 것으로 보입니다. 당시 8차 사건 현장에서 체모 8점이 발견됐고 방사성 동위 원소 검사를 진행한 결과, 다량의 티타늄이 검출된 것으로 나타났습니다. 경찰은 이를 바탕으로 용의선상에 올라온 이들의 체모를 채취한 뒤 농기계 수리공으로 일하던 윤 모 씨를 검거했습니다.

당시 경찰이 방사성 동위 원소 감별법이라는 방법을 소개하면서 첨단 과학 수사인 것처럼 이야기했지만, 사실 인간의 체모에서 나온 화학 물질을 분석하는 감별법이 개인을 특정하는 정확한 방법은 아닙니다. 특히 요즘은 다들 워낙 공해에 많이 노출되어 머리카락에서 화학 물질이 검출되는 것은 매우 일반적인 일입니다. 당시로 치면 윤 모 씨처럼 농기계 고치는 일을 했던 대부분의 사람들에게서 티타늄이 검출되었을 개연성이 상당히 높은 것이죠. 실제로는 끼워 맞추기를 한 셈이지만 이런 방법들이 과학적 첨단 기법인 것처럼 소개되었습니다.

그뿐 아니라 당시 현장에서 지문이 나왔다는 소문이 돌았습니다. 지문은 DNA만큼이나 개인을 특정하는 중요한 증거입니다. 8차 사건의 수사 기록은 현재 판결문을 비롯해 일부만 남아 있는 상태인데요, 일반적으로 판결문을 보면 해당 사건에 어떤 증거가 있었는지 기록되어 있습니다. 그런데 8차 사건 판결문 안에는 용의자의 지문이 나왔다는 내용이 없습니다. 그 당시에 윤 모 씨의 지문이 나왔다는 근거 없는 소문, 유죄에 대한 확증 편향만으로 소문이 돌았다는 점도 지금 보면 몹시 의심스러운 일입니다.

이다혜　그런데 그 수사의 경우 결과적으로는 자백이 가장 중요했던 것이잖아요.

이수정　그렇죠. 자백을 바탕으로 모든 것을 꿰어 맞추는 방식으로 수사가 진행됐습니다. 실제로 현장 검증 과정에서 어처구니없는 일도 있었습니다. 윤 모 씨는 소아마비 때문에 왼쪽 다리를 잘 쓰지 못해 담을 넘을 수 없었는데, 현장 검증 당시 경찰이 윤 씨를 잡아 주면서 담을 넘는 장면을 연출했던 것입니다. 코미디 같은 일이었죠.

이다혜　가짜 범인 만들기 관행은 적어도 2000년대 초반까지는 존재했던 것으로 보입니다. 대상은 주로 백광호처럼 장애가 있거나 홀어머니와 함께 살며 경제적으로도 굉장히 어려운 소년 등의 약자였습니다. 어떻게 보면 형사들이 적극적으로 나서서 사회적 낙인찍기를 했던 것 아닌가 하는 생각마저 드는데요.

이수정　그렇습니다. 방어 능력이 떨어지는 사람들, 사회적 지지가 취약한 사람들은 국선 변호인을 써서 무죄를 입증해 낼 개연성이 떨어지니까요. 허위 자백을 한 대다수의 사건들을 보면 용의자가 고아나 지적 장애인, 신체 장애인이나 미성년자인 경우가 많았습니다.

이다혜　당시에 강압 수사를 못 이기고 자살하거나 사망하는 경우도 있었다고 알려져 있는데요.

이수정　　세 명이 자살했다고 알려져 있습니다. 한 명은 수사 과정 중에 사고로 사망했는데 사고 과정이 정확히 알려져 있지는 않습니다. 폭행을 당해서 사망한 것인지, 아니면 도주하는 도중 사고로 사망한 것인지는 정확히 모르겠지만, 그렇게 사망한 용의자는 당시 미성년자였습니다.

윤 모 씨는 이제 본인의 무고함을 밝힐 기회가 있을 것으로 보입니다. 이춘재의 자백도 새로운 증거들 중 하나이기 때문입니다. 다만 안타깝게도 이미 자살한 사람들은 이 세상 사람이 아니니까 명예 회복이 불가능하겠지요.

꼭 형사 사건이 아니어도 장준하 의문사*나 박종철 치사 사건 등이 우리 뇌리에 남아 있습니다. 1970~1980년대의 여러 가지 암울한 사건들이 사실 오늘날 과학 수사의 기반을 만든 셈이기도 합니다.

: **장준하 의문사***

독립 운동가, 언론인 장준하가 1975년 8월 17일 경기도 포천시 이동면 약사봉 계곡에서 추락사한 사건을 말한다. 장준하는 1953년 월간지 《사상계》를 통해 언론 통제, 5·16 군사 정변, 한·일 국교 정상화 문제를 비판적 시각으로 다루었고 1973년 12월에는 유신 헌법 개정을 주장하며 '개헌 청원 백만 인 서명 운동'을 이끌었다. 결국 이 문제로 투옥된 후 이듬해인 1974년 12월, 병보석으로 출감했으나 그다음 해 8월 사망했다. 당시 검찰은 '등산 중 실족사'라고 결론지었고 경찰은 단순 실족사로 종결했다. 당시 《동아일보》가 사인에 의혹을 제기하자 경찰은 유신 헌법 제9조에 의거, '유언비어 유포 및 사실 날조 왜곡 기사화' 혐의를 물어 해당 기자를 구속

했다. 이후로도 《민주 통일당보》를 비롯해 조만후 당시 국회 의원 등이 사인에 의혹을 표시하는 등 논란은 끊이지 않았으나, 경찰의 일관된 태도에 결국 조용히 묻히고 말았다. 그러다 2002년 의문사 진상 규명 위원회가 사망 경위 조사에 나섰으나 변사 사건 기록은 폐기되었고, 국가 정보원 자료를 확보하지 못한 채 당시 수사에 참여한 경찰관들마저도 사망하여 난항을 겪다 2004년, 장준하의 사망과 공권력 행사 여부 문제를 확인할 수 없다는 결론이 내려졌다. 이후 2012년 8월, 장준하의 묘지를 이장하는 과정에서 두개골 함몰 흔적이 발견되면서 이 사건은 다시 한번 대중과 언론의 관심을 받게 된다.

이다혜 말씀하셨듯이, 중구난방이었던 화성 연쇄 살인 사건 수사는 한국에서 과학 수사가 자리 잡는 데 굉장히 중요한 역할을 했다고들 하더라고요.

이수정 네, 맞습니다. 방사성 동위 원소 감별법도 당시로서는 굉장히 획기적인 방법이었고요, 1994년 청주 처제 살인 사건에서 최초로 DNA가 매칭되기도 했습니다. 유영철 사건을 계기로 프로파일러 제도를 운영하기 시작한 지 십 년이 좀 넘었는데, 드디어 미제 사건의 범인을 찾아내 자백을 받기도 했고요. 기술도 비약적으로 발전했지만, 전문 인력들이 투입되면서 경찰의 자질도 굉장히 많이 선진화되었습니다.

이다혜 그런데 영화 「살인의 추억」 속 백광호의 대사였던 '향숙이!'가 한동안 코미디의 소재로 소비되기도 했습니다. 물론 시대상을 풍자하는 맥락에서 나온 대사였습니다만 자기 자신을 방어하기 어려운 약자가 억지로 잡혀 강압적으로 수사를 받는 상황이 굉장히 코믹하게 소비된 것이 놀랍습니다. 특히 지금 8차 사건과 연관 지어 캐릭터 백광호를 떠올려 보면 굉장히 오싹하게 느껴지는 부분들이 많습니다.

8차 사건으로 복역한 윤 모 씨도 고아에 장애가 있었고, 수사를 받던 당시에 경찰들이 협박과 고문을 했던 것으로 보이고, 게다가 당시에 윤 씨를 수사했던 수사 팀장은 그 직전에 고등학생 용의자를 취조하다가 숨지게 해 직위 해제 처분을 받은 적이 있다고 하던데, 사실 미성년자 용의자를 취조하다가 죽음에 이르게 한다는 것 자체가 굉장히 큰 사건 아닌가요?

이수정　　심각한 일이죠. 그렇기 때문에 그 당시에도 징계를 받을 수밖에 없는 상황이었습니다. 오늘날에는 취약한 피고인들을 조사할 때는 전문 훈련을 받은 사람들을 투입합니다. 미성년자나 장애가 있는 분들은 일반 수사 면담을 진행하지 않도록 권고하고 있고요.

일반 수사 면담이라는 것은 따로 트레이닝을 받지 않은 수사관들이 단답형으로 듣고 싶은 대답만 들으려고 하는 취조 방식을 말합니다. 지적 장애가 있는 경우에는 상대방이 무엇을 물어보는지, 무엇을 듣고 싶어 하는지 정확히 알지 못하기 때문에 자신을 변론할 기회조차 박탈당하기도 합니다. 그렇기 때문에 암시적인 질문에 쉽게 긍정을 한다거나, 유도 심문에 넘어가 허위 자백을 해 혐의를 뒤집어쓰는 오류를 줄이기 위해 지금은 상당 부분 전문화된 면담 기법들을 활용하고 있습니다. 하지만 삼십 년 전에는 지금과는 상황이 확실히 달랐습니다.

이다혜 　모든 사건을 프로파일러들이 직접 심문 조사하지는 않을 텐데요. 이를테면 연쇄 사건의 가능성이 있다든지, 아니면 특별하게 상황이 잔혹하다든지 하는 기준이 있을 것 같은데 설명 부탁드립니다.

이수정 　명시적인 기준은 없고요, 주로 일선에서 해결이 어려운 사건들에 투입됩니다. 고유정 사건도 충북청에 소속된 프로파일러가 투입되어 의견을 개진한 끝에 아이 아빠의 과실 치사 혐의가 벗겨지고 고유정이 의붓아들 살해 혐의로 송치되었습니다.

일단 현재 프로파일러의 수가 굉장히 적습니다. 많아도 칠십 명 정도밖에 안 되니까요. 이춘재를 면담하는 데 그중 아홉 명이 투입되었다고 합니다. 그런 식의 특별한 사건에 추가적인 노력이 필요할 때 팀을 이루어서 투입되는 게 일반적입니다.

8차 사건 재심 논란

이다혜 　이제 8차 사건 이야기를 좀 더 해 보려고 합니다. 당시 수사팀의 이야기로는 윤 씨가 범인이라는 증거가 확실했기 때문에 가혹 수사를 할 이유가 없었다고 하는데요, 사실 지금 와서 가혹 수사의 증거를 찾는 게 쉽지 않아 보입니다.

이수정 　가혹 수사가 있었음을 먼저 증명해야, 그리고 그 책임을 누군가가 져야 8차 사건의 재심이 시작된다고 주장하는 사람들도 있습니다. 그런데 당시에 가혹 수사를 했던 사람들은 이미 나이가 굉장히 많아서 사망한 경우도 있고 억울하게 형을 산 윤 모 씨도 나이가 적지 않기 때문에 입증이 힘듭니다. 지금 8차 사건에 대한 재심을 하지 않으면 사건이 유야무야될 수도 있습니다.

이다혜　　결국은 사적으로 복수를 할 수 있는 것도 아니기 때문에 법밖에 해결 방법이 없습니다. 어쨌든 재심이란 이런 억울함을 풀수 있는 제도이므로 이춘재의 자백을 인정한다면 이 사건은 당장 재심에 들어가야 할 것으로 보입니다.

이수정　　어떻게 보면 화성 사건의 범인을 잡는 것도 중요하지만 저는 과거의 잘못된 관행을 과학적인 방법으로 바로잡는 것도 커다란 실적이라 생각합니다. 8차 사건의 범인이 무고하다는 사실을 이춘재의 DNA로 입증해 낼 수만 있으면 그것도 오늘날의 과학 수사가 이룰 수 있는 아주 큰 실적이라는 것입니다.

이춘재가 8차 사건이 자신의 소행이라고 밝히자 경찰은 윤 씨를 참고인 신분으로 불러 네 차례 조사했습니다. 윤 씨는 자신에게 수사 과정 중 가혹 행위를 저지른 인물로 최 모, 장 모 형사를 지목했습니다. 당시 형사들이 사흘 동안 잠을 재우지 않거나, 소아마비 장애인인 윤 씨에게 쭈그려 뛰기 등의 고문을 하며 허위 자백을 끌어냈다고 주장했습니다. 하지만 은퇴한 경찰들이 본인들의 과실이 드러나는 것에 부담을 갖고 현재의 조직에도 영향력을 행사하고 있다 보니 수사 기관에서 방어적인 태도로 쉬쉬하는 경향이 있습니다.

이다혜　　심지어는 8차 사건 당시에 범인을 잡았다는 이유로 특진도 있었고 표창을 받았다는 이야기도 들었습니다. 저는 청주 교도소에서 윤 씨와 십 년 동안 같이 있었던 교도관이 최근에 한 인터뷰를 보고 정말 놀랐습니다. 그 인터뷰에 따르면 윤 씨는 계속해서 일관되게 자신의 무죄를 주장해 왔다고 합니다.

이수정　윤 씨는 항소도 했고 상고도 했는데 전부 기각되었죠. 오죽 답답하면 교도관에게 맨날 하소연을 하고, 심지어는 바깥에 있는 신문 기자에게도 연락해서 나 좀 만나러 와라, 내가 정말 억울한 사람이다 호소했겠어요. 그래서 결국은 《시사저널》 기자가 윤 씨를 만나 면담했다는 기록까지 있습니다. 그러니까 윤 씨는 평생 동안 억울함을 호소한 것입니다. 그런데도 지금 재심이 쉽지 않다는 것이 참 안타까운 일입니다.

이다혜　이렇게 일관되게 '나는 하지 않았다.'고 무죄를 주장하는 경우가 흔한가요? 다들 무죄라고 주장하기 때문에 윤 씨의 주장을 무시했는지, 그런 맥락이 있는지가 궁금합니다.

이수정　흔한 경우는 아닙니다.

이다혜　형을 살고 있는 중에, 그리고 형을 살고 난 다음에도 자기가 억울하다는 사실을 일관되게 말하고 있다면, 결국 이 사건이야말로 재심을 이미 했어야 하잖아요.

이수정　2019년 9월 전까지는 윤 씨의 주장만 있고 범인이 잡힌 것은 아니었으니까요. 이제는 심지어 범인이 자백까지 했지만 8차 사건에서 DNA가 나오지 않아 발목을 잡고 있습니다. 8차 사건의 증거물은 모두 없어졌습니다. 검찰로 송치할 때 보냈지만, 이십 년이 지나 보관 목록에서 제외되었고 다만 판결문 안에 그 당시의 증거 목록들만 남아 있습니다.

그 판결문을 보면 범인을 특정할 수 있는 증거가 단 하나도 없습니다. 지문도 없고, DNA도 없고, 담을 타 넘을 수 있는 신체 조건도 아니었고, 앞뒤가 맞지 않는 내용만 잔뜩 있습니다. 그러니까 뭔가를 바로잡을 의지만 있다면, 그 판결문만으로 법무부나 대법원에 특별 위원회를 만들어서라도 이 사건을 재조명할 수 있습니다. 경찰 입장에서도 이 사건이 이제라도 제자리를 찾는 게 큰 공적이라고 생각해야 합니다. 그것이 수사 기관뿐 아니라 사법 제도에 대한 신뢰를 높이는 일이기도 합니다. 국민들에게 정의는 실현된다, 완전 범죄는 없다는 확신을 주는 것이 가장 중요합니다.

완전 범죄는 없다

이다혜　윤 씨가 현재 선임한 변호사가 영화 「재심」의 소재가 됐던 약촌 오거리 사건*의 재심을 맡았던 박준영 변호사라고 들었습니다. 박사님은 지금 이 사건의 재심이 이루어지면 승소할 가능성이 있다고 보시는지요?

이수정　저는 박준영 변호사를 개인적으로 알 뿐 아니라 그분의 능력을 상당히 신뢰하는 편입니다. 본인이 무죄라는 확신을 가지고 있다고 인터뷰했기 때문에 기대하고 있습니다.

이다혜　그러면 재심을 하면서 그동안 받았던 억울한 수감 생활에 대한 보상을 받을 수 있는지 궁금합니다. 이를테면 가혹 수사를 한 수사관들에 대해서도 보상을 청구할 수 있겠지만, 증거가 불충분한 상황에서 유죄 판결을 내리고 이후에도 항소 근거를 충분히 살피지 않은 것에 대해 국가에 보상을 요구할 수 있을까요?

이수정　국가를 상대로 손해 배상 청구를 할 수 있습니다. 약촌 오거리 사건도 손해 배상 청구를 해서 일부는 보상을 받고 승소한 것으로 알고 있습니다. 이번 사건 또한 동일한 변호사이기 때문에 중단 없이 끝까지 잘 처리할 수 있지 않을까 기대해 봅니다.

> **: 약촌 오거리 사건***
>
> 2000년 8월, 전라북도 익산시 약촌 오거리 부근에서 택시 운전사 유 모 씨가 흉기에 수차례 찔려 숨진 채 발견된 사건을 말한다. 당시 최초 목격자였던 최 씨(당시 15세)는 이후 범인으로 몰려 재판을 받았다. 이때 1심에서 범행을 부인해 징역 15년을 선고받았고, 2심에서 범행을 시인, 징역 10년을 선고받았다. 2010년 만기 출소한 그는 '경찰의 폭행과 강압으로 허위 자백을 했다.'라며 재심을 청구했고 2016년 11월 무죄를 확정 받아 누명을 벗었다.

이다혜　가혹 수사를 한 수사관은 어떤 처벌을 받나요?

이수정　아시다시피 잘못이라는 것도 시효가 끝나면 책임을 묻기가 어렵습니다. 이제 와서 삼십 년 전의 부적절한 행위를 입증해

널 방법이 진술 말고는 없기 때문에 그 사람들에게 책임을 묻기는 불가능해 보입니다. 그러나 국가를 상대로 한 손해 배상 청구는 가능할 것으로 생각합니다.

이다혜   그러면 현재는 수사 과정에 가혹 행위가 없다고 장담할 수 있을까요?

이수정   제가 생각할 때 지금 이런 일이 반복될 개연성은 굉장히 낮아 보입니다. 당시에는 이런 종류의 가혹 수사를 경찰서가 아닌 제삼의 장소에 데려가서 했습니다. 무슨 산에 데려가거나 모텔 방을 잡아 놓고 수사하기도 했지요. 그런데 이제는 그런 것이 원천적으로 불가능합니다. 지금은 수사 과정을 전부 다 CCTV에 녹화하게 되어 있거든요. 그리고 나중에 피의자가 수사 과정에 대해 문제 제기를 할 때 CCTV를 확인할 수 있습니다. 그렇게 하지 않고는 증거력을 확보하기 어렵기 때문에 제삼의 장소에 데려가서 가혹 수사를 하는 것은 이제 불가능합니다.

이다혜   화성 사건, 특히나 8차 사건을 들여다보면서 오랫동안 일했던 경험도 나름의 빅데이터일 수 있지만, 감에 의존하여 물적 증거 없이 어떻게든 추궁해서 자백을 받아 내는 것이 얼마나 위험한지 절감했습니다.
당시의 현장을 잘 보여 준 영화 「살인의 추억」을 통해 오히려 지금의 경찰은 그렇지 않다고 믿을 수 있다는 것이 다행이라는 생각이 듭니다.
오늘 마무리하기 전에 비밀 댓글로 의견을 보내 주신 분이 있는

데요, 아이디는 밝히지 않고 잠깐 소개를 드리겠습니다.

'저 또한 학대 가정에서 자란 사람입니다. 방송을 듣다가 이수정 박사님께서 폭력 속에서 자란 사람은 평생 상처가 남는다는 말씀을 하셨을 때 조금 슬펐어요. 좌절하라고 하신 말씀이 아니라는 것 알아요. 비록 평생 가는 상처가 남았더라도 지금이라도 그 상처가 저를, 제 주변인을 더 아프게 만들지 않도록 저를 사랑해 주며 살고 싶습니다.'

박사님께서 한 말씀 해 주신다면요?

이수정 힘내세요. 상처는 극복하라고 있는 것입니다. 그렇기 때문에 성장할 수 있는 기회도 얼마든지 있고요. 그 성장에 저희가 조금이라도 일조할 수 있는, 눈곱만큼이라도 위안을 드리고 희망을 드릴 수 있는 프로그램이 되도록 노력하겠습니다.

이다혜 저희가 이 프로그램에서 가정 학대의 이야기를 다룰 때 종종 이런 말을 했습니다. '같은 가정에서 성장한다 하더라도 모두가 똑같이 크는 것은 아니다.' 결국 성인이 되어서 자기가 자기 삶을 책임진다는 것은 성장하면서 어려운 부분들을 극복해 나간다는 의미도 있습니다.

이수정 그리고 응원합니다. 우리는 결국 연대하기 위해서 지금 이 방송을 하고 있는 것이니까요.

4부

만만한 계급을 향해
화풀이하는 경향

계층 문제

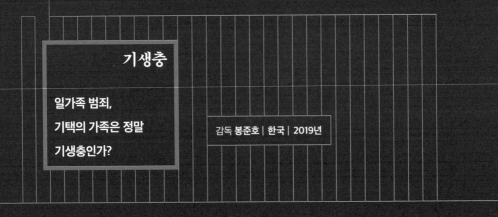

기생충

**일가족 범죄,
기택의 가족은 정말
기생충인가?**

감독 봉준호 | 한국 | 2019년

몇 번의 사업 실패 끝에 반지하방으로 밀려난 기택의 가족. 변변한 일자리 하나 얻지 못한 채 가족이 다 함께 피자 박스를 접으며 근근이 생활을 꾸려 간다.

하지만 반지하에도 볕 들 날이 왔다. 장남 기우의 명문대생 친구가 어학연수를 떠나면서, 그동안 하고 있던 고액 과외를 기우에게 넘겨주어 고정 수입의 희망이 생겨난 것이다.

명문대생인 척 위장해 IT 기업 CEO 박 사장네 장녀의 과외 선생으로 들어간 기우. 으리으리한 집과 어마어마한 수입에 마음이 혹한 그는, 순진한 사모님 연교를 속여 집에서 일하던 사람들을 내쫓고 여동생, 엄마, 아빠까지 자기 가족들로 그 자리를 채운다.

모두가 좋은 일자리를 얻으면서 모처럼 화기애애하게 미래를 꿈꾸게 된 기택네 가족. 하지만 곧 소름 끼치는 사건이 발생하여 걷잡을 수 없이 커진다.

이다혜　　2019년 칸 국제 영화제 황금종려상 수상작이자 92회 미국 아카데미 시상식에서 작품상, 감독상, 각본상, 국제 장편 영화상까지 4관왕을 기록한 영화 「기생충」을 중심으로 일가족 범죄에 관해 이야기합니다.

영화를 상영하고 있는 시기에 이야기를 나누려다 보니 최대한 스포일러를 피하며 진행해 보려고 합니다. 오늘은 한 청취자 분께서 사연을 주셨는데요. '안 겪어 본 일 없이 산전수전 다 겪었을 기택 캐릭터가 모멸감을 느꼈다고 해서 극단적 선택을 하는 것이 설득력 있는 전개라 보시는지, 또 그것이 어떤 심리인지 궁금합니다. 이미 아무 희망도 계획도 없이 살던 사람이었는데 말이에요. 그리고 이 집안의 가장이 남성이 아니라 여성이었다면 이런 식의 결말이 가능했을지도 궁금합니다.'

일단 이 질문부터 스포일러 없이는 대답할 수 없는 상황인데요. (웃음) 여러 이야기를 나누면서 질문하신 부분들도 같이 다루어 보려합니다.

먼저 영화 속 기택네 가족의 경우가 흔한 사례인지 알고 싶습니다. 「기생충」을 보다가 가장 신기했던 것이 일가족이 합심해서 범죄를 저지른다는 점이었습니다. 보통 가족 중에 누가 범죄를 저지르려고 하면 다른 가족들은 말리지 않나요?

대표적인 가족 범죄, 보험 사기

이수정　　보통은 말리려고 하죠. 다만 아들이 저지른 죄를 엄마가 뒤집어쓰는 일은 드물지 않게 발생합니다. 가족이 아예 합심해서 범죄를 저지르는 사건으로는 보험금을 노린 사기 범죄가 가장 대표적인데, 계약상 가족이 아닌 타인이 보험금을 수령하기란 무척 어렵다 보니 보험사를 상대로 온 가족이 달라붙어 부당 이득을 취하는 대표적인 가족 범죄가 되었습니다.

보험 사기 외에 「기생충」에 나오는 것처럼 한 가족을 다른 가족이 다 같이 뜯어먹고 사는 사례가 범죄로 이어지는 경우는 많이 못 본 것 같습니다. 자녀가 과외 교사를 하는 집에 엄마가 가사 도우미로 들어간다거나, 아버지가 자가용 기사로 들어가는 일이 그리 드문 일은 아닙니다. 특히 예전에는 지방에서 상경해 부자가 된 친척들이 시골에 있는 가난한 친척들을 불러 자기 집에서 임시직처럼 고용하다가 나중에 재정적 도움을 준다거나 하는 경우가 드물지 않았습니다. 식모라고 불리던 어린 입주 가정부들도 알고 보면 주인집의 먼 시골 친척집 자녀인 경우가 많았지요.

이런 경우는 당연히 사기가 아닙니다. 하지만 영화 속 사례는 결국 비극적인 범죄로 이어지는데, 그 이유 중 하나로 상호 부조를 할 수 있는 확대 가족의 개념이 무너진 사회를 꼽을 수 있겠습니다.

이다혜　　확실히 범죄가 시작되는 방식이 처음에는 사기였다가 마지막에는 끔찍한 살인으로 끝맺는다는 것이 흥미롭습니다. 맨 처음 기택네 가족 중 장남 기우가 먼저 박 사장네 집에 과외 교사로 들어갑니다. 그리고 여동생 기정이가 미술 치료 교사로 들어가고 마침

내 아버지, 어머니의 순서로 가족 전원이 박 사장네 집에 취직하게 됩니다. 그 과정에서 젊은 사모님 연교의 입을 통해 '믿음의 벨트'라는 말이 나옵니다. 부잣집에서 고용인을 채용할 때 철저히 신원 조사를 할 것 같지만 사실은 그냥 아는 사람이 소개해 주면 그걸 믿고 채용한다는 것입니다.

이 믿음의 벨트 부분을 보며 제가 떠올린 것은 이른바 '강남 곗돈 사기'입니다. 흥미롭게도 강남에서 유난히 큰 곗돈 사기가 자주 일어났는데요, 부자들이 그렇게 큰 액수의 계를 굴리면서도 계주를 자세히 조사하지 않고 알음알음으로, 네가 소개한 사람이니 나도 믿을게 하는 식으로 단순하게 큰돈을 맡기더란 말이죠. 그러다 결국 계주가 도망치면 언론 보도될 만큼 큰 피해액이 뉴스를 통해 공공연히 드러나곤 했는데, 저는 부자들이 어떻게 그렇게 타인을 쉽게 믿을 수 있는지 늘 의아했습니다.

이수정 계라는 것은 신뢰를 기반으로 서로 도움을 주고받는 일종의 경제적 부조잖아요. 오늘날과 같은 경제 개념이 없던 시절, 그때는 가진 자들이 쌀 한 포대를 넘겨주면 그걸로 먹고살고, 나중에 추수를 하면 그걸 다시 갚는 식의 경제적 신뢰 관계가 공고했습니다. 오늘날의 계라는 것도 일종의 사적인 금융으로서 이런 전통에 기반을 두고 있다고 볼 수 있습니다.

다만 경제가 좋을 때는 괜찮다가 경제 상황이 악화되면 사기로 변해 버리는 경우가 많습니다. 처음부터 사기를 치겠다는 의지로 시작했다기보다는 돈을 계속 돌려야 하는데 중간에 손실이 나기 시작하면 돌이킬 수 없는 지경에 이르러 결과적으로 사기가 되는 사건이 현실적으로 더 많죠.

인간관계를 기반으로 한 돈 거래라 이런 형태의 피해가 발생할 개연성이 높을 수밖에 없습니다. 만약 애당초 서로를 믿지 않았다면 '계'라는 사적 금융 관계 자체가 성립되지 않았을 테니까요. 객관적인 개인 정보를 증명할 수 있는 제도가 있는 것도 아니고요. 게다가 한국은 속이려 들면 개인 정보 조작이 쉬운 편입니다. 영화에서도 사문서 위조를 아주 쉽게 하잖아요.

외국에서는 이런 종류의 문서 위조가 중대 범죄이기 때문에 엄벌을 받습니다. 또 한국보다 수표를 많이 쓰기 때문에 사인을 위조하면 그것 자체로 징역형을 받을 만한 큰 범죄입니다. 그런데 한국에서는 사문서 위조를 별것 아닌 잘못으로 취급하여 쉽게 저지릅니다. 걸려 봤자 기껏해야 벌금형이니까 문서를 스캔해 이름만 바꾸는 등의 일이 비일비재하죠. 심지어는 귀찮으니까 네가 알아서 하라면서 사인을 아무 생각 없이 대리로 시키거나 도장을 넘기는 경우도 있습니다. 만약 한국에서 사문서 위조 자체가 중범죄라면 시나리오 작가가 이런 설정을 쉽게 떠올릴 수 없었을 것입니다. 외국에서 보면 희한한 경우라고 생각할 것 같아요.

노동을 제공하는 기택네 가족, 과연 기생충일까?

이다혜   영화 「기생충」처럼 장기적으로, 팀 단위로 범죄 행위가 지속될 경우 구성원들 간의 역할도 굉장히 뚜렷해질 것 같습니다. 영화에서 보면 기정이가 이른바 '설계자' 역할을 하고 있는데요, '하이스트 무비' '강탈 영화' 장르에 설계자가 자주 등장합니다. 영화 「오션스 일레븐」을 생각하면 이해가 쉬울 텐데요, 팀을 짜서 사기를 설계할 경우 누군가는 작업을 설계하고 인물을 캐스팅하고 역할을 나눠 주어야 하는데 그 역할을 하는 사람이 바로 설계자입니다.

그런데 이런 팀플레이는 사실 금전적 이득을 공정하게 나눠 가질 수 있다는 확신이 있어야 가능합니다. 가족이 함께 범죄를 저지른다는 것의 가장 큰 장점은 서로를 의심할 필요가 없다는 점입니다.

이수정　공범이 되려면 최소한 그런 신뢰 관계, 이득이 공평하게 나뉠 거라는 신뢰가 있어야겠죠. 그런 차원에서 보면 말씀하신 대로 가족이 아무래도 용이할 것입니다. 그런데 곰곰이 생각해 보면 영화에 등장하는 가족이 총 세 팀이어서 기생이라는 말이 가능했지, 세 번째 가족이 없다면 이 영화에 '기생'이라고 불릴 만한 관계가 있는지 저는 잘 모르겠습니다. 왜냐하면 기택네 가족은 다들 노동을 하고 대가를 받으니까요. 부유층과 빈곤층 간의 갈등을 부각시키려고 '기생' 혹은 '기생충'이라는 용어를 사용한 것이지, 사실은 노동을 하고 대가를 정당하게 받는 노동자 계급이 고용주와 가족 관계에 놓여 있다고 해서 한쪽을 기생한다고 표현하는 것은 무리가 아닌가 싶습니다. 마치 1980년대 운동권식 구시대 사고를 보는 것 같은 불편함이 있습니다.

이다혜　굉장히 재미있는 지점이라는 생각이 듭니다. 기생 혹은 사기가 성립하려면 일을 하지 않고 돈을 얻어 내거나 갈취해야 합니다. 보험 사기도 고의로 사고를 일으켜 큰돈을 보상받는 식이지 않습니까. 그런데 기택네 가족이 받는 금전적 이득은 그들의 노동에 대한 급여일 뿐입니다. 아무래도 영화 제목이 '기생충'이기 때문에 자연스럽게 그렇게 생각되는 것 같습니다.

영화 말미에 보면 어머니인 충숙과 아들 기우, 이렇게 두 명이 재판을 받는데요, 이때 이 가족이 지은 범죄가 사문서 위조, 주거 침입, 폭행 치사인 것으로 정리되거든요. 그렇다면 주거 침입의 경우 어느 단계에서 성립하는 것인지 여쭤보고 싶습니다.

지금 말씀하신 것과 같은 논리로, 낮 시간 동안 기택의 가족이 박 사장 집에 있는 것은 합의된 것이기 때문에 합법적입니다. 그런데 어느 날 밤, 박 사장 가족이 캠프를 떠나 집을 비운 상황에서 기택 일가가 몰래 그 집에 모여 술을 마시고 파티를 벌이잖아요. 이런 경우에는 주거 침입이 성립할까요?

이수정　주거 침입입니다. 공무로 출입을 허가받았는데, 사적 이익을 위해 금지된 시간대에 침입을 했다면 주거 침입이 맞습니다. 물론 영화에서 만약 파티를 벌이지 않았다면 어땠을까 하는 애매한 부분은 있는 것 같습니다. 많은 가사 도우미가 집을 자유롭게 드나들며 집안일을 하기도 하니까요. 이 재판은 폭행 치사 사건이 일어난 후에 규율을 하기 위해 주거 침입이라는 죄명이 적용된 것으로 보입니다. 주거 침입을 한 세 번째 가족이 있어서 치사가 일어난 것이기도 하고요.

이다혜　마지막으로 폭행 치사가 있습니다. 영화에서는 일단 지하실에 살던 근세가 기정을 살해한 사건, 그 모습을 본 기정의 엄마 충숙이 근세를 살해한 사건, 그리고 기택이 자신의 상사인 박 사장을 살해한 사건까지 총 세 차례의 살인 사건이 일어납니다. 한날한시에 한곳에서 벌어졌지만 가해자가 전부 다릅니다. 기정과 근세는 현장에서 사망했고, 박 사장을 죽인 기택은 실종된 상태입니다. 그리고 근세를 죽인 충숙만이 살인과 관련해 재판을 받는데요, 충숙은 폭행 치사가 아닌 정당방위를 주장한 것으로 보입니다. 폭행 치사와 정당방위를 가르는 가장 큰 기준은 무엇일까요?

이수정   둘 사이에는 큰 차이가 있습니다. 폭행 치사는 상대에게 해를 끼치고자 하는 의도로 결국 치사에 이를 만큼 폭행하는 정도의 고의적인 행위가 있었다고 보는 것이고, 정당방위는 자신, 혹은 남에게 가해지는 급박하고 부당한 침해를 막기 위해 어쩔 수 없이 취한 가해 행위라고 보는 것이니까요. 정당방위가 되려면 상당한 피해를 입증할 수 있어야 합니다. 충숙의 경우는 자신이 직접 공격을 받은 것은 아니지만 딸이 공격을 받는 특별한 상황이었기 때문에 결국 영화 속에서 집행 유예를 받을 수 있었던 것으로 보입니다.

기택의 살인 동기는 설득력이 있는가

이다혜   기택의 살인 동기에 대해서도 여쭤보고 싶은데요. 영화를 보면 기택이 살인을 저지르는 이유는 박 사장이 냄새를 맡고 얼굴을 찌푸리는 행동이 반복되기 때문으로 추정됩니다. 그런 행동이 주는 모멸을 계속 느껴 왔던 터라 급박한 아수라장 같은 상황, 자기 딸이 죽는 현장에서조차 냄새에 반응하는 박 사장을 보고 분노하는 것처럼 보입니다. 그런데 관객들 중에는 이것이 말이 되냐, 냄새 나서 얼굴 좀 찌푸렸다고 사람을 죽일 수 있느냐면서 이런 설정이 과하다는 평도 있습니다. 한 인간이 경험하는 극심한 모멸감이 범행으로까지 이어질 수 있을까요?

이수정　　고유정*이 바로 그런 경우입니다. 시댁과 전남편에 대한 모멸감 때문에 전남편을 죽였다고 주장하잖아요. 그런데 일반인들이 고유정을 보면서 손가락질하고 이해를 못 하겠다고 하는 대목도 바로 그 범행 동기입니다. 본인의 입장에서는 정말 전남편을 죽여야 할 정도로 절박한 불만이었을지 모르지만, 제삼자가 보기에는 도저히 이해되지 않는 것입니다. 마찬가지로 제삼자의 입장에서 보면 기택의 살인 동기가 이해되지 않을 수 있습니다.

앞서도 이야기했듯 계층 간의 갈등을 부각시키려 하다 보니 범행 동기로 냄새를 설정한 듯 보입니다. 그런데 냄새만이 살인의 주요 동기라는 것은 설득력이 떨어질 수밖에 없습니다. 저야 범죄 심리학자이니 직업적인 이유에서라도 고유정을 이해해야 하지만, 일반인들이 고유정을 이해 못 하겠다는 그 대목과 맥이 닿아 있다고 생각합니다. 냄새가 어떻게 범행의 동기가 되겠어요. 저도 상식적인 수준에서 이해가 잘 안 됩니다.

그 부분이 몰아붙여서 일반화된 불만의 형태로 영화화한 부분이죠. 일반인들이 볼 때는 내가 재벌도 아니고, 또 내가 반지하에만 살아서 냄새가 배어 버린 빈곤층도 아니니까 더욱 이해하기 어렵지 않을까요. 물론 그런 부분이 영화적 창의성으로 인정받아 상을 받았을 것이라 생각합니다. 제 세대는 가난했던 시절의 계급 의식을 공유하고 있기 때문에 이것이 무슨 이야기인지 이해하지만, 요즘 젊은 층들, 저의 아이들 세대가 보면 냄새가 과연 사람을 죽일 정도로 절박한 이유가 될지 공감하기 어려울 수 있을 것 같습니다.

이다혜　　그래도 연령과 상관없이 관객 수가 꾸준히 늘어나고 있는데요, 앞서 질문 주신 청취자도 지금 박사님께서 말씀 주신 것과 비슷한 문제의식을 질문하신 것으로 보입니다. 기택은 안 겪어 본 일 없이 산전수전 다 겪었는데 이 정도의 모멸감을 이유로 극단적 선택을 한다는 결론을 어떻게 보아야 하느냐는 질문인 것이죠.

> **: 고유정***
>
> 2019년 5월 제주시 조천읍의 한 펜션에서 전남편을 흉기로 살해한 뒤 시신을 훼손해 유기하고, 그에 앞선 2019년 3월 충청북도 청주시 자택에서 잠자던 의붓아들을 질식시켜 살해한 혐의로 기소된 살인범. 2020년 2월 20일 1심에서 무기 징역을 선고받았으나 항소했다.

이수정　저는 그런 모멸감을 느끼는 사람이라면 그 집에 애당초 들어가질 않았을 것 같습니다.

이다혜　그러니까 박사님은, 기택이라는 사람이 살아온 모습과 사고방식을 바탕으로 그가 어떤 판단을 했을까를 봐야 한다는 말씀이시죠? 그가 정말로 냄새에 반응하는 상대방의 얼굴만을 보고 이정도까지 분노를 느끼는 사람이라면 영화 후반부의 사건들은 개연성이 낮다는 말씀이시고요. 물론 영화는 영화지만요.

이수정　그 대목에서 저는 송강호라는 배우에 대해 굉장히 높이 평가할 수밖에 없었습니다. 영화 속에서 송강호와 최우식은 굉장히 편하고 일상적으로 대화를 나누지만 그 대화 안에 많은 것들이 함축되어 있잖아요. 공허하고 장난 같아 보이지만 의미심장한 대화입니다. 어떻게 보면 굉장히 억지일 수 있는데, 진정성과 개성을 지닌 송 강호와 최우식, 그 둘이 연기하는 순간 대화가 필연성을 띠면서 관 객들을 이해시킵니다. 정말 놀라운 연기력이었습니다.

현실의 수평 폭력과 영화 속 수직 폭력 범죄

이다혜   약자들이 사회 구조적으로 받은 억압과 울분을 같은 계 급에게 폭력적으로 푸는 '수평 폭력'이라는 개념이 있습니다. 그 수 평 폭력 개념에서 벗어나는 예외적인 면 때문에 기택이 박 사장을 죽인 것이 약간 뜻밖이기도 했습니다. 사실 같은 계급에게는 폭력성 을 드러내도, 나에게 직접적인 영향력을 행사하는 상위 계급을 들 이받기는 어렵지 않습니까? 영화 속에서는 들이받은 정도가 아니라 살인으로까지 이어졌는데, 현실에서 이런 일이 가능할까 하는 생각 이 듭니다.

이수정   실제로 일어나기는 쉽지 않아 보입니다. 우리가 성범죄 에서 자주 볼 수 있듯, 힘없는 여성들을 향해 폭력을 행사하는 사람 들을 보면 대부분 힘없는 남자들입니다. 하층 계급은 상층 계급에 대한 불만이 있어도 폭행은커녕 접근조차 쉽지 않기 때문에 대신 만 만한 하층 계급을 향해 화풀이하는 경향이 있습니다.

이다혜   한국은 살인 사건 검거율이 90퍼센트 이상으로 굉장히 높습니다. 경찰의 유능함도 있겠지만, 대부분의 범인들이 치밀한 계 획을 세우기보다 순간적으로 욱해서, 특히 상대가 나를 무시했다는 감정 때문에 충동적으로 살인을 저지르는 경우가 많아서라는 이야기를 들은 적이 있습니다. 살인이 치밀한 계획 아래 벌어진 것이 아니니까 증거도 널려 있고, 금방 잡힌다는 것이지요. 이런 지적이 사실인가요?

이수정 맞는 지적입니다. 사실상 계획적인 살인보다 우발적인 살인이 훨씬 많아요. 계획적인 살인은 보통 원한 등의 이유가 있어서 오히려 수사의 대상이 되는 경우가 많은 반면, 우발적 살인은 생각보다 수사하기가 어려운 면도 있었습니다. 하지만 요즘은 온 사방에 CCTV가 있어서 증거도 CCTV고 목격자도 CCTV인 시대입니다. 그러니까 우발적인 살인이라도 전부 증거가 남아 검거율이 그 어느 때보다 높은 것이죠.

이다혜 그런데 사실 CCTV가 많은 곳은 따로 있지 않나요? 예를 들어 큰 건물이나 새로 지은 건물, 공공 기관 등이 있는 곳은 고개 돌려 보면 카메라가 몇 대씩 시선에 걸리는데, CCTV를 찾아보기 어려운 지방도 여전히 많습니다.

이것은 단순히 CCTV만의 문제가 아니라 실제로 지원되는 경찰력의 차이도 그만큼 존재하리라고 생각합니다. 그렇다면 내가 얼마만큼의 경제적인 자원을 갖고 있느냐에 따라서 당장의 안전은 물론이고 범죄가 일어난 다음 그 범죄가 해결될 때까지의 시간에도 중대한 차이가 생기지 않나요? 왜냐하면 주거 비용에 얼마를 쓰느냐에 따라 이후의 생존과 안전까지 좌우되니까요.

이수정 지적하신 대로 지역적 영향을 크게 받습니다. 그래서 지역사회에서 일어나는 범죄를 지역사회의 자원으로 어떻게든 감당하고 개입해서 해결해 보자며 관련 회의를 한 적이 있습니다. 이 회의에서 제기된 문제는 서울 경기권은 모든 게 다 몰려 있기 때문에 계획을 구현할 수 있는 자원이 있지만, 지방으로 내려가면 자원도 없고 경찰력도 부족한데 도대체 어떻게 서울과 같은 모델을 실행하느냐는 것이었습니다. 그 문제를 가지고 한참 논의를 했지만 결국 결론이 안 났습니다. 지역적 격차는 경찰 내부에서도 인정하는 사안입니다.

경찰력과 자원을 전국적으로 어떻게 잘 배분할 것인가는 사실 정부에서 해결해야 할 중요한 문제입니다. 그런데 정치인들이나 언론 모두 서울과 경기권에만 집중하고 지방에 사는 사람들은 덜 배려하는 경향이 있다 보니 지방 사람들은 세상을 잘 모르게 되고, 구관이 명관이다 하면서 구태 정치인을 그대로 뽑는 악순환이 반복되는 것으로 보입니다.

정책을 보고 투표하는 게 아니라 일단은 낯익은 얼굴들을 뽑아 주는 경향이 있어 계속 3선, 4선 하는 국회 의원들이 많지요. 지난 정책에 대한 평가도 그만큼 엄중하게 이뤄지지 않고 있고요.

이다혜　맞습니다. 영화를 보고 생각했는데요, 가족이 함께 범죄를 저지르면 서로 믿을 수 있는 장점이 있지만 일이 꼬이기 시작하면 잃는 것이 너무 많아진다는 단점도 있습니다. 범죄의 실패는 곧 가족의 파괴로 이어질 수밖에 없으니까요.

이수정　최악의 경우 가정 파괴를 감수하면서까지 이 범죄를 저지를 것인가, 말 것인가, 선택을 해야 하는데 영화 속에서는 그런 치열한 고민 없이 그냥 다 같이 뛰어들어 보자 하는 분위기였고, 사실은 거기서부터 일이 꼬여 버린 것이라고 봐야 합니다. 어떻게 보면 우식의 순간적인 선택으로 가정에 파멸을 불러왔다고 봐도 과언이 아닙니다.

이다혜 그렇다면 이런 식으로 사기를 함께 저지르는 가족 구성원들만의 도드라지는 분위기나 특징이 있는지 궁금합니다. 「기생충」 속의 가족은 사이가 굉장히 좋습니다. 가족 구성원 넷이 대부분 함께 둘러앉아 식사를 하거나 이야기를 나누니까요. 가난하기 때문에 사적인 공간이 없어 항상 같이 있을 수밖에 없는 부분도 있겠습니다만, 어쨌거나 네 사람의 사이가 나쁘지 않아 보입니다.

사이가 좋다는 것이 수평적인 느낌을 주는데, 반대로 엄격한 아버지 혹은 어머니가 계획을 짜는 설계자 역할을 하고, 그를 중심으로 가족이 수직적으로 구성되어 있을 때 가족 범죄가 일어날 가능성이 높을지 궁금합니다.

이수정 지금 이야기하신 부분이 중요한 지점입니다. 가족이 범죄를 저지를 때는 보통 위계 구조가 분명합니다. 대부분 확실한 우두머리가 있고, 그 밑에 하수인들이 있는 구조로 운영됩니다. 이 영화처럼 화목하고 평등한 가족 관계를 바탕으로 가족 범죄가 일어나는 경우는 거의 본 적이 없는 것 같아요. 가족이 이미 갈등을 겪고 쪼개진 상황에서 남은 가족들이 합심하여 범죄를 저지르는 경우가 훨씬 많습니다. 서로 신뢰하고 사랑하는 가족이 불법적인 아이디어에 모든 에너지를 쏟는 상황은 현실에서 찾아보기 어렵습니다. 어떻게 보면 그 자체가 판타지인 것이죠.

가족 범죄는 상층 계급이 더 많이 저지른다

이다혜   영화는 가난한 사람들이 가족을 동원해서라도 먹고살려고 범죄를 저지른다는 설정입니다만, 사실 일가족이 다 범죄에 동원되는 사례는 중산층 이상의 계급에서 훨씬 더 많이 볼 수 있습니다. 경제적으로 어려운 하층민은 일단 가족 유지 자체가 어렵죠. 자녀들이 어린 나이에 집을 나가서 사는 경우도 많고, 가족이 함께 살 수 있는 규모의 집을 유지할 수 없는 경우도 많으니까요. 건강을 유지할 수 없기 때문에 가족이 해체되기도 합니다.

중산층 이상의 가족들은 이를테면 보험 사기를 저지르는 방식이 아니라 사업을 하면서 탈세를 위해 명의를 빌리거나 차명 계좌를 만드는 식으로 가족 범죄를 저지릅니다. 그런데 우리는 그런 것들을 자연스럽게 받아들이는 경향이 있단 말이죠. 예를 들어 자녀 이름으로 각종 차명 계좌를 만든다든가, 사업체 대표 이사로 아내나 자녀의 이름을 올린다든가, 이런 경우는 명백하게 불법적으로 이득을 취하는 것임에도 사회적으로 심각한 범죄라 생각하지 않습니다.

그러니 영화 속에서도 이런 사회 시스템을 잘 이용해 더 큰돈을 벌고 있을 가능성이 높은 사람들은 기택네 가족이 아니라 박 사장 가족이고 그들이야말로 기생충일 수 있는 것입니다.

이수정   중요한 지적입니다. '급진적 범죄학'이라는 개념이 있습니다. 범죄라는 것은 권력과 부를 지닌 지배 계층이 피지배 계층을 통제하기 위해 만든 시스템에 불과하다고 보는 개념입니다. 예컨대 지배층이 권력과 부를 유지하기 위해 자신들의 재산권을 침해하는 사람들을 처벌하는 것이 절도죄라는 식이죠. 어떤 것을 범죄로 볼 것인가의 문제, 즉 정의의 문제라는 것입니다.

급진적 범죄학의 관점에서 보면, 불법과 합법을 넘나들며 막대한 부를 축적한 집주인 박 사장이 제일 큰 도둑이라고 이야기할 수도 있는 셈입니다. 그러나 이 영화는 그 포인트보다는 계층 간 갈등에 좀 더 포커스를 맞추고 있습니다. 만약 박 사장의 더 큰 도둑질에 포커스를 맞췄다면 또 다른 흥미로운 이야기가 나왔을 수도 있겠지요.

이다혜 앞서 사연 주신 청취자 말씀 중에 '만약 기택네 가정의 가장이 남성이 아니라 여성이었다면 이런 식의 결말이 가능했을까?'라는 질문도 있었는데요, 이 영화의 마지막을 보면 어쨌든 아버지와 아들은 마지막까지 연결되어 있는 느낌입니다. 딸은 죽었고, 그 상황에서 살아남은 아버지와 아들이 마지막 이야기를 전하는 사람들로 등장하고 있죠. 청취자 질문에 대해 어떻게 생각하시나요?

이수정 만약 이런 형태의 기생 프로젝트를 기우의 엄마가 주도했다면, 아마 조여정 씨가 연기한 연교 캐릭터가 저택에서 쫓겨나는 결말 아니었을까요. 참 슬프기는 하지만 그것이 가장 합법적이고 손쉬운 방법일지도 모릅니다. (웃음)

이다혜 그런 슬픈 이야기를 하시면서 그렇게 호탕하게 웃으시다니요. (웃음) 어쨌든 저도 집에 가는 길에 또 생각이 많아지겠습니다.

숨바꼭질

빈곤 계층 혐오를
정당화하는
공포 영화

감독 허정 | 한국 | 2013년

성공한 자영업자로 고급 아파트에서 가족과 단란하게 사는 가장 성수. 그의 가족은 얼핏 부족함 없이 행복하게 살아가는 것처럼 보이지만 사실 성수는 아무에게도 말하지 못한 자신의 형에 대한 비밀과 병적인 결벽 증세를 남몰래 품고 있다.

어느 날, 성수의 형이 실종되었다는 소식이 들려온다. 형의 아파트로 찾아간 성수는 아파트 현관문마다 새겨진 이상한 도형과 숫자를 발견하고, 그것이 그 집에 사는 거주자의 성별과 인원수를 나타내는 일종의 암호임을 알아차린다.

한편, 아파트 밖에서 성수를 기다리다 곤란에 처한 아내와 아이들은 주민 여성의 도움으로 위기를 모면하고 차까지 대접받지만 그들이 찾으러 온 남자가 317호 사람이라는 말을 하자마자 쫓겨난다. 성수의 형에게 어떤 비밀이 있는 것일까. 사건을 파헤치면서 성수를 둘러싼 비밀과 두 가족의 숨겨진 이야기가 서서히 윤곽을 드러낸다.

이다혜　한때 일인 가구, 특히 혼자 사는 여성들을 공포로 몰아 넣었던 괴담을 소재로 한 영화 「숨바꼭질」을 중심으로 도시 괴담과 주거 침입에 관해 이야기합니다.

　　나라마다 다양한 도시 괴담들이 있죠. 빨간 마스크라든가 홍콩 할머니 이야기 등, 시대를 풍미한 많은 괴담들이 있습니다. 「숨바꼭 질」에 등장하는 도시 괴담은 남의 집에 몰래 들어가 몸을 숨긴 채 살 아가는 사람의 이야기입니다. 설정만으로는 「기생충」을 떠올릴 분 들도 있을 텐데요. 집 안 구석구석을 늘 살피며 사는 사람은 없으니 한번 듣고 나면 꽤 신경 쓰이는 이야기거든요. 남의 집에 숨어 사는 사람에 대한 괴담을 박사님도 들어 보신 적이 있으신가요?

이수정　우리 시절에는 도시 괴담은 그렇게 많지 않았던 것 같습 니다. 비오는 날 빨간 옷을 입고 다니지 말라든가 그런 종류의 괴담 은 있었죠. 그건 아마 화성 연쇄 살인 사건 때문에 생긴 괴담이었던 것 같아요. 그것 외에는 별달리 기억나는 게 없습니다.

생활 밀착형 도시 괴담의 탄생

이다혜　실제로 「숨바꼭질」과 유사한 사건들이 있었습니다.

2008년 도쿄에서 일 년간 남의 집에 숨어 살던 노숙자가 체포됐다든가, 2009년 뉴욕에서 남의 아파트에 숨어 사는 여자의 모습이 CCTV를 통해 포착되기도 했죠.

저도 기억나는 비슷한 괴담이 하나 있는데, 일본 이야기입니다. 어느 날 한 여성이 오랜만에 만난 친구와 함께 놀다가 시간이 너무 늦어져 친구에게 자기 집에서 자고 가길 권합니다. 친구를 위해 자신의 침대 옆에 요를 깔아 줬는데, 친구가 갑자기 나가서 뭐 좀 더 먹자며 급하게 여성을 데리고 나갑니다. 늦은 밤에 뭘 더 먹자는 거냐고 항의하는 집주인에게, 그 친구는 '네 침대 밑에 누가 숨어 있다.'고 말합니다. 알고 보니 누군가가 여성의 집에 침입해 침대 아래 숨어 지내고 있었는데, 여성은 평소 침대 밑을 볼 일이 없으니 전혀 몰랐던 거죠.

이런 이야기가 일본의 인터넷 사이트에서 도시 괴담으로 굉장히 인기가 있었고, 그게 번역되어 한국에도 소개가 됐습니다. 또 그즈음에 미국에서 공개된 CCTV 영상도 있어요.

이수정 그건 저도 본 것 같아요.

이다혜 미국에서 어떤 사람이 냉장고 속 새 우유갑이 뜯어져 있거나 음식이 조금씩 줄어 있는 경우가 자꾸 생기니까 자기 집에 CCTV를 설치합니다. 그런데 CCTV를 확인해 보니 자신이 나가고 집이 비면 누군가가 환풍구를 뜯고 천장에서 내려오는 겁니다. 알고 봤더니 침입자가 환풍구를 통해 집과 집 사이를 이동하고 다니며 집에 사람이 없거나 자고 있을 때 몰래 들어와 냉장고에 든 음식을 티 안 나도록 조금씩 먹고 간 겁니다. 이런 실화들이 있어서 도시 괴담을 바탕으로 한 영화가 더 실감 나게 무섭다는 느낌을 주는 듯합니다.

도시 괴담의 공통점은 대체로 생활 밀착형 내러티브를 가졌다는 점이고, 있을 법한 공간에서 벌어지는 있을 법한 이야기입니다. 다들 '나 아는 사람이 그러는데'라고 말하는데 그 아는 사람이 직접 자기 이야기라고 밝히는 경우는 또 많지 않아요. 도시 괴담이 생활 밀착형 내러티브를 가진 이유는 뭘까요?

이수정　도시 괴담이 그럴듯하게 느껴지려면 주변에서 누구나 한번은 겪었음직한 이야기여야 하거든요. 그래서 괴담들은 주로 주차장, 택시, 엘리베이터, 정류장 등 친숙한 일상 공간을 배경으로 펼쳐지게 마련입니다.

그런데 「숨바꼭질」처럼 타인의 공간을 훔쳐서 살아가는 범죄는, 집집마다 가족이 가득하고, 어느 집에 누가 사는지 다 알고, 서로 사생활 침해를 용인해 주는 주거 환경에서는 성립하기 어렵겠죠. 예전에 할머니, 할아버지, 삼촌, 고모 다 모여 살던 시절이라면 가능한 설정이 아니라는 겁니다. 결국 이 영화 속 사건도 재개발 붐이 일면서 슬럼화되는 공동 주택에서 발생하잖아요. 이런 식으로 산업화로 인해 지역사회가 변화하면서 감시자가 사라지는 현실, 그로 인한 치안 부재와 무질서가 「숨바꼭질」 같은 설정을 가능하게 합니다.

어떻게 보면 계층 간의 갈등으로도 귀결될 수 있는 「숨바꼭질」의 주제는 앞서 말씀하셨듯이 영화 「기생충」과도 꽤 비슷합니다. 계층 간 갈등 속 부조리를 구현하기 위한 캐릭터가 필요했고, 그래서 문정희 씨가 연기한 여성 캐릭터가 등장한 것으로 보입니다.

이다혜　　생활 밀착형 이야기라고 하니 제 중고등학교 시절 인기 있던 도시 괴담이 하나 떠오릅니다. 모르는 사람이 친한 척하면 따라가지 말라는 내용인데요, 그때만 해도 '범죄와의 전쟁'을 선포할 정도로, 실제로 인신매매 범죄가 굉장히 심각할 때였습니다. 제가 학교에서 들었던 이야기는 이런 거였어요. 어느 날 한 여성이 버스 정류장에 서 있는데, 한 무리의 여자들이 오더니 반갑게 알은체하더라는 거예요. 그런데 정작 정류장에 서 있던 여성은 '누구세요?'라는 표정이었다는 거죠. 한 무리의 여자들이 그 여성을 한쪽으로 데려가더니 차에 태워 떠났습니다. 그러면 사람들은 서로 아는 사이라고 생각하기 마련인데 그게 결국 일종의 인신매매 유인법이라는 이야기가 돌았어요.

또 최근에 택시 심야 합승이 다시 허용됐잖아요. 제가 대학 다닐 때만 해도 합승이 가능했기 때문에 택시 관련 괴담도 굉장히 많았어요. 그런 것들 중에 기억나는 게 뭐냐면, 어떤 여자가 밤에 택시를 타려고 조수석 문을 열었는데, 조수석 좌석 아래에 웅크리고 숨은 남자와 눈이 마주쳤고, 그 남자가 "너 오늘 운 좋은 줄 알아."라고 했다는 것입니다.

물론 그런 현장을 직접 본 사람은 아무도 없었지만, 문제는 다들 그 이야기를 알고 있고 무서워했다는 겁니다. 그 시대에 인신매매 범죄가 많았기 때문에 불특정 다수의 여성들이 항상 공포에 시달렸고, 그 불안이 도시 괴담으로 이어진 것 같습니다.

시대가 변하면 범죄도 변한다

이수정   괴담이 전혀 근거 없는 이야기는 아닐 겁니다. 실제로 과거에 승합차로 아이를 납치하는 일들이 있었고, 아이 보호자가 몸값을 낼 만한 계층이 아닌 경우엔 앵벌이 집단에 아이를 넘기는 사건도 있었으니 완전히 근거 없는 이야기는 아닙니다. 유사 사건 한두 건만으로도 괴담은 얼마든지 생성될 수 있죠.

이 영화에 나오는 것처럼 집 입구에 표시를 해 놓는 것은 실제로 뉴스에 보도됐던 사건이죠.

이다혜   나도 모르는 사이에 내 집 앞에 어떤 기호들이 표시되어 있다. 그런데 그 기호를 가만 보니 숫자가 우리 집 식구를 뜻하는 것 같다고 생각하면 공포감이 생기잖아요.

이수정   그때는 특별히 그 표시들이 범죄 목적으로 쓰이지는 않았는데, 사람들이 신고해서 뉴스에도 보도되고, 결국에는 장난으로 판명된 것으로 기억합니다.

이다혜   그 사건 당시 나온 추론 중에 이건 배달하는 사람들이 표시한 것이라는, 그러니까 이 집에 우유가 들어간다든가, 아니면 신문을 구독 중이라는 표시일 수 있다는 추측도 있었는데요. 당시 사건 조사가 흐지부지 종결되어 버렸기 때문에 영화가 이런 식의 상상력을 발휘할 수 있었던 것 같습니다.

그럼 이 영화의 주요 소재인 '주거 침입' 관련 이야기를 먼저 해 볼까 합니다. 제목 「숨바꼭질」은 주거 침입 범죄를 은유하고 있습니다. 주거 침입에 대해 간단히 설명해 주시겠어요?

이수정　글자 그대로 '타인의 주거지에 침입하는 죄'인데요. 조항을 읽어 보면 '사람이 주거·관리하는 건조물·선박이나 항공기 또는 점유하는 방실에 침입하거나, 이러한 장소에서 퇴거의 요구를 받고 응하지 아니하는 범죄'(형법 319~321조)라고 되어 있고요. 만약 여러 명이 침입했을 경우처럼 특수한 요건을 충족하면 '특수 주거 침입'이 됩니다.

이다혜　주거 침입이라 하면 단순히 가정집에 무단으로 들어가는 것만 생각하는 경우가 많은데, 그런 것만은 아니지요?

이수정　아니죠. 앞서 조항을 살펴봤듯이 선박이나 항공기 점거도 주거 침입이 될 수 있고, 남의 자동차에서 밤마다 잠을 잔다거나, 남의 집 마당에 몰래 들어가 산다 해도 주거 침입이 됩니다.

이다혜　그런 기준으로 보면 「숨바꼭질」 속 범죄자의 죄목에는 살인뿐 아니라 주거 침입도 당연히 포함되는 거네요.

이수정　그렇죠. 이 영화에선 주거 침입이 가장 핵심적인 범죄고, 주거 침입이라는 목적을 달성해 가는 과정에서 부수적으로 살인이 일어난 거지, 처음부터 사람을 죽일 목적으로 살인을 한 것은 아닙니다. 결국은 공간을 차지하기 위해서 그 공간의 주인을 제거한다는 스토리니까요.

이다혜   이 영화의 주인공 성수는 형이 실종 전까지 살았던 아파트를 방문하는 중에 기이한 것을 발견합니다. 저희가 앞에서 이야기했던 뉴스 속의 표식을 본 거죠. 집집마다 초인종 옆에 눈여겨보지 않으면 발견하기 어려울 정도로 굉장히 작게 도형과 숫자가 표시되어 있었던 겁니다. 남자는 네모, 여자는 동그라미, 아이는 세모로 표시되어 있고, 숫자는 그 집 거주자의 수입니다. 네모와 숫자 2가 표시되어 있으면 남자가 두 명 살고 있다는 뜻인 거죠.

아파트 초인종 옆의 기이한 표시는 한국에서는 굉장히 익숙한 도시 괴담으로, 범죄를 계획한 자가 범행 전에 일종의 답사를 하면서 그 집의 거주자 현황을 그렇게 표시한다는 식의 이야기입니다. 앞서 다루었듯, 범죄로 연결되지 않고 장난으로 끝난 경우도 있지만, 어쨌든 범죄에 대한 예고 혹은 범죄 계획 과정에서 만들어진 표식일 수도 있잖아요?

이수정   범죄도 시대에 따라 유행이 있는데 주거 침입은 1980년대까지 주로 많이 발생했습니다. 가택 침입 절도가 대표적이죠. 그런데 오늘날 4대 강력 범죄 중에 가장 빠른 속도로 줄어들고 있는 것이 '강도'입니다. 침입 절도나 강도보다는 온라인상에서 일어나는 대물 범죄, 이른바 '사기'와 연관된 범죄들이 급속도로 증가하고 있습니다. 이제 굳이 목격 위험성을 감수하면서 침입 범죄를 저지르지 않습니다.

이다혜   강도는 검거율이 높다고 들었습니다.

이수정   한국에는 CCTV가 너무 많아서 이제 성공하기 어려운 범죄가 됐어요. 예전에 연쇄 성폭행범들이 출몰하던 시절에는 한집에 여러 번 침입해서 같은 피해자에게 두 번 이상 범행을 저지르는 사례들도 있었거든요. 그런 경우엔 어떤 장소에 대한 특정, 그 장소에 살고 있는 피해자에 대한 특정을 하는 겁니다. 굳이 표시하지는 않아도 표시에 해당하는 '특정' 기억을 갖고 상습적으로 범행을 하는 것으로 볼 수 있습니다.

이다혜　강도가 모르는 곳보다는 아는 곳을 기본으로 범행 대상을 물색한다는 말씀이신 거죠?

이수정　유영철*은 십자가가 보이는 위치에 있는 집, 이런 식으로 어떤 위치를 특정한 바 있습니다. 집에다 꼭 표시를 하지 않더라도 범죄자의 의식 구조상에 남는 상징적인 징표가 있을 경우 영향을 줄 수 있죠. 사실 표시를 남기기 굉장히 어려운 게, 표시는 곧 증거일 수 있잖아요.

이다혜　그렇죠. 일단 남의 집에다 표시를 남기려면 거기 멈춰서 뭔가 수상한 일을 해야 한다는 거니까요. 그러다 보면 누가 볼 수도 있고요.

이수정　그만큼 목격 가능성이 높아지면서 범죄에 실패할 가능성도 커지기 때문에 범죄자들이 자신을 노출하면서까지 표시를 남길 가능성은 크지 않습니다. 아무튼 실제로 일어났던 일이니만큼 괴담으로 만들어져 다양한 방식으로 퍼져 나갈 순 있겠죠.

2003년 9월부터 2004년 7월까지 서울에서 부유층 노인과 성매매업소 여성 스무 명을 살해한 연쇄 살인범. 2004년 7월 16일 검거되어 2005년 6월 대법원에서 사형을 확정받고 현재 서울 구치소에 복역 중이다. 유영철을 체포하는 과정에서 주먹구구식으로 이루어져 왔던 한국의 범죄 수사가 체계를 갖추고 과학 기법을 적극 도입하게 되었다. 2008년 나홍진 감독의 영화 「추격자」의 모티프이며, 수많은 사람들이 프로파일러의 길을 걷는 동기가 되기도 했다.

지오그래픽 프로파일링의 시대

이다혜　　그럼 주로 인터넷상에서 범죄가 일어나는 시대에는 도시 괴담이 줄어들까 하는 궁금증이 생깁니다. 도시 괴담이라는 건 대부분 신체적, 물리적으로 공포를 느끼게 되는 순간과 연관이 있는데, 범죄가 온라인상으로 많이 옮아간다면 그런 공포를 느낄 만한 경험은 줄어드는 게 아닐까 싶어서요.

이수정　　과거에는 특정한 물리적 구조가 범죄에 대한 취약성을 높이는 그런 시대가 있었죠. 스탠퍼드 대학교의 연구를 바탕으로 한 범죄학의 고전적 이론인 '깨진 유리창 이론'[12]이 그런 사례에 해당

---

12 자동차의 작은 깨진 유리창과 같은 사소한 무질서가 더 큰 범죄와 무질서 상태를 가져올 수 있으며, 따라서 사소한 무질서에 대해서 경각심을 가지고 질서 정연한 상태로 유지하는 것이 미래의 더 큰 범죄를 막는 데 중요한 역할을 한다는 이론.

합니다. 물리적 구조가 범죄 유발 요인이 될 수 있다는 이야기인데, 오늘날 한국은 오피스텔이나 원룸 또는 아파트가 거의 획일화되어 있잖아요. 그러다 보니 범죄 유발 요인이 될 만한 주거 공간은 경찰이 이미 다 파악하고 있는 경우가 많습니다. 뻔하니까요. 치안이 불안정한 주거지나 위험 요인이 밀집되어 있는 지역이라면 경찰에서 이미 '지오그래픽 프로파일링'[13]을 통해 위험도를 그래픽화한 지도를 갖고 다니면서 치안 활동을 펼치고 있습니다.

주거 취약 요인이 범죄로 이어진 사례로는 오원춘 사건*을 들 수 있습니다. 수원역 앞 구도심에 예정됐던 재개발이 제대로 진행되지 않아 그 지역이 슬럼화된 바 있죠. 그곳에 살고 있던 확대 가족들이 신도시로 떠나면서 집을 그냥 비워 놓을 순 없으니까 '달방'처럼 공간을 두세 개로 쪼개 세입자를 받기 시작했습니다. 그러면서 정처 없이 표류하던 사람들이 그 지역으로 흘러 들어가기 시작했죠.

불법 체류를 하면서 직장이 없는 상태였던 오원춘도 그 달방 중 하나로 들어갔는데, 문제는 그곳 사람들의 주소지가 분명하지 않다 보니 오원춘이 귀가하던 여성을 노려 납치, 살인하게 된 것입니다. 그런 불안 요인은 대도시의 구도심 지역이 가장 높은 편입니다. 이 영화 「숨바꼭질」에서도 재개발이 지연되어 아파트가 슬럼화되면서 사건이 벌어지죠.

이다혜   영화를 보면서 궁금해지는 것 중 하나는, 손현주가 연기

---

13 geographic profiling. 경찰이 범인을 잡기 위해 범죄 현장에서 수집된 데이터를 이용하여 범인의 행동 혹은 심리적 특성을 추론해 인구 통계적 특성, 단서를 도출해 내는 기술. 전염병 추적은 물론 테러범 색출 작업에 활용되는 등 사용 범위가 계속 넓어지고 있는 중이다.

하는 성수 캐릭터의 강박증과 결벽증입니다. 여기에서 한국 영화의 재미있는 특징을 볼 수 있는데, 남자가 화장실에 갔다가 손을 열심히 씻으면 사이코패스 킬러인 경우가 굉장히 많다는 겁니다. 다른 남자들은 그냥 나가는데 한 남자가 세면대에서 손을 열심히 닦는다, 심지어 비누를 사용한다면 거의 백 퍼센트의 확률로 이후 그 남자가 무표정한 얼굴로 잔인한 폭력을 휘두르는 장면이 등장하는데요. 그만큼 '청결'이 당연한 것이 아니라, 저렇게 청결에 집착하다니 뭔가 수상한 점이 있을 거라고 연출된다는 거죠.

「숨바꼭질」에서 한국의 일반 중산층 집안의 가장으로 등장하는 성수에겐 숨겨진 비밀이 있습니다. 어린 시절 형을 성추행범으로 몰았던 사건입니다. 사실 성수는 친아들이 아닌 입양아였기 때문에, 성수가 형을 성추행범으로 몰면서 형은 사실상 버린 자식이 되어 집안의 유산을 양자인 성수가 물려받았습니다. 그로 인한 죄책감 때문에 성수가 형의 실종에 더 강박적으로 책임감을 느낀다는 설정인데요. 죄책감 때문에 결벽증 혹은 강박증이 생기거나 심해지는 것이 가능한가요?

> **: 오원춘 사건***
>
> 2012년 4월 경기도 수원에서 중국 동포 오원춘이 귀가 중이던 이십 대 여성을 납치, 성폭행하려다 살해한 후 시신을 훼손했다. 당시 피해 여성이 도움을 요청하며 112에 신고했지만, 경찰이 정확한 위치를 파악하지 못해 사건을 막지 못하면서 공분을 샀다.

이수정 영화만 봤을 땐 논리적으로 이해가 잘 안 되는 측면이 있습니다. 사이코 킬러에게 주목을 받으면 누구나 피해자가 될 수 있기 때문에 굳이 설명할 필요가 없지만 영화다 보니 아무래도 '피해자 책임론' 비슷하게 개연성을 만들려 한 것 같아요. 사실 성수가 피해 당할 만한 인간이란 걸 보여 주기 위해서 그가 형을 성추행범으로 몬 뒤 양부모의 유산을 독차지했고, 그 결과 비밀을 덮어야 한다는 강박 같은 게 생겨 결벽증으로도 이어졌다, 이런 플롯인데, 저는 이런 서사가 굳이 필요한지 의구심이 들었습니다.

이다혜   그래서인지 「숨바꼭질」 같은 경우 영화를 볼 때는 확실히 무섭지만 극장을 나오면서 '근데 그건 왜 그랬지?' 하는 의문을 아무도 설명하지 못하는 상황이 발생합니다. 중심이 되는 사건은 이해했는데 왜 성수에게 그 정도로 강렬한 이야기가 필요했을까 하는 생각이 들어요. 물론 중산층의 남자가 그렇게 열악한 주거 환경을 가진 아파트에 가는 이유를 만들어 주려는 것이었을지도 모르겠지만 그냥 연락이 끊긴 형 정도였어도 충분하지 않았을까 싶고, 선생님 말씀처럼 과거의 성수가 저지른 결정적인 죄가 그렇게까지 필요한가 싶어집니다.

이수정   일단 성수 캐릭터의 특이성이 이 영화를 위해 꼭 필요한 건지 잘 모르겠어요.

반전 강박증이 낳은 무리수

이다혜   어쨌든 성수는 자기 가족사에 대해 아내에게조차 말하지 않았고, 편집증적인 성격으로 가족을 불안하게 합니다. 자신의 과오 때문에 형에 대해 불안해하고 그게 또 자신의 아내와 아이들을 두렵게 만드는 악순환에 빠져 있습니다. 성수는 상담을 받으면서도 자신의 과거 이야기를 밝히지 않습니다.

상담 전문가들을 만나 보면 남성 환자들과 '라포'[14]를 형성하기가 쉽지 않은 게, 자신의 문제를 솔직히 털어놓는 데 어려움을 겪기 때문이라는 이야기를 하거든요. 실제로 그런가요?

이수정　실제로 그런 편이죠. 여성도 마찬가지인데요. 완벽주의를 추구하면서 한편으로 굉장히 이중적인 성향의 사람들은 치료자에 대해 의심을 많이 품고, 상담 자체도 기피합니다. 어쩔 수 없이 가더라도 자신의 어두운 기억을 털어놓지 않을 개연성이 높죠.

이다혜　여기서부터는 스포일러에 해당하는데요. 성수는 형이 자신에게 복수하러 오고 있다는 망상에 사로잡혀 있지만, 진범은 문정희 씨가 연기하는 '주희'입니다. 주희는 성철을 통해 우연히 성수의 비밀을 알게 되면서 성수의 집을 차지하기 위한 계획을 세웁니다. 주희야말로 정신적으로 심각한 문제가 있는 사람입니다.

주희는 영화 초반에 이른바 빈민가에 살고 있는 연약하고 정갈한 여성 주민으로 등장하는데, 막판에는 사이코 킬러 같은 인물이 됩니다. 자신이 노리던 곳으로 성공적으로 거주지를 옮긴 뒤에는 자신이 봤던 중산층 여성을 흉내 내는가 하면 나중에는 자신의 목표

14　Rapport building. 상담이나 교육을 위한 전제로, 의사 소통 과정에서 상대방과 형성되는 친밀감 또는 신뢰 관계를 말한다.

대상에 완전히 동화된 것 같은 착란 증세도 보입니다. 이런 정신 상태는 어떻게 진단을 내릴 수 있을까요?

이수정   전반적으로 성수라는 인물이나 주희라는 인물 모두 과하게 단정적으로 그려지고 있습니다. 캐릭터 묘사가 편견의 단면을 보여 주는 듯합니다.

이다혜   '이런 사람은 이렇게 행동할 거야.'라는 식의 고정 관념대로 만들어 낸 캐릭터란 말씀이시죠?

이수정   그렇죠. 물 흘러가듯 자연스럽게 이해되는 캐릭터가 아니라 굉장히 인위적입니다. 가난한 여성은 남의 것을 탐할 거라는 전제에서 출발한 주희 캐릭터, 입양된 자는 형의 것을 탐하고 빼앗을 거라는 전제에서 나온 성수 캐릭터, 둘 다 과해 보입니다. 물론 상업 공포 영화라는 특성상 어쩔 수 없는 캐릭터 설정이겠지만, 보는 사람에 따라서 거부감이 들 수 있을 듯합니다.

여성 캐릭터에 대한 안이한 해석

이다혜   영화 속에서 재개발을 앞두고 반쯤은 비어 있는 낡은 아파트도 마찬가지인데, 그곳 주민들을 타인에게 불쾌하게 대하고 뭔가 수상한 구석이 있는 사람들처럼 연출하고 있단 말이죠. 경제적으로 여유가 없다고 해서 수상한 범죄자 집단인 건 아닌데도요. 주희의 딸 역시 자기 엄마처럼 소유에 대한 광적인 집착을 보여 줍니다.

마치 어머니의 증상이 딸에게도 전이된 것 같은 연출인데요.

이수정　　그 대목이 무척 재미있는 게, 엄마도 남의 것을 약탈하고 딸도 남의 것을 약탈하는데, 그런 두 사람이 과연 서로 헌신적인 모녀 관계를 형성할 수 있을까요? 그렇게 되기는 어렵다고 생각합니다.

가족에게 헌신적인 사람들은 보통 지역사회에도 헌신적인 역할을 하며 일관성 있는 모습을 보입니다. 괴물 같은 모습의 가해자가 다른 한편으론 헌신적인 모습을 보이는 부분이 잘 납득되지 않습니다. 이른바 사이코 킬러인 주희가 집을 옮기려는 이유가 뭔가요? 내 딸을 안전한 곳에서 키우고 싶다는 소망 아닌가요. 그런데 주희 같은 인물에게 애당초 그런 동기가 생길 수 있을까요?

이다혜　　딸을 안전하게 키우고 싶다는 바람과 더불어 중산층의 번듯한 인생을 갖고 싶다는 욕망의 발로로 해석하면 어떨까요?

이수정　　그렇게 소유욕이 강한 캐릭터라면 딸을 헌신적으로 돌보지 않을 겁니다. 딸을 버리고 새로운 남자를 만나는 게 제일 쉬운데 왜 굳이 딸을 보호하기 위해 재혼하지 않은 채 힘들고 고되게 사람을 죽이겠어요? 통상적으로 그런 선택은 드뭅니다.

이다혜　　인형을 모아 둔 방, 죽인 사람들에게서 빼앗은 휴대폰을 모아 놓은 장면 등에서 알 수 있듯 딸도 엄마와 비슷한 방식으로 자기 물건에 집착을 보이는데요, 딸도 결국 엄마처럼 크게 될까 궁금해졌습니다.

이수정　범죄의 유전 요인에 관한 연구는 수십 년에 걸쳐 추적 조사를 해야 합니다. 부모가 범죄자일 때 자녀도 범죄자가 될 확률은 어느 정도인가, 또는 일란성이나 이란성 쌍둥이 중 한쪽이 범죄를 저지른 경우 다른 쪽의 범죄 확률은 어느 정도인가를 조사하는 연구도 있지요. 일란성 쌍둥이의 경우 범죄 일치율이 30퍼센트까지 나온 연구 결과가 있기도 합니다. 이것은 굉장히 높은 수치입니다.

유전적 공통점 외에도 환경적 요인, 예를 들어 입양아가 범죄자 부모 밑에서 자라며 범죄를 저지를 확률을 연구한 결과도 있습니다. 이처럼 범죄가 환경적, 후천적 요인에 의해 영향을 받는다는 연구 결과들이 분명 있지만, 당연히 모든 경우가 그런 것은 아닙니다.

다만 정신 질환은 가족 환경이 적잖은 영향을 미칩니다. 양육 환경 조성이 중요한데 만약 엄마가 우울증이어서 아이와 소통하지 않고, 아이가 대부분의 시간을 혼자 보낸다면, 당연히 아이는 우울하고 내성적인 성격을 형성할 수밖에 없습니다.

이다혜　「숨바꼭질」을 본 관객들이 허점으로 지적한 부분 중에 '무시무시한 공포를 안겨 준 얼굴 없는 살인범이 주희로 밝혀지는 대목'이 있습니다. 영화 속에서 검은색 바이커 룩에 얼굴이 보이지 않는 검은 헬멧을 쓰고 상당한 강도의 물리력을 휘두르는 범인이 어떻게 주희라는 연약한 인물인가 하는 의문이죠. 그러고 보면 주희 캐릭터는 약해 보이지만 완력을 포함해 원하는 모든 걸 할 수 있는 인물로 그려진다는 점에서 여성 사이코 킬러에 대한 왜곡된 신화의 느낌도 듭니다.

이수정　반전을 가져오기 위한 강박의 결과로 보입니다. 사이코 킬러가 조신하고 헌신적이었던 엄마라니, 하며 놀라게 하기 위한 설정인 듯한데, 실제로 그런 여성들이 가뭄에 콩 나듯이 있기는 하죠. 대표적인 인물이 고유정입니다.

문제는 고유정 사건에서 봐서 알다시피 타인에게 큰 해악을 끼치는 성인 여성의 경우, 아무리 자녀가 있다 해도 자녀에게 헌신적인 엄마가 되기는 어렵습니다. 그런 관점으로 보면 이 영화에서 주희가 아이를 위해 헌신하는 대목들은 확실히 개연성이 떨어집니다. 그런 종류의 욕망을 가진 여성이 가장 손쉽게 남의 것을 약탈하는 방법은 여성성을 이용하는 것입니다. 남성에게 사기를 친다거나, 결혼을 여러 번 한다든가, 미인계를 쓰는 게 더 쉬운 방법이죠.

범죄학에는 여성 범죄자를 엄벌에 처해야 한다는 '악녀 가설'이 있습니다. 보통 피의자가 여자라면 경미한 폭력 범죄의 경우에는 일반적으로 남자보다 관대한 처분을 내리는데 여자가 고의적으로 사람을 죽이면 여자가 감히 사람을 죽이다니! 하며 남자보다 형량이 훨씬 높아진다는 거죠.

고유정 사건을 보면, 시신을 훼손한 살인 사건은 예전에도 많이 있었습니다. 그런데 범인이 거의 다 남자였잖아요. 그러다가 이번에 여자 피의자가 나오니 이름도 굉장히 빨리 공개되고, 유달리 수선을 피우면서 고유정이 대체 누구냐를 놓고 많은 사람들이 관심을 보였죠. 고유정이 우리의 선입견을 깨는 인물이기 때문입니다. 포털 사이트 뉴스 댓글을 보면 알겠지만 죽여라, 사형시켜라 하는 분위기 아니겠어요.

악녀 가설은 이처럼 '여성이라면 당연히 ○○해야 한다.'는 선입견, 전형성을 벗어나는 살인 피의자는 오히려 더 가혹하게 처벌한다는 가설입니다. 이 영화도 헬멧 속의 인물이 주희라는 사실이 밝혀질 때 관객의 선입견이 깨지면서 충격이 더 클 거라는 점을 반전으로 노린 셈이죠.

반전에도 윤리가 필요하다

이다혜   지금 말씀하신 것들이 사실 스릴러를 볼 때 가장 불편한 부분들이기도 합니다. 반전은 사고방식의 구조적인 측면을 뒤집는 것입니다. 이야기를 완전히 믿게 만든 후에 전부 뒤집는 방식도 있지만, 사람들의 고정 관념을 뒤집어서 가장 범인 같지 않은 사람을 범인으로 보여 주는 방식도 많은데, 후자에서는 그러면 누구를 범인으로 삼아야 하느냐는 문제가 생깁니다.

이수정   제가 보기에 이 영화에서 성철을 죽일 개연성이 가장 높은 사람은 동생인 성수입니다. 경제적으로 가장 이득이 클 것이고, 보험 살인도 가능합니다. 그런데 성수가 범인이면 재미가 없습니다. 그래서 제삼의 인물이 등장하고, 거기에 주거지 문제, 빈부 격차, 계층 갈등 들까지 다루려다 보니 '타인의 집을 노린다.'는 설정이 나온 것이지요. 그 과정에서 범인이 집에 집착해야 하는 동기가 필요하니까 아이를 키우는 엄마는 안전한 둥지를 원한다는 걸 부각시킨 거고요. 그런데 전체적으로 봤을 때 그 설정들의 앞뒤가 딱 맞지 않습니다.

이다혜   아이가 있는 엄마니까 절박함 때문에 살인도 더 쉽게 저지를 수 있을 거라는 이상한 악마화가 느껴져서 이번에 영화를 다시 보며 찝찝한 부분들이 많았습니다. 이 영화는 주거 침입이라는 소재를 통해 경제적으로 양극화된 계층의 비극을 그리고 있기도 한데요, 그런 면에서 성철이 일기장에 절규하듯이 쓴 "나는 유령이 아니야!"라는 말은 번듯한 주거 공간에 병적으로 집착하게 된 주희를 대변하는 것처럼 보이기도 합니다.

한편 영화 속에서 남의 집을 무단으로 점유하는 사람들을 '올빼미 새끼'라고 지칭하고 있는데, 이 부분에서 앞서 말했듯이 봉준호 감독의 「기생충」과 접점이 느껴집니다. 박사님께선 「기생충」 속 인물인 기택의 가족은 노동을 제공하고 있기 때문에 기생충이 아니라고 하신 바 있는데, 노동을 제공하지 않으면서 정신적으로도 문제가 있기 때문에 사람을 살해하면서까지 타인의 주거 공간을 빼앗는 주희의 경우는 기생충이라고 보아도 무방할까요?

이수정 경제력의 가치만 본다면 기생충이라고 할 수도 있습니다. 그러나 주희는 아이를 키우잖아요. 저는 아이를 키우는 엄마는 본질적으로 기생충이 될 수 없다고 보거든요. 이 영화의 스토리는 아이를 키우는 행위의 본질을 평가 절하하고 있습니다. 이 영화의 감독이 여성은 아닐 거라고 추측할 수 있는 지점이 아닐까 싶어요.

이다혜 한편 「숨바꼭질」은 빈곤층 외에도 노숙자나 정신 질환자, 외국인 노동자에 대한 공포를 보여 줍니다. 사회적 약자나 소수자를 수상쩍은 사람들로 몰아세운단 말이죠.

이수정 그게 가장 큰 해악입니다. 시선이 과도하게 단정적이고, 인종, 성별, 계급에 대한 차별을 은연중에 유발할 수 있습니다.

이다혜   이 영화 속 주요 인물들은 왠지 무서워요. 보통 왠지 무섭다는 건 이유가 없어서 무섭다는 건데, 문제는 마치 이 인물들이 가난하거나, 정신적으로 불안정하거나, 외국인 노동자이기 때문에 무서운 것처럼 그려진다는 점입니다.

이수정   차별을 더 공고히 하는 여러 가지 선입견을 토대로 하면서 서스펜스로 포장하고 있습니다.

이다혜   실제로 상류층이 저지르는 부동산 관련 범죄나 각종 법의 허점을 이용한 탈세 같은 범죄는 범죄라고 인식하기는커녕 오히려 재테크의 일종으로 생각하는 경우도 많습니다. 그런 요령을 배우려고도 하고요. 하지만 비교할 수 없을 만큼 적은 돈이 엮여 있는, 훨씬 더 가진 게 없는 사람들이 연루된 범죄에 대해서는 더 가혹하게 평가하고 엄벌해야 한다고 생각하는 측면이 있습니다.

이수정   저는 살인의 필요충분한 동기가 될 수 있는가에 대한 설명이 부족해서 개연성이 떨어진다는 점이 가장 아쉽습니다.

이다혜   마지막으로, 영화를 다시 보면서 얼마 전 세상을 떠난 전미선 배우가 성수의 아내 역할로 나온 걸 볼 수 있어 반가웠습니다. 전미선 배우를 「살인의 추억」이나 「마더」 같은 작품들로 기억하시는 분들도 많을 텐데, 보통의 한국 여자를 연기하는 데 이보다 더 적격인 배우가 있을까 싶을 정도로 안정적이고 좋은 연기를 보여 주었습니다. 영화에서 폭력적인 와중에도 전미선 배우가 등장하는 대목들은 차분하고 온화하다는 인상을 받았어요. 고인의 명복을 빕니다.

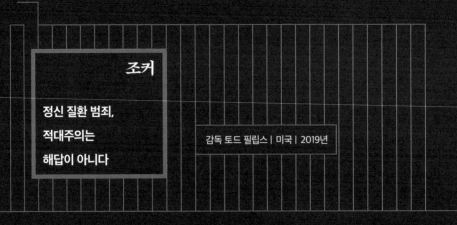

조커

정신 질환 범죄, 적대주의는 해답이 아니다

감독 토드 필립스 | 미국 | 2019년

스탠드업 코미디언을 꿈꾸는 고담시의 시민, 아서. 부적절한 순간에 맥락 없이 웃음이 터져 나오는 정신 질환을 앓고 있는 그는 아픈 홀어머니까지 돌보면서 가난과 장애에서 벗어나기 위해 하루하루를 힘겹게 살아가고 있다.

어느 날 광대 차림으로 가게 앞에서 홍보를 하고 있던 아서는 한 무리의 짓궂은 청년들에게 들고 있던 광고판을 빼앗긴다. 아서는 그들을 열심히 쫓아가지만 광고판을 돌려받기는커녕 흠씬 두들겨 맞는다. 엎친 데 덮친 격으로 시에서 보조하는 심리 상담과 약물 치료가 예산 문제로 끊기고 소아 병동에서 광대 공연을 하다가 소지했던 권총을 떨어트리면서 직장에서 해고까지 당한다. 허탈한 마음으로 집으로 돌아오는 길에, 아서는 지하철에서 세 남자와 시비가 붙는다. 일방적으로 두들겨 맞던 아서는 분노가 극에 달해 권총을 쏘아 그들을 죽여 버린다.

그렇게 아서는 조커로 다시 태어난다. 살인과 폭력이 난무하는 범죄 도시 고담시는 부조리가 낳은 괴물, 조커를 영웅으로 치켜세우며 폭동으로 얼룩진다.

이다혜　　영국 공영 방송 BBC 선정 '2019년 영향력 있는 여성 100인' 중 한 분이신 범죄 심리학자 이수정 선생님과 함께합니다.

이수정　　(웃음) 들을 때마다 굉장히 유머 같지 않은 유머 같아요.

정신 질환 범죄, 미친 듯이 웃는 남자

이다혜　　영화 「조커」의 주인공 '아서 플렉'은 홀어머니를 모시고 사는 삼십 대 후반의 남자로 짐작됩니다. 그는 부적절한 상황에서 미친 듯이 웃는 특이 질병을 앓고 있습니다. 영화에서는 우울증과 더불어 신경 이상으로 인한 '이상 반응'으로 표현되는데요, 실제로 조커가 앓는 것과 같은 장애가 있나요? 있다면, 주로 어떤 원인 때문인가요?

이수정　　조커의 질병은 드라마적 설정으로 볼 수 있습니다. 물론 실제로 정서의 표현에 결함이 생기는 정신 질환은 다양합니다. 예를 들어 조현병은 질병으로 시작하지만 지능 저하를 유발하기도 하고, 발달 장애 중 하나인 자폐도 특이한 정서 반응 때문에 사람들에게 오해를 받는 측면이 있습니다. 영화 속의 조커도 희로애락을 모두 웃음으로 표현해 버리는 정신 질환의 일종을 차용한 것으로 보입니다.

이다혜   아서의 정신 질환은 유년 시절과 밀접한 관계가 있습니다. '과대망상'에 '병적 자기애적 성향'의 질환자인 아서의 어머니 페니는 고아였던 아서를 입양해 물리적으로 학대하고 방치합니다. 어린 시절을 기억하지 못했던 아서는 과거를 알고 나서 돌변합니다. 현실에서도 부모, 혹은 법적 보호자에게 강도 높은 학대를 받은 적이 있는 강력 범죄자가 많은가요?

이수정   네, 실제로도 많습니다. 영화 속 아서와 페니의 모자 관계는 현실적 개연성이 높습니다. 페니처럼 아이를 학대하고 방임하는 엄마들은 보통 굉장히 자기중심적입니다. 자신의 욕망을 우선하기 때문에 육아에 매우 부적절하지요. 예컨대 아이가 떼를 쓰거나 울면, 짜증이 나는 자신의 욕구를 우선합니다. 그러다 보니 아이가 무엇이 필요한지를 헤아리며 돌보지 못할 뿐 아니라 신체적인 학대까지 가합니다. 특히 뇌 성장이 폭발적인 속도로 진행되는 어린 시절에 물리적인 학대를 받게 되면 조커처럼 기억 손상이 오는 등 뇌가 정상적으로 발달하기가 매우 어렵습니다.

또한 사회적 판단 능력이 형성되는 사춘기도 매우 중요한 시기입니다. 규범의 바탕이 되는 도덕성은 슬픔이라는 정서를 기반으로 합니다. 자기중심적인 슬픔도 있지만 주변에 있는 사람들을 보면서 느끼는 이타적인 슬픔도 있지요. 슬픔은 고도화된 정서고, 이를 느낄 수 있어야 동정심이나, 공감, 또는 죄의식 등을 느낄 수 있게 됩니다. 이런 시기에 엄마라는 존재가 자기중심적으로 행동하고 아이를 방치한다면 좋은 영향을 받기가 어렵겠지요.

영화는 잔혹하고 슬프지만 현실을 잘 담아내고 있는 좋은 시나리오라고 생각됩니다.

피해 의식과 망상이 낳은 인셀 범죄

이다혜 아서가 '인셀'의 전형이 아니냐는 이야기도 있는데요, 북미 지역의 총격 테러가 늘어나면서 미디어를 비롯하여 자주 사용되고 있는 용어, '인셀'이 무엇인지 이야기하면 좋겠습니다.

이수정 인셀은 사회화가 부족한 사람들, 은둔형 외톨이, 본인을 피해자로 여기고 타인에게 적대감을 갖고 있는 타입을 지칭하는 용어로, 비자발적 독신주의(involuntary celibacy)를 줄인 말입니다. 특히 이들 중 상당수가 여성에 대한 혐오를 가지고 있어 심각한 문제로 떠오르고 있습니다.

이다혜 인셀로 지칭되는 사람들은 이미 주류 사회에 속해 있는 경우가 많아 보입니다. 실제로 차별 폭력을 경험한 적이 적은 사람들, 예컨대 안정된 직장을 가진 백인 성인 남성이 약자에게 적대감을 드러내는 식입니다. 분명 유색 인종이나, 여성, 미성년자보다 더 나은 기회를 가진 사람들인데 왜 남을 죽일 정도로까지 피해 의식을 갖는지 이해가 잘 되지 않습니다.

이수정 로버트 머튼[15]의 범죄학 이론에 따르면, 예를 들어 사회경제적으로 낮은 계층에 유색 인종은 백인 사회의 기준을 동경하지 않는데 오히려 기성 계층에 속한 백인이 원래 자신이 마땅히 누려야 할 특권을 갖지 못할 때 더 강한 박탈감을 느낀다고 합니다.

자신에게 직접적인 피해를 준 사람이 지배 계층이라도 그들을 공격할 수 없으니 만만한 쪽으로 눈을 돌려 자기방어력이 낮은 여성을 공격의 대상으로 삼습니다. 이들은 여성에게 무시를 당했다고 주장하는데 실제로 그런 경험이 있는지를 찾아보면 별로 없어요. 일종의 피해 의식이자 망상인 것입니다.

2014년에 일어난 엘리엇 도저의 총기 난사 사건 이후 인셀이라는 용어가 등장했고, 그 이후에 미국 전역에서 유사 사건이 많아 전반적으로 확산되기 시작했습니다. 총기 난사 가해자 중에 백인은 아니지만 버지니아 공대에서 게임처럼 총질을 해서 수십 명을 죽인 조승희*도 있었습니다. 그도 기숙사에 있던 여학생들 때문이라고 사건 동기를 밝혔지요. 인셀이란 백인 남성에 한정되기보다 사회로부터 제대로 대우받지 못했다고 생각하는 잘못된 피해 의식을 가진 대다수의 사람을 지칭한다고 볼 수 있습니다.

이다혜　인셀 사건을 보면 가해자 대다수가 남성인 것 같은데 그런가요?

이수정　꼭 성별의 문제로 판단하기는 어렵습니다. 다만 여성이 공격성을 발현시키는 패턴은 약간 다릅니다. 남자들이 비면식 관계에 있는 불특정 다수를 향해 무차별적인 총격을 한다면, 여자들은 가까운 사람에게 분노를 표출합니다.

15　로버트 머튼(Robert Merton, 1910~2003). 미국의 사회학자.

장대호**의 범죄 유형도 주목해 볼 필요가 있습니다. 그는 모텔 직원이었고, 자신에게 갑질을 한 손님을 적대감의 대상으로 삼아 죽였습니다. 그런데 5~6만 원어치 숙박을 하는 손님들을 갑이라고 할 만한 지배 계층으로 보기는 어렵습니다. 이런 비뚤어진 사고가 만연한 사회는 굉장히 위험한 사회인데 한국도 비슷한 방향으로 가고 있는 것이 아닌가 매우 우려됩니다.

사회의 적대주의를 방임하는 것은 절대 반대입니다. 그런데 정치권에서 정치적인 이유로 사회 갈등을 부추기는 경우도 있습니다. 적대주의, 인종 차별주의를 조장하며 마치 그것이 자국민의 이권을 보장해 주는 것처럼 현혹하는 트럼프식 정치 트렌드는 옳지 않다고 생각합니다. 이런 시점에 영화 「조커」가 나왔기 때문에 많은 사람들이 영화에 공감한 것 같습니다.

: 조승희*

2007년 4월 16일 미국 버지니아 폴리테크닉 주립 대학교에서 발생한 버지니아 공대 총기 난사 사건의 범인. 예순한 명의 사상자를 낸 뒤 현장에서 스스로 목숨을 끊었다.

: 장대호**

2019년 8월 12일 오전 9시 15분, 경기도 고양시 마곡 철교 부근에서 남성의 몸통 시신이 발견된 한강 몸통 시신 사건의 범인. 모텔 관리인으로 투숙객을 살해한 뒤 사체를 훼손해 유기한 혐의로 2019년 11월 5일 1심에서 무기 징역을 선고받았으나 사형을 원한다며 항소했다.

여성 혐오 범죄의 유형 분석

이다혜　네, 영화 속 상황을 조금 더 보겠습니다. '아서'는 같은 건물에 사는 여성에게 관심을 보입니다. 초반에는 서로 호감을 나누다가 정식으로 교제를 하는 것처럼 표현되는데 아서가 조커로 변하면서 사실은 그 모든 게 망상이었던 걸로 밝혀집니다.

한밤중에 아서는 어린아이를 혼자 키우는 여성의 집에 무단으로 들어갑니다. 영화가 끝날 때까지 이 장면의 결말은 나오지 않고 아서가 어떤 식으로 약자에게 폭력을 행사하는지를 상상하게 만들 뿐입니다. 그 여성도 아이도 이후에 다시 나오지 않습니다.

개인적으로는 분량과 상관없이 이 부분이 눈에 띄었습니다. 자신이 조커 같다고 생각하는 사람도 있고 자기가 아는 남자가 마치 조커 같다고 생각하는 여자분들도 더러 있는데요, 이 대목이 그런 반응의 이유를 잘 보여 준다고 생각합니다. 남성은 여성과 연애 관계라고 상상하는데, 실제로는 아무 관계도 아닙니다. 여성은 그냥 눈이 마주쳐서 인사했을 뿐인데 남성은 그게 호감의 표시라고 받아들인다든가, 혼자 망상 속에서 관계가 진전되었다고 상상하고 그걸 믿기도 합니다.

실제로 '인셀'의 여성 혐오 범죄 중 스토킹처럼 자신이 관심을 가진 여성에 대해 일방적으로 '그녀도 나를 좋아한다.'는 망상을 키우다가, 그게 좌절되면 현실 범죄를 저지르는 경우가 많은 것 같습니다. 단지 영화만의 이야기는 아닌 것 같아요.

이수정　영화에서도 그런 현실을 반영한 것으로 추정됩니다. 여성 범죄의 목적이 성폭력이나 강간일 것이라고 생각하는 분들이 많은데요, 실상은 아닌 경우가 더 많습니다.

사고방식이 정상 범주를 벗어나 있거나, 피해망상, 조현병처럼 극도로 병이 심화된 성범죄자 대부분이 성욕이 넘치기는커녕 발기 부전입니다. 특히 폭력을 행사하는 경우 그 확률이 높습니다. 정상적인 관계가 되지 않기 때문에 폭력을 사용하는 것입니다. 반대로 이춘재 같은 연쇄 살인범은 강간 살인을 여러 번 했기 때문에 어린 시절에 아동 학대가 없었을 것이라고 추정할 수 있습니다.

여성으로부터 끔찍한 아동 학대를 당했던 남자라면 성인이 되었을 때 강간 살인보다는 아주 포악한 연쇄 살인을 할 가능성이 높고, 성욕보다는 폭력적인 욕망, 살해할 때 오는 극도의 자극을 추구할 가능성이 더 높습니다. 정남규*가 그렇습니다. 조커 또한 오히려 연쇄 살인범이나 묻지마 살인범에 가까워 보입니다. 영화가 실존했던 연쇄 살인범이나 총기 난사범을 모델링한 것 같아요.

이다혜　여성에 관한 아서의 인식 중 또 이해가 가지 않는 것이 있습니다. 자신을 곤경에 빠트린 동료를 살해하면서도 다른 동료에게는 "넌 나에게 잘 대해 줬어." 하며 친절하게 보내 줍니다. 함께 일했던 동료 남성에 대해서는 일종의 분별력 있는 살인을 저지르면서도 정작 현실적으로 관계가 없는 이웃집 여성은 폭력의 대상으로 봅니다.

이수정　사이코패스의 전형적인 방식입니다. 그들의 머릿속에는 피해자 타입이 존재하고 거기에 부합하면 가차 없이 폭력성을 발휘합니다. 조커의 행동을 분석하면 분별력이라고 할까, 어쨌든 선택을 하는 것입니다. 스스로가 전지전능한 신처럼 생사를 결정할 수 있다고 생각하는 것도 그들의 사고방식입니다.

　조커처럼 학대의 경험이 너무나 받아들이기 힘든 나머지 기억을 지워 버린 해리성 장애를 겪는 경우 포악한 면이 등장할 때는 정상적인 면이 사라지기도 합니다. 일종의 다중 성격입니다. 평소에는 멀쩡한데 자존심이 상하거나 스트레스를 받으면 스위치가 켜지면서 포악하게 돌변할 수도 있는 것입니다.

> **: 정남규***
>
> 2004년 1월부터 2006년 4월까지 서른네 명을 살해하거나 상해를 입힌 연쇄 살인범. 2005년 2월부터 약 오 개월간 서울시 관악, 구로, 동작, 영등포구 일대에서 세 명을 살해하고 한 명에게 부상을 입힌 서울 서남부 연쇄 살인 사건의 범인이기도 하다. 2004년 1월 14일 경기도 부천에서 초등학생 두 명을 납치, 강간, 살해한 것을 시작으로 경기도와 서울에서 범행을 벌이다가 2006년 4월 22일 체포되었다. 2007년 4월 12일 대법원에서 사형이 확정돼 서울 구치소에 수감되었으나 2009년 11월 스스로 목숨을 끊었다.

사회적 악순환이 '괴물'을 낳는 것은 당연하다?

이다혜　영화는 시종일관 아서가 '조커가 될 수밖에 없었다.'는 점을 설득하고 있습니다. 그에 관해 연출이 좋았다는 평가도 많고 박사님도 충분히 있을 수 있는 스토리라고 하셨지요. 박사님께서는 프로파일링을 하면서, 안정적이지 못한 성장 환경을 가진 강력 범죄자들을 많이 만나셨을 텐데요, 우리가 범죄자의 사연을 어디까지 이해해야 맞는 걸까요? 그의 불행한 과거를 이유로 범행을 이해해야 하는 것인지요.

이수정　먼저 객관적인 사실을 확인해야 합니다. 실제로 가족과 어떤 문제가 있는지는 주민 센터 자료만으로도 알 수 있습니다. 사실 관계를 확인한 후 주장에 근거가 있으면 다시 생각해 볼 필요는 있습니다. 영화 속 스토리는 그동안 미국에서 연쇄 살인범이나 총기 난사범들의 자전적 기록물이 많았기 때문에 실제 사실에 관해 조사를 많이 하고 숙지해서 쓴 것 같고 그래서 나름의 설득력이 있다고 보입니다.

이다혜　실제로 범죄자를 처벌할 때 가정 환경이 감형의 이유가 되기도 하지요?

이수정　성인의 경우에는 그렇지 않습니다. 특히 오늘날에는 양형 기준 때문에 부유층은 눈감아 주는 식의 감형도 성립되지 않습니다. 삼성의 이재용마저도 기업에 재산상의 손실을 유발했기 때문에 여러 가지 범죄에 관해 다양한 양형 기준을 적용하고요, 과거와 달리 이재용이기 때문에 용서를 받는 일은 없습니다. 그럼에도 불구하고 이런 내용을 아주 잘 알고 있는 변호사의 조력을 받을 수 있느냐 없느냐가 피고인의 경제력으로 좌우되는 정도의 차이는 있을 수 있습니다. 이춘재처럼 국선 변호인을 선임할 수밖에 없는 경우라면 아무래도 여러 가지로 능력을 발휘할 수 있는 기회가 제한되기도 하니까 결과적으로 오는 차별은 발생할 수 있겠습니다.

이다혜　　결국은 법리 다툼인 것 같습니다. 얼마나 법리를 유리하게 끌어올 수 있는 변호인을 선임하느냐의 문제라는 생각이 들어요. 예를 들면 한국 사회에서도 아예 법률 사무소 이름 자체가 유명한 경우도 있잖아요? 이름만 들어도 이미 저쪽이 승소한 것처럼 생각하고요.

이수정　　그렇지만 분위기가 예전과 확실히 다릅니다. 전관예우라는 말도 있었지만 이제는 당연히 기소해야 하는 사건을 불기소하는 불합리는 발생하기 어렵습니다. 만약 성범죄의 건인데 모 법률 사무소에 가면 기소 안 되게 해 준다는 식의 이야기가 있다면 다 거짓입니다. 요즘에는 감시 감독이 철저해서 기소해야 하는 사안에 대해 기소하지 않는 것을 들키면 당사자가 옷을 벗어야 할 수도 있습니다. 온 국민이 감시하고 의심하는 분위기가 형성되어 있어 함부로 이익 관계에 의한 의사 결정을 할 수 없습니다. 주변에서 그렇게 특정 사무소를 신뢰하고 의뢰했다가 결과가 좋지 않아 환불 받는 경우도 봤습니다. 실제로 많이 달라졌다는 것을 실감합니다.

이다혜　　사회적인 책임에 대한 이야기도 해 보고자 합니다. 영화는 아서가 조커로 '전락하는 길'을 얼마든지 막을 수 있었다고 강조합니다. 예를 들어 영화 중반에 주 정부의 보조가 끊기면서 아서는 상담이나 약물 치료를 받을 수 없게 되며 최소한의 지원마저 받지 못합니다. 홀어머니를 모시고 사는 빈곤 계층인데도, 적절한 사회 복지를 기대할 수 없어 보입니다. 이 와중에 고담시의 빈곤 문제를 해결하겠다며 시장 출마에 나선 재벌 '토머스 웨인' 캐릭터가 도널드 트럼프를 패러디한 것이라는 해석이 있을 정도로 빈곤에 대해 몰

이해한 듯 보이거든요. 이런 사회적 악순환이 조커 같은 '괴물'을 낳는 건 당연하다는 감독의 시각에 대해 어떻게 생각하시는지요.

이수정   미국뿐 아니라 한국도 크게 공감하고, 관련한 문제의식을 느낀 사람들이 많았을 것이라 예상됩니다. 영화 「조커」가 대충 소비되지 않는다는 방증이, 다들 보고 나오면서 '마음이 무겁다.'라는 말들을 하세요. 사실 마음이 무겁기 위해 돈을 내는 일이 흔치 않은데도 말이죠. 한국도 정신 질환자들에 대한 정부의 치료 제공이나 지원이 열악합니다. 안인득 사건처럼 대부분의 사건은 을과 을 사이에서 일어나기 때문에 일종의 사회 유지 목적으로라도 정신 질환은 치료 복지가 꼭 제공되어야 합니다. 현재는 방만한 법제로 인해 본인이 치료가 필요 없다고 생각하면 치료를 중단하는 것도 가능해 큰 문제입니다.

인권은 중요하지만 누구의 인권도 절대 가치가 될 순 없습니다. 결코 한쪽만 옳고 한쪽만 틀리는 일은 없습니다. 결국 정부는 공동체가 안전하게 함께할 수 있도록 상호간의 양보를 이끌어 내고 갈등을 조정해야 합니다.

이 영화도 계속 지적하고 있습니다. 예산 문제로 보조금을 끊어 버리니 결과적으로 사회가 위험해집니다. 부자들도 이런 상황을 원하지는 않았겠지요. 앞서 말한 트럼프식 극단주의, 이분법적 사회는 모두가 불안해지는 결과를 초래합니다. 국경을 쌓으라고 주장하며 적대주의 양산으로 이득을 보겠다는 정치적인 전략에 불과한 위험한 정책입니다.

조커는 기득권자를 겨냥한 정의로운 싸움꾼인가

이다혜   조커의 연쇄 살인은, 고담시에서 엄청난 파급력을 불러 일으킵니다. 시민들이 조커 코스프레를 하고 거리로 뛰쳐나와 공공 기물을 파손하고 이른바 '가진 자들'을 린치합니다. 조커의 살인과, 조커-워너비들의 모방 범죄가 사회적 부조리, 불평등, 기득권에 대항한 폭력처럼, 마치 기득권과 싸움으로서 시스템의 전복을 꾀하는 움직임처럼 보이기도 합니다. 하지만 실제로는 그냥 욱하는 마음의 표출로 보이기도 합니다.

이수정   그 지점이 중요합니다. 정당화할 수 있는 폭력은 없습니다. 마찬가지로 진상 손님이라고 죽어야 할 이유는 없습니다. 만일 조커 워너비가 되고 싶다고 생각하는 분이 한 분이라도 계시다면 잘못된 생각임을 명확하게 이야기해야 합니다. 성인이라면 누구나 비판 의식을 가지고 판단할 수 있겠지요. 아무리 정당하다고 주장해도 만에 하나 그것이 주변 사람들에게 조금이라도 어떤 침해가 발생하는 일이라면 어떤 미화된 이유를 댄다 해도 올바른 일이 될 수 없습니다.

이다혜   최근에 조커 관련해서 인터넷에 재미있는 글을 쓰신 분이 있습니다. 영화 속 내용이 현실이라는 가정 아래 아서가 했어야 하는 일에 대해 쓴 글입니다. 일단 금전과 직업 면에서 보면, 아서가 입양되어 학대받았기 때문에 자기의 양모와 친모, 그리고 폭력을 가했던 어머니의 남자 친구를 고소해서 합의금을 받으면 어떻겠느냐고 합니다. 그다음으로는 양어머니를 죽일 게 아니라 절연해서 어머니에게 들어가는 생활비를 본인에게 써라, 그리고 스탠드업 코미디는 재능이 없는 것 같으니 그 꿈을 그만두고 적성에 맞는 직업을 찾아라. 즉 자아실현과 밥벌이를 구분해라 하는 이야기였습니다. (웃음) 예를 들면 하지 말아야 할 것들 중에 이런 것도 있습니다. 아서가 광대 분장을 하고 아동 병원에 가서 중병을 앓고 있는 어린이 환자들 앞에서 공연할 때 옷 속에 감추었던 총이 떨어져 해고를 당하는데요, 아동 병원에 갈 때는 총을 소지하지 말아야 한다는 정도는 상식이지요. 예컨대 이런 영화 속 상황들이 스스로 사리 판단을 할 수 없었기 때문에 어쩔 수가 없었다는 설정인 것은 이해하지만, 사람들을 죽이고 다니는 것 말고도 할 수 있는 일은 많지 않느냐는 것을 글쓴이는 지적하고 있습니다.

같은 스트레스 상황에서도 '혼자 힘으로 해결하기에는 버겁지만 작게나마 할 수 있는 것부터 해 보자.' 하는 사람이 있을 것이고, '어차피 이건 나 혼자 해결할 수 있는 일이 아니니까 다 죽어 버렸으면.' 하고 극단적으로 엇나가는 사람도 있습니다.

이수정　　저도 재소자들을 만나 너무나 악질적인 모습을 보면 살의를 느낄 때가 있어요. 분명 나랑 비슷하게 눈코입이 달린 직립 보행을 하는 인간인데 그 경계선을 넘느냐 안 넘느냐의 차이로 짐승이 되기도 합니다. 또 나에 대한 문제만이 아니라 누군가에게 꼭 필요한 선택을 대신할 수 있는 기회가 많은 것도 사회적으로 유익합니다. 그런 차원에서 청와대 게시판을 칭찬하고 싶습니다. 많은 사람들이 친사회적인 방식으로 불만을 호소하게 도와주니까요. 예로, 아동 음란물에 대해서 청와대 게시판이 뜨겁게 달궈졌을 때 거기에 클릭 한 번 더하는 게 스물세 살짜리 상습 음란물 제작자를 한 대 때려는 것보다 훨씬 더 의미 있는 일일 수 있습니다. 그렇게 사람들이 표현할 수 있는 통로를 많이 만들어 주는 게 결국은 정치권의 역할이라는 생각이 듭니다.

범죄 사건을 다루는 미디어의 역할

이다혜 「조커」상영과 관련해 여러 가지 이슈가 있었습니다. 미국에서는 2012년 영화 「다크 나이트 라이즈」로 모방 범죄가 발생해 열두 명의 사망자와 쉰여덟 명의 부상자를 낳았습니다. 당시 범인이 자신을 '조커'라고 표현해 충격을 더했습니다. 그런 탓에 미국에서는 각별한 주의를 기울여 일부 지역은 「조커」의 상영을 금지시켰고, 일부 지역은 경찰이 대형 극장 주변 경계를 강화하며 범죄를 막기 위해 힘썼습니다.

이수정 사회 학습 이론에 따르면 2012년도 영화관에서 있었던 사건은 국내에서도 충분히 일어날 수 있습니다. 경계심을 갖는 것은 맞다고 생각합니다. 천만다행인 것은 한국은 총기 규제가 있어 미국에서처럼 연발할 수 있는 다발성 총기류를 소지할 수 없다는 것입니다. 한국에서 아주 위험한 일은 없겠지만 반사회적인 사고방식의 공감은 문제가 될 수 있습니다. 다만 「다크 나이트 라이즈」보다는 조커의 성장, 발달 과정 중에 있었던 격리적인 관계를 훨씬 더 부각시키면서 여러 가지 사회 문제를 지적하는 대목들이 있기에 폭력을 단순 모델링하는 범죄는 덜할 것이라 생각합니다.

이다혜　　그런 점에서 미디어의 역할에 대한 이야기가 필요합니다. 조커는 스탠드업 코미디, 그리고 TV 토크쇼를 통해 자신의 범죄 행위를 순식간에 사회 전반에 알립니다. '조커-워너비 현상'과 이어지는 폭동은 미디어의 영향이 절대적인 것으로 보입니다. 단순히 즉각적인 전파 효과 말고도 반사회적인 행위, 일탈 행위를 '낭만화'함으로써 일종의 '팬덤 현상'을 이끌어 낼 수 있다는 점에서 위험하다는 생각이 들거든요. 실제로 이 영화는 '조커라는 이름의 반영웅 신화'라고 봐야 할 만큼 퇴행적인 낭만주의로 가득합니다. 미디어의 이런 윤리 의식은 자제되어야 하는 게 아닐까요. 물론 동시에 표현의 자유의 문제도 놓치지 말아야 할 것 같습니다만.

이수정　　제가 가끔 기자 교육을 가는데 그때 "범죄 사건 보도 어떻게 해야 할까요?" 하고 물어 보시면 표현의 자유는 중요하지만 절제된 자유가 필요하다고 언제나 말씀드립니다. 기사를 단발성으로 쓰지 말고 시간이 좀 걸리더라도 사회의 병리적 현상을 분석할 수 있는 기획 기사를 공들여 써 달라고 부탁합니다. 최근에 나오는 기사들을 보면 비판 의식을 갖고 쓰는 기사들도 더러 보입니다. 과거처럼 범행 수법만 자극적으로 쓰는 단발성 기사들은 많이 줄어든 편입니다. 무척 다행입니다.

당신이 악의 심연을 들여다보면
그 심연도 당신을 쳐다본다

이다혜　　「조커」를 보면 범죄자를 우상으로 숭배하는 심리에 대해 재고하게 됩니다. 사람들은 살인을 동경하지는 않으면서도 살인자에게는 매혹되곤 합니다. 천재적인 범죄자, 연쇄 살인범 같은 이야기들이 흥하는 것 역시 그래서라고 생각합니다. 왜일까요? 범죄심리학자로서 박사님의 소견을 듣고 싶습니다.

이수정　생활 속 스트레스를 포악하게 분출하여 해소할 수 있다는 건 판타지입니다. 영화를 볼 때만은 속이 다 시원하다는 생각을 가질 수도 있지만 사실상은 결코 실현되기 어렵지요. 이춘재는 자신의 욕망을 아주 강렬하게 분출했는데, 그 결과 가석방도 없이 비루하게 말년을 끝내야 합니다. 화성 연쇄 살인이 결과적으로 재심 사건만 생산했다는 오명을 피하기는 어렵지만, 미제인 채 영원히 전설적인 사건으로 남는 것보다는 좋은 일입니다. 어쨌든 해결됐다는 점을 주목해야 합니다. 완전 범죄는 없는 것이고 정의는 실현됩니다.

이다혜　니체가 '당신이 악의 심연을 들여다보면 그 심연도 당신을 쳐다본다.'라고 했는데요, 이수정 박사님께 여쭤보고 싶습니다. 모두가 악의 심연을 들여다봐야 할 이유가 있을까요?

이수정　악의 심연에 들어가 보고자 하는 시도를 낭만화하는 분들도 있습니다. 그런데 실제로 들어가 보면 간접적이긴 해도 본인에게 심적 고통이 발생하게 됩니다. 저도 비슷하게 '이 범죄들을 도대체 어떻게 소화하고 생산적인 일로 해결할 것인가.' 고민하다가 사회에 알리기로 한 것입니다. 조금이라도 나아질 수 있는 방향에 도움이 된다면 당장 이득은 안 되겠지만 그게 곧 저에게도 해소의 길이 됩니다. 오랫동안 꾸준히 해 온 끝에 이제야 사회적으로 반응이 있는 듯도 합니다. 결국 BBC가 주목했던 바로 그런 것 아닐까요. 만약 제가 하고 있는 일을 전시적으로만 활용했다면 아무도 관심이 없었을 것입니다. 제가 그 명단에 선정되고 종이 쪼가리 하나 받은 게 없습니다. 업무만 마비됐죠. 초등학교 동창까지 전화하고. 득이 되는 게 없습니다. (웃음)

거대한 악의 시장, 온라인 성범죄의 어두운 늪

이다혜　　그만큼 선생님께서 중요한 역할을 하고 있다는 뜻으로 보입니다. 나아지고 있는 만큼 여전히 문제인 것들도 있습니다. 최근에 다크웹 가상 화폐를 이용해 아동 음란물을 유통한 한국인 운영자가 인터폴에 잡혔습니다. 저를 경악하게 한 첫 번째 사실은 운영자는 겨우 1년 반 정도 징역을 사는데 사이트 이용자는 15년을 산다는 점이었습니다. 두 번째 놀라운 사실은 한국이 아닌 미국이 주도해 공조 수사를 했기 때문에 사건이 밝혀졌다는 점입니다. 이번 발표 이전에는 이 사건을 아무도 몰랐다는 것도 놀라웠습니다. 세 번째 놀라운 사실은 아동이 등장하는 성 학대 영상들을 볼 일이 없기 때문에 어떤 정도의 무엇이 있는지 전혀 몰랐다는 것입니다. 기사를 보면 영유아 정도 되는, 두 살 정도의 아이들이 등장하는 영상이 있다고 합니다. 너무 낮은 연령대부터 성적 피해에 노출된다는 사실에 매우 놀랐습니다.

이수정　　그러니까 알아야 한다는 것입니다. 사람들이 음란물, 이러면 그냥 상업적인 포르노만 생각하지 휴대폰으로 찍은 자기 딸의 성기 영상까지는 상상하지 못합니다. 부디 운영자를 국제 공조를 통해 미국 법정으로 보내기를 바랍니다. 한국에서는 아동 음란물 유포죄로 처벌받지만 미국에서는 아이를 인신매매한 범죄(child trafficking)로 취급되어 종신형까지도 받을 수 있습니다. 지금 청와대 게시판에 다들 호소하는 이유도 우리 집안의 안전을 해칠 수도 있다는 불안감 때문입니다.

랜덤 채팅 앱을 통해 음란 영상을 사고파는 현장이 어떻게 운영되는지 경험한 적이 있습니다. 여자아이들이 자신의 성기를 찍어서 올리면 새로운 포르노가 되니 그 영상을 받기 위해 운영자가 어떤 수법을 쓰는지 보기 위해 가짜로 '열세 살 가출 청소년입니다.' 하고 올려 보았습니다. 아이들이 쉽게 벗어날 수 없는 이유가, 채팅을 하는 시간이 얼마나 긴지에 따라, 그리고 내가 올린 음란물에 따라 쿠폰이 발행됩니다. 예컨대 스타벅스 커피 쿠폰을 받는 겁니다. 성인은 그 쿠폰을 커피 마시는 데 쓰지만 가출 청소년들은 그 쿠폰을 가지고 가서 케이크로도 바꿔 먹을 수가 있습니다. 식사가 되는 겁니다. 아니면 되팔 수도 있을 것이고요. 그렇게 자기방어력이 떨어지는 미성년자들은 지금 온라인 상태에서 실시간으로 노출되고 있습니다. 그러니까 어떻게 보면 이 스물세 살짜리 남자애만의 문제가 아닙니다. 우리가 직접 사는 오프라인의 세계 뒤에 온라인의 거대한 악의 시장이 존재하는 겁니다.

이다혜　　　한 익명 청취자의 글을 읽어 드리면서 마무리하겠습니다.
'이수정 박사님께서 "연대하기 위함입니다."라고 하신 말씀에 길을 걷다가 눈물을 왈칵 쏟았습니다. 저는 일 년 전 직장 상사로부터 성폭행 및 추행을 당하고 어려운 결심 끝에 소송을 진행했지만

CCTV에 똑바로 걷고 있는 모습이 찍혔다 하여 준강간이 성립되지 않는다는 검사의 판결에 의한 불기소 처분을 받았습니다. 그 뒤로 정신과를 다니며 추스르려고 했지만 잘 되지 않아 자살 시도도 했습니다. 이수정 박사님이 종종 같이 화내 주실 때, 앞으로는 바뀌어야 한다고 말씀해 주실 때마다 큰 용기를 얻습니다. 그 말을 듣고 싶어 방송을 듣고 또 들을 정도로요.'

이수정 약간, 좀 눈물이 납니다. 감사합니다.

5부

결국 가장 중요한
의제 강간 연령

미성년자 보호

번지 점프를 하다

환생 판타지가 미화한
그루밍 성폭력과
강요된 동반 자살

감독 김대승 | 한국 | 2001년

1983년 여름, 어느 소낙비가 쏟아져 내리던 날 무심히 길을 걷던 인우의 우산 속으로 태희가 뛰어든다. 첫눈에 반하는 사랑 따위를 믿지 않았던 현실주의자 인우는 아름답고 당돌한 태희에게 한눈에 반한다.

인우의 질긴 노력 덕분에 두 사람은 결국 연인이 되고 둘은 영원한 사랑을 약속한다. 하지만 군에 입대하는 인우를 배웅 나오기로 한 태희가 그 길로 영영 자취를 감추면서, 인우의 사랑은 끝나 버린다.

그로부터 십칠 년 후. 인우는 태희를 잊지 못한 채 결혼을 했고, 아이를 하나 두었고, 고등학교 국어 교사로 일하고 있다. 언제나 학생들의 편에 서서 그들을 이해하려고 하는 인우는 아이들의 신뢰를 받는 인기 만점의 교사다. 하지만 묘하게 그 옛날 태희와 비슷한 버릇, 이야기, 물건을 가지고 있는 열일곱 살 소년 현빈에게 마음을 빼앗기고 그에게 집착하면서, 인우의 일상은 점점 흔들리기 시작한다.

이다혜   오늘은 영화 「번지 점프를 하다」를 중심으로 미성년자 그루밍 성범죄에 관해 이야기합니다. 2001년에 개봉한 이 영화는 당대에 여러 가지로 화제였습니다. 그중 가장 큰 논란은 이 작품이 퀴어 영화인지 아닌지였습니다. 감독과 제작진은 퀴어 영화가 아니라 사랑 영화라는 입장이었고요. 동성애에 대한 인식이 지금보다 더 보수적이었기 때문에 조심스러웠던 것 같습니다. 동성 간의 사랑을 이성애 로맨스로 치환하여 비록 몸은 남성이지만 그의 영혼은 여성이다, 식의 이야기라는 비판도 있었습니다. 김대승 감독이 결말 때문에 '동성애자들은 다 죽으라는 거냐.' 하는 항의를 꽤 받았다는 기사도 있었습니다.

이번 자리에서는 당시에 제대로 논의되지 않았던 부분, 그러니까 성인인 교사가 미성년자 제자를 사랑하는 것의 현실적인 문제에 관해 이야기하고자 합니다. 먼저 박사님, 이 영화 속 상황도 그루밍 성범죄라고 할 수 있을까요?

미화된 미성년자 그루밍 범죄

이수정   글쎄요. 일단 영화에서는 상황이 굉장히 미화되어 있고 옛날 여자 친구의 환생이라는 전제가 있는데 이 전제가 없다면 굉장히 부담스러운 설정이긴 합니다. 미성년자인 데다 동성 제자이니까요. 그러나 여자 친구의 환생 운운할 것 없이 남교사가 남학생에게 느끼는 사랑이 주제라고 보면, 남학생의 정신 연령이 어느 정도인지에 따라서 그루밍 성범죄가 될 수도 있고, 안 될 수도 있다고 보입니다.

이다혜　미성년자, 혹은 학생이라는 사실 외에 감안해야 하는 부분이 더 있다는 말씀이신가요?

이수정　고등학생 정도면 성적 자기 결정권이 있다고 보기 때문입니다. 아무리 미성년자라도 열여섯 살 정도를 넘기면 인지적 판단 능력이 성숙하기 때문에 사리 분별력이 있다고 여깁니다. 그런 차원에서 본인의 선택에 의해 선생님에게 사랑을 느낄 수 있다고 보는 것입니다. 심지어 성적인 관계까지 간다 해도 도덕적으로는 비난받을 수 있겠지만, 법적으로는 문제시되지 않는 추세입니다.

그런데 연령이 그보다 낮을 때는 문제가 다릅니다. 아직까지 판단 능력이 충분히 발달하지 못한 연령대, 예를 들어 초등학교 6학년, 혹은 중학교 1~2학년과 성인 교사 사이에 발생한 성적인 호기심이라면, 사랑이라는 미명 아래 용인될 수 있는지 논쟁의 여지가 있죠.

이다혜　이 이야기가 조심스러운 이유 중 하나는, 그럼 몇 살부터 괜찮은 거냐 하는 식으로 문제를 치환해 버리는 의견도 있기 때문입니다. 연애나 성관계를 허용하는 나이, 그리고 나이차에 대해 어떻게 판단하는 것이 좋을지 궁금합니다.

이수정　미성년자들에게 물어보면 대부분 '우리도 사랑할 수 있어요.'라고 대답합니다. (웃음) 그런데 그들이 생각하는 사랑이라는 것은 의무나 책임까지 담보한 사랑이 아니라 감정적인 유희 정도에 그치는 것이 보통입니다. 그러니까 아이들이 말하는 사랑은 그것으로 인해서 발생할 수 있는 여러 가지 위험까지 예견한 사랑은 아니고 당장의 자기 감정을 표현할 권리를 존중해 달라는 정도로 생각할 수도 있습니다.

성적인 관계를 가지면 임신을 할 수도 있고, 책임져야 하는 생명체가 탄생할 수도 있고, 위험한 경우에 따라서는 성병에 노출되어 평생 질병을 안고 살 수도 있는데 이를 다 알고도 한 행위라면 일시적인 충동은 아닌 것으로 볼 수 있겠지요. 그래서 외국의 경우에는 아직 미성년자라 해도 16세 이상이면 그런 여러 가지 가능성을 가정한 후 행동했다고 보고, 의제 강간 연령이 지난 것으로 판단합니다.

최근에 흥미로운 사건이 있었습니다. 여자 교사가 남자 중학생과 성관계를 맺었고 그 남학생의 부모가 강간죄로 교사를 고소했는데요, 학생이 의제 강간 연령을 넘어서는 연령이라 결국 교사는 무죄가 됐습니다. 남학생은 모험심과 성적인 호기심을 충족시키고자 했을 뿐 자칫 내가 아빠가 되어 평생을 저당 잡힐 수도 있다는 생각까지는 하지 못했을 것입니다. 선생님이 자신을 마치 성인 남자처럼 대하며 데이트를 해 주니 남자 중학생에게는 그것 자체가 굉장히 큰 의미였을 듯하고요.

이다혜　또래들 사이에서는 그런 사실이 일종의 권력이 되죠.

위계와 위력에 의한 간음

이수정   그렇습니다. 객관적으로 보면 교사라는 지위를 이용한 부적절한 행위에 불과하지만, 아이로서는 그저 교사의 관심이 좋고, 나도 경험을 쌓아 남자가 되는구나 하는 생각에 만족할 뿐, 자신이 연루된 일이 범죄일 수 있다고 생각할 개연성은 거의 없습니다. 오히려 오랫동안 길들여져 왔기 때문에 이 사람만이 진정한 사랑이라고 느꼈을 수도 있습니다. 교사가 유달리 더 애정을 갖고 관심 어린 눈길로 지켜봐 주었을 것이고, 여러 가지 불편함을 해결해 주었을 것이며, 선물을 줬을 수도 있습니다. 사랑이라는 확신을 가질 정도로 완벽하게 상대를 현혹시키는 것, 바로 그런 것들을 마치 동물이 털을 다듬는 것과 같아 '그루밍'이라고 합니다.

그런 종류의 길들이는 과정 중에 피해자는 자신이 당한 것을 피해라 생각하지 않고 자발적인 사랑이라 오해합니다. 그래서 미성년자들과 부적절한 관계를 맺는 사람들은 위계나 위력을 행사할 수 있는 특정 위치의 성인, 예를 들어 교사나 종교 지도자나 스포츠 코치 등인 경우가 많습니다.

안희정 전 지사의 사건 이후에 물리적인 지위의 차이가 곧 위계나 위력임을 인정하는 판례가 등장했지만, 사십 대 연예 기획사 대표의 여중생 성폭행 사건*의 대법원 무죄 확정에서 보았듯이, 아이들이 '나는 위계나 위력을 못 느꼈다.'고 말하면 위계나 위력에 의한 간음이 아니라고 주장할 수도 있습니다.

이다혜   사십 대 연예 기획사 대표에 의한 여중생 성폭행 사건의 경우에는 피해자인 여자 중학생 쪽에서 가해자의 선처를 호소한다거나, 면회를 간다거나 했기 때문에 여러 가지 말이 많았습니다. 피해자가 강간을 당해 겁을 먹었다면 그런 행동을 하지 않았으리라는 가해자 쪽의 주장도 제기됐고요. 그러나 자신의 행동이 어떤 맥락에서 일어난 것인지 제대로 파악하지 못하는 나이의 피해자에게 성인과 똑같은 기준을 적용해 단편적인 행동을 보고 판단하는 것은 부당하지 않을까요?

: 사십 대 연예기획사 대표의 여중생 성폭행 사건*

2011년, 사십 대 연예 기획사 대표가 연예인을 시켜 주겠다며 당시 15세이던 여중생을 만나 수차례 성관계를 가진 사건. 이후 임신한 여중생은 가출해서 한 달 가까이 연예기획사 대표의 집에서 동거했다. 하지만 출산 후 여중생이 성폭행을 주장하며 연예 기획사 대표를 경찰에 신고했다. 재판에서는 범행의 유일한 증거인 피해자의 진술을 신뢰할 수 있는지가 쟁점이 됐다. '중학생이 부모 또래이자 우연히 알게 된 남성과 며칠 만에 이성으로 좋아해 성관계를 맺었다고 수긍하기 어렵다.'며 1심은 징역 12년, 2심은 징역 9년을 각각 선고했다. 하지만 대법원은 '연예 기획사 대표가 다른 사건으로 구속됐을 때 여중생이 거의 매일 구치소를 찾아와 사랑한다는 편지를 건넸다.'며 성폭행을 인정하지 않고 무죄를 선고했다.

이수정 적절한 지적입니다. 만약 피해자가 성인이라면 유부남이 자신을 연예인으로 만들어 주겠다며 유혹한 후 선물을 하고 날마다 잠자리를 요구하고, 장기간 연예인 데뷔도 준비하지 않고, 심지어는 임신하고 낙태까지 했는데 아무것도 보장된 것이 없다면 자신이 이용당했다는 사실을 자각할 것입니다. 미성년자의 미숙한 판단 능력을 악용하는 이들이 계속 나오는 이유입니다.

아이들은 자신이 피해를 당했다는 사실을 인정하기가 고통스럽기 때문에 피해 사실을 계속 부인하기도 합니다. 그러면서 마치 내 연녀처럼 아이까지 낳고, 가해자와 함께 살기도 하기 때문에 성폭력으로 인정받지 못하는 경우가 자주 있습니다.

그런데 사십 대 연예 기획사 대표 여중생 성폭행 사건의 경우, 최초 사건은 사실 차 안에서 일어난 강간이었습니다. 강간 이후 여학생이 기획사 대표와 동거를 하거나 구치소에 면회 간 것을 감안할 것이 아니라, 강간이 분명했던 그 최초의 사건에 대해 기소를 하고 재판을 했어야 맞다고 봅니다.

순애보인가, 성적 판타지인가

이다혜   최초에 관계가 어떻게 시작되었는가를 두고 판단해야 한다는 말씀이 중요하다고 생각합니다. 결국은 사귀게 되었으니 다 괜찮은 것 아니냐는 식으로 말해 버리면 안 됩니다. 예전에 남자 연예인들이 텔레비전에 나와서 나이 차이가 많이 나는 아내 분을 어떻게 유혹하셨느냐는 질문에 사실상 납치, 강간 범죄처럼 들리는 이야기들을 마치 모험담 들려 주듯 이야기하던 시절이 있었습니다. 비교적 최근까지도 그랬죠.

또 한 가지 문제는 미성년자 그루밍 성범죄 가해자들이 주로 취약 계층의 아이들을 대상으로 삼는다는 점입니다. 기댈 데 없는 아이들에게 든든한 어른인 양 다가가 둘만의 비밀을 만드는 방식으로 관계를 맺습니다. 그리고 그 비밀 중의 하나는 물론 성폭력이고요. 아이에게 '너랑 나만 아는 이야기'라면서 아이로 하여금 마치 권력을 가지고 있는 사람과 비밀을 나누고 있기 때문에 자신에게도 그런 힘이 생긴 것 같은 착각을 갖게 만드는 식입니다.

그런데 영화 「번지 점프를 하다」를 보면 교사인 인우가 학생인 현빈의 휴대폰 메시지를 지운다든가, 아니면 밤에 개인적으로 전화를 거는 정도지, 성폭력으로 다가가는 것은 아닙니다. 그보다 자신이 가진 호감을 사람들 앞에서 티를 내는 것이 문제로 보이는데요. 지금 말씀 드린 인우의 행동이 그루밍이라고 할 수 있을까요?

이수정　의도에 따라서는 그루밍이 될 수도 있다고 생각합니다. 예컨대 휴대폰 메시지를 지운다는 행위 자체가 아이의 자유로운 의사 결정권을 침해하는 것이고, 야밤에 전화하는 것도 경우에 따라서는 문제가 될 수 있습니다.

만약 미국의 어떤 중학교 남자 교사가 밤 10시가 넘은 시간에 남학생한테 계속 전화를 해서 외롭다, 나랑 이야기 좀 하자 이런 식으로 나온다면 아이의 엄마는 얼마든지 고소가 가능하며 교사의 행동이 범죄로 인정될 가능성도 매우 높습니다. 그런데 한국이라면 고소하는 엄마가 생각보다 적을 것 같습니다. 그런 부적절한 행위를 반복하는 교사는 미성년자를 대상으로 성적 판타지를 구축하는 중인지도 모릅니다. 그래서 저는 이 영화가 처음에 개봉됐을 때도 인우라는 캐릭터가 그야말로 아름다운 사랑, 순애보의 주인공이 맞는지 사실 혼동이었습니다.

이다혜　말씀하신 것처럼 낭만적이라고 생각하는 행동들이 알고 보면 일방적이고 폭력적인 행동인 경우가 많습니다. 인우처럼 휴대폰 메시지를 지우거나 전화를 지나치게 많이 거는 것도 마찬가지일 텐데, 사회적으로 이런 행동은 문제가 있고, 더 큰 폭력으로 가는 징조일 수 있다고 판단을 하느냐, 안 하느냐에 따라서 똑같은 장면이 다르게 보일 듯합니다.

어쨌든 영화가 알리바이를 만들어 주긴 합니다만, 인우가 처음 현빈을 눈여겨본 순간은 사실 태희와는 아무 관계가 없습니다. 그냥 첫눈에 마음에 든 것으로 묘사됩니다. 교사가 제자를 연애의 대상으로 본다는 것 자체가 문제적이라고 봐야 할까요?

이수정   잘생긴 학생은 어디서나 눈에 띕니다. 저도 제 수업 시간에 들어오는 많은 학생들 중에, 아 참 외관상 매력이 있다 이렇게 느끼는 학생이 당연히 있습니다. 그렇다고 그 학생을 연애의 대상으로 생각해 본 적은 단 한 번도 없습니다. 연애 감정이 다 메말라서 그런 것이면 안 될 텐데. (일동 웃음) 일단 사람은 생물학적인 존재만은 아니잖아요. 누구에게나 사회적 역할이라는 것이 있습니다. 그 사회적 역할로부터 구속받지 않고 아무 때나, 아무에게나 자유롭게 연애 감정을 느낄 수 있는 사람이 얼마나 되겠습니까.

인간은 어렸을 때부터 수십 년 동안 사회적 규범을 내면화하면서 자라기 때문에 사제지간이라는 제한된 틀 속에서 만나면 무의식적으로 자연스럽게 감정을 통제합니다. 영화가 아닌 실제 현실이라면 자주 일어나기 힘든 일이죠.

이다혜   교사도 사람인데 마음이 가는 건 어쩔 수 없지 않느냐는 반론도 있지 않습니까? 영화 「번지 점프를 하다」에서는 심지어 그

학생이 옛날 연인이 환생한 존재라고 주장하고 있죠.

이수정   굳이 그렇게까지 꿰어야 하는 이유를 잘 모르겠어요. 환생을 안 하고 그냥 남자가 남자에게 사랑을 느낄 수도 있는 것 아닙니까. 요즘 만들어졌다면 굳이 환생 설정을 하지 않았을 것 같습니다. 그 대목이 개인적으로 굉장히 소화 불량이었습니다. (웃음) 개인 차이이긴 하나, 그 대목이 제게 좀 로맨틱하게 느껴졌다면 훨씬 더 재밌었을 것 같습니다.

이다혜   꼭 그루밍 성범죄가 아니어도 학생과 교사 사이라는 설정 때문에 지금이라면 아예 못 만들었을 것 같기도 합니다.
제가 영화 보면서 인상적이었던 장면 중 하나는 교무실 장면입니다. 한 남자 교사가 '복장 검사하면 성희롱, 머리 자르라고 만지면 성추행, 때리면 성폭행. 지들은 야리꾸리하게 온갖 치장 다 하고 다니면서.'라고 말하는데 저는 이 대사가 성폭력에 대한 몰이해를 보여 줄 뿐 아니라, '지들은 야리꾸리하게 온갖 치장 다 하고 다니면서' 같은 표현은 여학생을 학생이 아니라 여성으로 보는 이 남자 교사의 시선을 그대로 보여 준다는 점에서 불편했습니다. 그루밍 성범죄나 교사 성폭력이 이런 시선에서 출발하는 것 아닐까요?

이수정   그렇죠. 예전에는 여학생들 복장 검사를 하면서 속옷을 제대로 입었나 확인하기도 하고 그랬잖아요? 그런 것은 성희롱이 맞습니다. 만약 여학생의 두발 검사를 핑계로 머리를 만지면서 뭔가 이상한 느낌을 주었다면 그것은 성추행이 맞고요.

이다혜　그러니까 그 교사는 소 뒷걸음질하다 쥐 잡듯, 학생을 비판하려다가 맞는 말만 한 셈이네요.

이수정　진실만 이야기하면서 그것이 진실이 아닌 양 이야기하는데 그것이 당시의 시대적 상황을 반영한다는 점이 흥미롭습니다. 이 작품이 2001년 개봉작인데, 한국은 2013년에야 친고죄가 폐지되었고 당시에는 혼인 빙자 간음도 있었으니 2001년이면 이런 분위기가 있고도 남는 시대입니다. 무척 오래전 영화처럼 느껴지는데 배우 이병헌 씨는 그때나 지금이나 비슷하고 별로 늙지 않았다는 점이 이 영화에서 가장 감동적인 부분이었습니다. (일동 웃음)

이다혜　맞습니다. 영화는 인우가 학생들을 아끼는 훌륭한 교사임을 보여 주는데요, 미성년자 그루밍 성범죄의 가해자들은 보통 아이들한테 아버지처럼, 형처럼, 오빠처럼 믿고 따를 수 있는 매력적인 인물인 경우가 많습니다. 앞서 말씀하신 것처럼 종교인들이나 교사, 코치들이 가해자가 되는 것도 그런 맥락이지 않습니까.

이수정　그래서 피해자한테 직접 위력이나 위계에 의한 피해임을 입증하라는 것은 곧 피해 사실을 인정 안 해 주겠다는 이야기와 같다고 봅니다. 존재 자체로 위계에 분명히 차이가 있으니까요. 미성년자 그루밍 성범죄라는 죄명이 따로 없으므로 앞으로는 위계나 위력에 의한 간음죄를 좀 더 널리 적용할 필요가 있습니다.

소아 성애를 성적 취향이라 볼 수 있는가?

이다혜   한국에 「성범죄 수사대 SVU」라고 소개된 미국 드라마가 있습니다. 그 드라마에도 비슷한 에피소드가 있는데, 다만 거기에서는 가해자가 소아 성애자라서 18세 미만 미성년자만 범행 대상으로 삼는다는 설정입니다. 그런데 이 사람이 자신의 행위가 범죄가 아니라고 주장하는 근거가 무엇인가 하면, 동성애도 수십 년 전에는 범죄였다는 것입니다. 사회적 인식에 따라 법은 바뀌게 마련인데, 아직 인식 수준이 거기까지 도달하지 못해서 그렇지 소아 성애도 동성애처럼 언젠가 합법적으로 수용될 수 있는 성적 취향이라고 주장합니다.

이런 사람들은 성소수자라는 표현을 굉장히 넓게 해석해서, 세상이 인정하지 못하는 사랑이기 때문에 내 사랑도 이런 식의 소수자성을 갖고 있다고 주장하는데 어떻게 생각하시나요?

이수정   이 주장은 아동도 어른처럼 성적인 반응을 할 수 있다는 오해에서 출발합니다. 아이들에게도 물론 성적인 욕구와 쾌락이 있지만 2차 성징이 나타나기 전까지는 성인과 똑같은 수준의 성적인 쾌락을 느낄 수 없습니다. 오히려 고통을 주지요. 드라마 속의 소아 성애자는 그런 사실에 대한 눈곱만큼의 이해도 없이 본인의 욕망만을 일방적으로 주장하고 있습니다. 자신에게는 성적 취향에 불과할지 모르지만 상대방에게는 그야말로 폭력이고 고통스러운 피해입니다. 그것에 대한 이해도가 현저히 떨어지고 공감 능력이 낮은 것입니다.

이런 점이 아동 음란물, 아동 포르노가 나쁜 이유입니다. 아동 포르노를 보면 아동들이 성인과 같은 성적인 절정 경험을 하는 것처럼 그려지니 그런 것들을 보면서 아동 성범죄자들이 착각을 하는 것입니다. 아이도 저렇게 느낄 수 있구나, 그러니까 성의 대상이 될 수 있구나 하는 착각 말입니다.

이다혜   그런 불법 영상물은 사실 아동뿐 아니라 성인이 출연하는 경우에도 문제가 많습니다. 폭력적인 행위를 통해서도 성적인 만족을 얻을 수 있는가에 대한 간접 경험 혹은 사고 실험을 사람들이 포르노를 통해 하고 있기 때문입니다. 나아가 폭력적인 방법으로 이루어지는 성관계를 현실의 여성들에게도 적용 가능할 것이라고 학습하는 역할 또한 포르노가 하고 있는데요.

이수정   실제로 사회 학습 이론에서는 그런 것들이 학습되어 포악한 성범죄가 일어나는 이유가 된다고 경고합니다. 우리 사회는 화성 연쇄 살인범을 통해 가학적인 성적 판타지의 결말이 결국 강간 연쇄 살인으로 이어지는 것을 볼 수 있었습니다. 본인은 상대를 마구 폭행하고 잔혹 행위를 하면서도 그것을 그냥 성행위를 했다고 생각했던 것입니다. 화성 살인 사건 범인이 처제도 강간 살인을 했는데, 그러고도 교도소의 동료 수감자한테 자신의 억울함을 호소했다고 합니다. 피해자가 고통을 느끼면서 죽어 가는 과정에 대해서는 상상을 하지 못하는 사람들입니다.

이다혜   그렇게 생각하면 저는 리얼돌이 훨씬 더 강하게 규제되어야 한다고 생각합니다. 리얼돌은 고통을 느끼지 못하지만, 문제는 리얼돌을 사용한 사람들이 실제 여성들에게도 같은 행위를 할 가능성이 높다는 점 때문입니다.

이수정　여성을 인격체로 바라보는 사람이 리얼돌에 심취하기란 굉장히 어렵습니다. 그런 사람들은 '관계'를 원할 테니까요. 그렇기 때문에 리얼돌을 사용하는 사람들은 여성을 인격체로 바라보지 않는 사람일 확률이 높습니다.

일각에서는 논쟁이 있습니다. 리얼돌로 성적인 욕망을 해결하면 굳이 밖에 나가서 성범죄를 저지를 필요가 없으므로 도움이 된다고 주장하는 사람들도 있습니다. 아직 리얼돌에 관한 연구가 많지 않은 편이라 저도 아직까지는 정확히 모르겠습니다. 또한 그런 연구들은 여러 가지 이유로 실험이 쉽지 않습니다.

이다혜　성범죄라고 하는 것이 꼭 성욕 때문에 일어나는 것만은 아니잖아요.

이수정　네, 성범죄는 남성 호르몬 때문에 일어나는 것이 아니라, 권력과 통제력에 대한 욕망 때문에 일어납니다.

또한 앞서 말씀하신 우려도 일리가 있습니다. 앞으로는 인공 지능을 장착해 실제 여성과 거의 똑같은 반응을 보이는 리얼돌도 나올 것입니다. 그런 것들을 규제할 것이냐, 허용한다면 어느 정도 수위까지 허용할 것이냐를 두고 앞으로 첨예한 논란이 일어날 테고요. 실제로 인터넷에서 개인의 주문을 받아 생산되는 리얼돌들이 있습니다. 예를 들어 100센티미터짜리 리얼돌을 주문하는 사람들이 있습니다. 100센티미터면 아동이잖아요. 이처럼 무게나 길이, 원하는 특성에 맞춰 주문 생산한 리얼돌들이 비밀리에 판매되고 있지만, 관련 논의는 아직 걸음마 수준입니다.

이다혜　앞서 언급했던 미국 드라마 「성범죄 수사대 SVU」의 소아 성애자 에피소드로 돌아가 보겠습니다. 십 대 시절 내내 범인과 성관계를 맺었다고 주장하는 증인은 어디까지나 자신의 동의 아래 맺은 관계였다고 진술합니다. 그리고 만약 피의자가 자신의 후견인이 되어 주지 않았다면, 자기는 쓰레기 같은 부모 밑에서 대학도 못 갔을 거라고 이야기합니다. 이런 경우에는 법원에서 판단을 다르게 하나요?

의제 강간 연령의 중요성

이수정　당연히 모든 사건을 똑같이 판단하지는 않습니다. 재판부에서 예외를 두는 경우도 있어요. 이 사건은 미국에서 일어난 일이다 보니 18세 미만을 운운하지만, 한국이라면 17~18세와 성관계를 맺었다고 해도 애당초 범죄가 성립하지 않았을 것입니다. 의제 강간 연령이 워낙 낮으니까요.

　한국의 상황에 맞게 조금 각색해서 만약 13세의 가출 청소년을 데려다가 밤에는 성관계를 하지만, 평상시에는 아빠 못지않게 돌봐 주고 대학까지 보낸 남자가 있다고 칩시다. 아이도 그것을 너무나 감사하게 여겨 관계를 지속했지만 어느 순간 둘은 헤어지고, 성인이 된 아이가 자신이 열두 살 때 당한 것은 강간이었다고 고소를 한다면 재판부가 과연 어떤 판결을 내릴까요? 한국 재판부는 심지어 사십 대 연예기획사 대표 여중생 강간 사건도 무죄로 판결했던 관행이 있으니, 헌신적인 아버지 노릇을 했던 그 후견인을 강간범으로 판단하지 않을 가능성이 굉장히 높아 보입니다.

이다혜　「번지 점프를 하다」는 인우의 입장과 감정을 중심에 두고 이야기를 끌어가기 때문에 현빈의 입장이나 감정은 거의 알 수 없습니다. 인우는 학교에서 굉장히 인기 많은 선생님이고 심지어 현빈의 담임입니다. 그런 사람이 현빈한테 특별한 관심을 보이니 그 자체로도 문제적인데 거기에 소문은 추문으로 번지고 있는 상황입니다. 그런데 현빈도 사실 인우에게 마음이 있었던 것으로 그려집니다. 이런 일련의 상황들이 현빈에게 심리적으로 어떤 영향을 미쳤을까요?

이수정　영화에 나오지 않는 부분이라 추측하기 어렵지만 원론적으로 보자면 사춘기는 보통 성적 정체성이 생기는 시기입니다. 자신이 이성애자인가 동성애자인가 이런 것들을 탐색하는 기간일 수도 있는 것입니다. 그런 차원에서 보자면, 인우가 등장하지 않았을 때 현빈이 본인의 성적 정체성을 발견해 가는 과정과 인우가 등장한 상황에서 자신의 정체성을 발견해 가는 과정은 물론 차이가 있겠지요.

결과적으로 현빈이 어떤 방향으로 결론을 낼지는 알 수 없습니다. 처음부터 이성애만을 경험하는 남자아이들도 있겠지만 지금 현빈 입장에서 보면 선생님이라는 애정의 대상 자체가 특별하기 때문에, 더 다양한 생각을 해 볼 수는 있을 것입니다.

그러나 애당초 태어나기를 이성애자로 태어난 청소년이 사춘기에 그런 종류의 관계를 맺었다고 해서 평생 동성애자로 사느냐 하면 그렇지 않다는 설이 더 지배적입니다. 요즘은 성적 정체성의 상당

부분이 생물학적인 배경에 있고 임신기부터 결정된다는 설도 있습니다. 뇌에서 성 호르몬의 분비를 명하는 기능 자체에 차이가 있을 수 있다는 설도 있고요. 앞서 미국 드라마에서 소아 성애자가 성적 취향은 타고나는 것이기 때문에 처벌이 아니라 인정해 주어야 한다고 주장하는 근거도 이런 생물학적인 연구물들입니다. 중세에는 처벌까지 했던 동성애가 더 이상은 정신 질환이 아니듯, 앞으로 소아 성애도 처벌할 수 없는 일종의 성적 지향, 즉 자기가 선택한 것이 아니고 자기는 저항할 수도 없는 그런 성향이라고 주장하는 시대가 올지도 모릅니다.

나라마다 성 보호 연령, 의제 강간 연령을 어떻게든 꼭 지키고 좀 더 엄격하게 적용하려 하고 연령을 낮추지 않으려고 하는 데는 그럴 만한 이유가 있는 것입니다.

이다혜　저는 피해자 인권도 제대로 보호를 못 하면서 왜 가해자의 인권만 따져 '스스로 참을 수 없는, 혹은 욕망에 저항할 수 없는 타고난 성향'에 무게를 두는지 모르겠습니다.

웬디 오티즈가 자신이 어린 시절에 당한 성적 착취에 대해 쓴 『기억의 발굴』이라는 책을 보면, 아이는 성인인 교사가 자신에게 육체적, 감정적으로 매혹돼 안절부절못하는 모습을 보는 데에서부터 쾌감을 느낍니다. 이런 감정도 그루밍의 결과일까요?

이수정　그렇죠. 역시 통제의 결과일 수 있습니다. 아이의 입장에서 보면 어른인 저 사람을 자기가 사랑으로 옭아매 좌지우지할 수 있다는 것이 상당히 대단한 일을 하는 것처럼 느껴지겠지만, 그것이 과연 건강하고 대등한 인격체 사이의 신뢰를 토대로 한 애정 관계일까요? 본연의 모습이 발현되게 존중하는 것이 진정한 사랑이라 한다면, 이것은 사랑이 아니라 소유입니다.

이다혜　『기억의 발굴』에서 교사가 아이를 옭아매는 기술이 대단합니다. 이를테면 아이에게 문학적 재능이 있는데, 영어 교사인 가해자가 그 재능을 엄청나게 칭찬합니다. 그렇게 선생으로서 대하다가 전화로는 넌 나를 미치게 만든다며 아이에게 빠져 허우적대는 나약한 모습을 보여 주죠. 또 막상 아이와 성적 접촉을 한 뒤에는 죄책감에 빠지기도 하더니 네가 열여덟 살이 되면 함께 멀리 도망가서 살자고 제안합니다. 가해자의 일관성 없는 태도의 의미와 이런 태도가 피해자에게 끼치는 영향에 대해 말씀 부탁드립니다.

이수정　아주 전형적인 소아 성애자들의 행동입니다. 그루밍 끝에 나타난 소유욕으로 보이는데 사실 이것 자체가 성희롱이고 성적인 폭력입니다. 미성년자가 자유로운 선택을 할 기회를 빼앗는 것이니까요.

이다혜　성인과의 특수한 관계가 자연스럽게 아이들을 더 큰 위험으로 내모는 것이 아닌가라는 생각이 들기도 합니다. 예를 들어 어렸을 때 어른스럽게 보이고 싶어서 술이나 담배를 한다든가, 성적으로 개방적으로 군다든가 하는 행동도 그런 맥락 아닐까요?

이수정　맞습니다. 청소년기는 질풍노도의 시기라서 각종 비행을 하게 마련인데 그중에 15퍼센트 정도는 평생 비행을 반복하는 범죄자가 됩니다. 나머지는 모험 삼아 술도 마셔 보고 담배도 피워 보고 이성 친구도 사귀어 보다가 철이 들어 판단 능력이 충분히 성장하면 자연스레 중단합니다.

아이들 입장에서는 당연히 어른들처럼 성관계를 하고 싶지만, 관계에는 책임이 따른다는 생각은 미처 못 합니다. 아직까지는 미성숙하니까요.

이다혜　책에서는 그 결과 주변에 온갖 이상한 성인 남자들이 꼬이고, 동네에도 나쁜 소문이 퍼집니다. 그런데 알코올 중독자이자 일하느라 바쁜 엄마는 딸과 관련된 상황을 인지하지도, 통제하지도 못합니다. 이런 상황이 낳을 수 있는 최악의 결과가 영화 「몬스터」의 주인공 아일린[16]의 사례가 아닌가 싶습니다.

이수정　그럴 가능성이 매우 높죠. 이렇게 아이를 방임하거나 학대하는 가정에서 성장하는 아이들이 성적으로 조숙한 경우가 많습니다. 랜덤 채팅 앱에서 성폭력 피해를 당하거나 성매매에 나서는 미성년자의 뒤에는 대부분 제대로 보호 능력을 발휘하지 못하는 부모들이 존재합니다.

16　미국 최초의 여성 연쇄 살인범으로 알려진 아일린 워노스. 불행한 가정 환경 속에서 13세부터 성매매를 시작했고 1989년부터 1990년에 걸쳐 남자 일곱 명을 살해했다. 1991년 자수했고 2002년 10월 9일 약물 주사형 사형에 처해졌다. 그녀의 이야기는 다큐멘터리와 영화 「몬스터」로도 제작되었다.

강요된 동반 자살

이다혜 「번지 점프를 하다」에서 인우는 현빈을 성적으로 착취하지는 않습니다만 인우를 뉴질랜드로 데려가서 동반 자살을 합니다.

이수정 성적 착취보다 동반 자살이 더 나쁜 범죄라고 생각합니다. 생명을 담보로 한 착취, 즉 목숨을 착취하는 것이잖아요. 사랑에 대한 이야기를 담은 영화라는데, 저는 어느 대목이 사랑인지 이해하기가 어려웠습니다. 사랑하면 이런 상황에서 혼자 죽어야 하는 것 아닌가요? 왜 사랑하는 사람을 죽음으로 몰고 가죠?

이다혜 환생을 해서까지 다시 만난 운명적인 관계다 보니 어쩔 수 없다는 설정인데요, 지금 다시 보니 교사가 제자를 데리고 외국으로 가서 뛰어내리는 상황이 그토록 낭만적으로 여겨졌다는 것이 의아합니다.

이수정 「번지 점프를 하다」라는 제목 자체가 만약 자살을 미화하는 것이라면 위험할 수 있습니다. 요즘처럼 일주일에 한 번씩 동반 자살이 일어나는 시대였다면 이런 판타지를 영화화하기 어려웠을 것입니다. 동반 자살, 아니 이 용어는 지양해야 하고요, '타살 후 자살' 사건들이 빈번하게 일어나는 상황에서 기사화되면 쉽게 이런 제목을 달고, 이런 결말을 선택하지는 않았겠지요.

일상 속의 강간 문화
예전과 오늘날은 얼마나 다른가

이다혜 이번에 다시 영화를 보니 우리 사회의 감수성이 많이 변화했다는 것을 실감했습니다.

예를 들어 영화 초반에 태희가 인우와 처음 만나는 대목입니다. 태희가 비 오는 날 우산이 없자 인우의 우산 아래로 뛰어들면서 서로 알게 되거든요. 그런데 그 이야기를 들은 인우의 친구가 "제 발로 들어와서 나 잡아먹으라는데 그걸 안 먹냐? 으이그 병신."라고 말합니다. 어떻게 보면 태희는 우산이 없고 비가 오는 상황에서 필요에 의해 한 행동인데 마치 남성에게 어필을 했다는 식으로 곡해됩니다.

이수정 그 정도는 애교로 봐 줄 수도 있지만, '잡아먹는다'라는 표현은 강간 통념입니다. 그게 바로 안희정 전 지사가 처벌받은 이유이기도 합니다. 밤늦은 시간에 수행 비서에게 담배 한 갑을 부탁해 비서가 가져왔다고 해서, 그것이 곧 그날 밤을 허락하는 의미는 아니잖아요. 잘못된 사고방식 때문에 자기 인생을 망치는 사람들이 최근에 많습니다. 사회적 규범이 상당히 빠른 속도로 바뀌고 있는데도 불구하고 여전히 옛날 방식으로 사고하는 사람들입니다. 이 영화가 개봉한 2001년 당시에는 이런 대사가 문제라는 생각조차 없이 유머로 소비됐을 것입니다.

이다혜 이 대사를 한 문제의 친구는 영화 속에서 계속 그런 농담을 하는 담당으로 한국 영화에 자주 등장하는 코믹한 조연 캐릭터입니다. 이 친구는 또 태희는 가슴이 작다, 태희처럼 도도한 여자는 먹어야 네 여자가 된다, 이런 식의 말도 합니다. 여성 비하적인 대화가 남성들끼리의 우정을 돈독하게 만드는 방식이 되는 걸까요?

이수정 그걸 저한테 물어보시면 어떡합니까. (일동 웃음) 남자들은 그러면서 우정을 돈독히 하는 반면, 우리는 그런 대화를 비웃으면서 우리의 우정을 돈독히 하잖아요. (웃음)

이다혜 아, 그렇네요. 영화 속 망언을 지적하면서 우정이 돈독해지는 「이수정 이다혜의 범죄 영화 프로파일」을 함께하고 계십니다. 그런데 이런 영화 속 대화도 요즘에 많이 거론되는 이른바 '강간 문화'의 일부가 아닌가요.

이수정 맞습니다. 성 상납이나 버닝썬 사건이 보여 주듯 우리 사회에 강간 문화는 틀림없이 존재합니다. 그래도 그간에 많은 법률의 개정과 입법이 있었습니다. 만약 오늘날 장자연 사건*이 일어난다면 바로 발각되고 처벌받을 가능성이 상당히 높을 것입니다.

이다혜 한편으론 기대만큼 빨리 바뀌지는 않는다고 생각하게 만든 것이 버닝썬 사건이기도 합니다.

이수정 동의합니다. 아무도 송치되지 않았고, 검찰에 넘어가지도 않았고, 심지어 조금 있으면 일부 범죄는 시효가 끝나 버립니다. 고의적으로 사건 처리를 미루는 것 같다는 음모가 불거질 정도이니 안타깝습니다.

이다혜　강간 문화라는 말을 하면 일부는 '그런 게 어딨어.'라고도 하지만, 아무렇지 않게 오가는 '먹어라, 먹지 않으면 바보다.'라는 영화 속 대화를 누군가는 결국 실행에 옮길 거라고 생각하면 답답해집니다. 남자들끼리 하는 말인데 뭐 어때 하는 식으로 통용되는 것 자체가 문제라는 생각을 하지 않을 수 없습니다. 「번지 점프를 하다」는 개봉 당시에 '새로운 멜로 영화'라는 평가를 많이 받았는데 말이죠.

이수정　이런 종류의 대사를 유머로 치면서 동시에 운명적인 사랑을 그렸다는 것이 모순처럼 느껴집니다. 결국은 스토리가 동반 자살로 끝나는데, 대체 뭘 주장하고 싶은지 모르겠어요. 권선징악인가 하는 생각까지 드는데 영화의 주제는 사랑이라면서요? 그런데 개봉 당시에는 저도 솔직히 이 영화의 문제점을 잘 몰랐습니다. 그냥 배우들이 잘생겼구나 생각하면서 그럴 수도 있겠거니, 새롭다, 이런 생각만 했던 것 같아요. 그런데 지금 돌아보니, 새롭다고 하기엔 인권 침해적인 내용이 너무 많습니다.

: **장자연 사건***

2009년 3월 7일 배우 장자연은 스스로 목숨을 끊었고 3월 13일 KBS 1TV의 「뉴스9」는 장자연의 자필 문건을 통해 장자연의 죽음 뒤에 권력에 의한 성폭력 피해 정황이 있었음을 보도했다. 그 내용에 모욕, 협박, 폭행, 추행, 강간 등의 구체적인 피해 사실이 담겨 있었고 가해자로 소속사 대표, 유력 언론사 및 기획사 관계자, 기업인, 방송사 PD 등 십여 명이 지목되었지만, 사 개월간의 경찰 조사 끝에 증거 부족으로 '혐의 없음' 처분을 받았다.

공소 시효가 만료되어 잊혔던 사건은 2019년 4월 2일 법무부 '검찰 과거사 위원회'가 재조사를 결정하면서 다시 조명되었다. 서울 중앙 지검이 수사를 맡고, 해외에 체류 중이던 증인 윤지오 씨가 입국해 마지막 진실 규명에 나섰으나 조선일보 전직 기자 조 모 씨를 강제 추행 혐의로 구속하는 데 그쳤다. 조 씨는 1심에 이어 2020년 2월 7일 항소심에서도 무죄 판결을 받았다.

이다혜 가만히 보면 인우도 크게 다르지 않습니다. 너무나 숫기가 없고, 십칠 년 간 첫사랑을 간직한 세상에 둘도 없는 순애보라는 설정에도 불구하고 군대를 가기 전에 친구들과 '복학하면 영계랑 놀겠다.'는 말을 하기도 합니다.

태희와 인우가 싸우는 장면에서는 인우가 태희에게 우산을 가져가라고 주는데 태희가 들은 척도 안 하고 막 앞으로 가 버립니다. 그러고는 태희가 '난 네 것은 아무것도 갖고 싶지 않다.'라고 해 버리니까 화가 난 인우가 우산으로 공중전화 박스를 마구 치면서 폭력적으로 분풀이를 합니다. 그 장면을 보며 과연 순수한 남성이란 무엇일까, 그렇게 여자 앞에서 기물을 파손하는 남자를 계속 만나도 될까 하는 생각을 했습니다. 혹시 이런 우산 부수기는 데이트 폭력의 전조 아닐까요?

이수정 글쎄요. 맞을 수도 있고, 아닐 수도 있습니다. 물건은 때려 부수지만 사람은 안 때릴 수도 있죠. 사람을 때리는 것보다는 훨씬 낫지 않느냐고 말하려니 슬픕니다. 지금과 같은 기준으로 보면 이십 년 전 영화라 다소 폭력적인 느낌이 있습니다. 우리로서는 진보를 확인하는 나름의 재미도 있는 것 같습니다.

이다혜   문화 상품은 만들어진 당시의 사회적 인식을 담고 있기 때문에, 지금 만들어지는 많은 작품들 역시 십 년 뒤, 이십 년 뒤에는 지금과 다르게 해석될 것입니다. 훨씬 더 많이 나아져서 '어떻게 그때는 이런 것이 재미있다고 생각했지?'라고 느낄 수 있는 부분들이 더 많아졌으면 좋겠습니다.

이수정   미래에는 성 규범이 크게 바뀌어서 아무도 사랑하지 않고, 아무도 결혼하지 않은 채 각자 사는 시대가 되어, 「번지 점프를 하다」를 보면서 그때는 그래도 남녀가 저렇게 싸우기도 했구나 하고 향수를 갖게 될지도 모르지요. (웃음) 언제나 미래가 좋은 방향으로만 나아가는 건 아니니까요.

이다혜   좋은 방향 아니에요?

이수정   그게 좋은 방향인가요?

이다혜   왜냐하면 지금은 모두가 과도하게 낭만적인 판단 기준을 가지고 이야기를 만든다는 생각이 들거든요. 모든 창작물들이 사랑이 빠지면 이야기가 성립되지 않는다는 식으로 제작되는 것 같아서요.

이수정   전 그래도 리얼돌은 싫습니다. (웃음)

이다혜   저도 리얼돌을 찬성하는 것은 아닙니다. (웃음) 영화 「번지점프를 하다」로 미성년자 그루밍 성범죄에 관해 이야기해 보았습니다. 감사합니다.

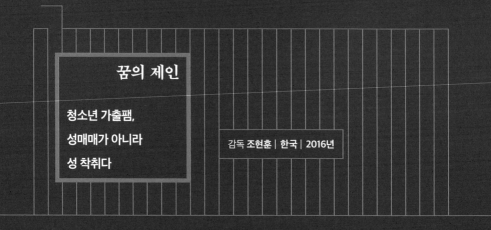

꿈의 제인

청소년 가출팸,
성매매가 아니라
성 착취다

감독 조현훈 | 한국 | 2016년

주인공 소현은 가출한 뒤, 같은 처지의 청소년들이 유사 가족 공동체를 만들어 살아가는 '가출팸'을 전전한다. 내성적인 소현은 그저 홀로 있는 것이 두려워 그들과 어울릴 뿐, 그들에게서 진정한 마음의 교류를 얻지는 못한다. 그러던 중 가출팸 사이에서 누군가가 죽고, 이 때문에 공동체가 흩어진다. 소현은 한때 함께 살았던 정호와 묵었던 모텔로 찾아가고, 그곳에서 자살하기로 한다. 그때 누군가가 방문을 두드린다. 정호의 기억을 공유하고 있는 제인이다.

제인은 술집을 경영하는 트랜스젠더로, 정호가 그곳에서 일할 때 제인은 정호를 사랑했다. 갑자기 사라진 정호를 찾아 나선 제인은 그 흔적을 찾아 여기까지 왔고, 소현을 발견한 제인은 그녀를 자신의 팸으로 받아들인다.
'불행한 인생 혼자 살아 뭐하니, 그래서 다 같이 사는 거야.'

소현은 이렇게 제인과 나누는 이야기를 통해서 정호를 회상하고, 삶의 작은 행복들을 떠올리기 시작한다. 그러던 어느 날 소현은 공사장에서 일하는 정호의 모습을 보지만, 그와 함께해도 행복할 수 없으리라 생각하여 발길을 돌린다. 그리고 제인에게는 정호가 그들에게 돌아오지 않겠다고 했다며 거짓말을 한다. 절망한 제인은 자살을 택하고, 소현의 삶에서 현실과 꿈의 경계는 또다시 무너진다.

이다혜　오늘은 2016년작 「꿈의 제인」을 중심으로 청소년 가출 팸에 대해 이야기합니다.

「꿈의 제인」의 중요한 소재는 가출팸입니다. 가출팸은 가출한 청소년들이 원룸, 고시원, 모텔 등에 모여서 숙식을 해결하는 가출 패밀리의 줄임말입니다. 2019년 9월 25일 한국 여성 인권 진흥원에서 온라인 기반 청소년 성 착취 근절을 위한 대안 모색을 주제로 개최한 성매매 방지 정책 토론회에 박사님이 기조 발제자로 참여하셨다는 소식을 들었습니다. 본격적으로 이야기 나누기 전에 현재 한국 청소년 성 착취 관련 사건의 현황에 대해 간단히 설명 부탁드립니다.

랜덤 채팅 앱의 유혹

이수정　요즘 아이들을 대상으로 한 온라인 기반 성매매가 만연돼 있습니다. 이른바 랜덤 채팅 앱을 통해 아이들이 유인된 후 성폭력 피해가 일어나는데, 피해자들 대부분 굉장히 열악한 환경의 아이들입니다. 어른들이 집에 있으면 밤에 외출하지 못하게 관리하겠지만 부모님이 밤늦게까지 일을 하는 등의 이유로 이 아이들은 그런 관리를 받지 못합니다.

아이들은 '밤에 잠깐 나와라, 밥 한번 사 줄게.' 등의 유혹을 받으면 순수하게 밥을 먹는 줄 알고 따라 나섭니다. 밥 사 주는 아저씨와 톡이나 SNS, 앱으로 대화도 꽤 나눴으니 친분이 있다고 생각합니다. 이렇게 성폭행 피해가 일어나고 그 결과 피해를 입은 아이들이 가출을 하게 되면서 본격적으로 온라인 성매매 시장에 진입할 가능성이 굉장히 높아집니다.

최근에는 그로 인한 여러 가지 범죄들도 증가하고 있습니다. 예를 들어 그렇게 가출 패밀리에 있던 아이들이 다시 아래로 어린아이들을 편입시켜 성매매 조직을 만드는데, 아이들 사이의 위계질서를 세우는 과정에서 발생하는 집단 폭행 사건 등이 자주 보도되고 있습니다. 대부분 그저 집단 폭행 사건이라고만 생각하지 그 배후에서 무슨 일이 벌어지는지 잘 모릅니다. 왜 온갖 지역에서 모인 아이들이 밤늦은 시간대에 노래방에 모여 어린 초등학생 여자아이를 폭행하는지 모르고 그저 엄벌해라, 소년법을 폐지해라 하는 식의 주장만 합니다.

그런데 이런 청소년 집단 폭행 사건들의 배후에 랜덤 채팅 앱이 있습니다. 앱은 전부 중소 IT 기업에서 만듭니다. 여자아이들과 채팅하는 시간에 벌어들이는 수익은 업체와 아이들이 반반씩 갖거나, 혹은 아이들에게 훨씬 적은 돈을 주고 업체에서 착복합니다. 보통 여자아이들은 채팅을 하면 상품권이나 포인트를 지급받고, 성인 남성들은 회원 등록을 할 때 돈을 냅니다. 앱을 사용하는 여자아이들이 많아야 성인 이용자들이 앱으로 대화를 많이 나눌 수 있기 때문에 성인 남자들은 돈을 내고, 여자아이들은 돈을 안 내는 시스템인 것입니다.

이다혜 나이트클럽도 비슷한 방식입니다. 이를테면 여자 손님에게는 돈을 받지 않고도 간단한 술과 안주를 제공하는데, 남자 손님에게는 돈을 받는 방식으로 운영합니다. 지금 말씀하시는 랜덤 채팅 앱 역시 돈을 내는 쪽은 남자 사용자들이고, 그들을 끌어들이기 위해서 젊은 여성, 미성년 여성을 이용하는 것이군요.

이수정   오프라인 형태의 클럽이나 술집은 미성년자의 출입을 제한하니까 어떤 형태로든 미성년자 보호가 더 이루어지지만, 온라인은 그런 제재가 없습니다. 성인 인증을 해야 하지만, 사실상 성인의 주민 등록 번호를 알아내 입력하면 심지어는 초등학생들도 접속이 가능한 게 현실입니다. 최소한 휴대폰의 소유자를 확인하는 식의 조금이라도 더 엄격한 보안 시스템 유지가 필요합니다.

청소년이 앱에 글을 올리면 즉시 댓글이 달리면서 만남이 성사되는데, 누군가가 실시간으로 감시하지 않는 이상 이렇게 랜덤하게 이루어지는 대화를 알기가 어렵습니다. 그런 앱들이 한국에 현재 200개가 넘습니다. 업체도, 사용자도, 일반인들도 이 앱이 아동 청소년 성매매를 목적으로 하고 있음을 알지만 아무도 단속하지 않습니다. 제가 가출 청소년인 척하고 앱에 글을 올린 후 실제로 어떤 반응들이 오가는지 보았는데, 너무나 많은 성 구매자들을 확인할 수 있었습니다. 이런 앱에 접속한 이상 성매매에 유인되지 않으면 이상하게 느껴질 정도였습니다.

앱으로 인한 피해를 어떻게 근절할 것인지 논의를 이끌어 내기 위해 제가 여성 가족부가 주관한 토론에 금년에만 벌써 세 번째 참여해 발표했습니다. 발표한 주된 내용은 이런 유인이 존재한다는 사실을 고발하고, 외국에서는 온라인 범죄를 근절하기 위해 어떤 제도들을 운영하는가였습니다. 몇몇 나라의 경우에는 인터넷상의 유인을 굉장히 중대한 범죄로 여겨 인신매매로 규정하고 있습니다. 이 아동 유인 방지법은 인터넷에서 아동을 유인하는 대화만 해도 그 자체로 범죄가 됩니다. 현실적으로 유인하는 글이 성매매까지 이어지도록 기다렸다가 모텔로 잠입해 현장에서 증거를 확보해야만 미성년자 성 구매자를 처벌할 수 있다면 과연 몇이나 처벌받을까요. 그렇게 사실상 아동 유인을 방치하는 것이나 마찬가지인 한국의 현실을 극복하기 위해서는 아동 유인 방지법이 필요합니다.

아동 유인 방지법이 있는 나라들은 보통 함정 수사를 허용합니다. 하지만 한국에서는 "열두 살 가출 청소년입니다."라고 글을 올리면 이른바 '범의'를 유발하기 때문에 불법입니다. 멀쩡한 사람한테 범의를 유발하면 안 된다는 논리입니다.

이다혜　　그런데 '열두 살 가출 청소년입니다.'라고 하는 순간 범의가 유발되는 사람이 과연 정상일까요? 예를 들어 '집을 나왔는데 갈 곳이 없어요.'라는 글을 보고 저 아이를 내가 어떻게 해야겠다는 생각을 한다면 그 단계에서 이미 문제가 있어 보입니다. 결국 현재의 정책은 피해가 발생할 때까지 기다리겠다는 수준에 불과한 듯합니다.

이수정　　한국에서는 '너의 성을 내가 사겠다.'는 명확한 의도를 담은 댓글을 달아도 아직 행동에 옮긴 것은 아니기 때문에 제재를 할 수 없고, 그 단계에서는 범죄도 아닙니다. 피해가 발생하지 않도록 하기보다 피해가 발생하면 그제야 검거해 검거 실적을 올릴 뿐입니다.

허울 좋은 IT 강국의 어두운 그림자

이다혜　이미 범죄가 일어난 이후에 범인을 잡을 수 있을지는 모르겠지만 피해자를 구제하거나 피해를 복구할 수 있는 방법은 없는 것 아닌가요.

이수정　네, 현재 한국 형사 정책의 목적은 예방이 아닙니다. 불법적인 랜덤 채팅 앱 업체에게 책임을 묻고 손해 배상까지 청구할 수 있도록 법적 책임을 명기해야 하는데, 현실은 아직 스토킹 방지법도, 아동 유인 방지법도 없습니다. 그러다 보니 아이들을 착취해 금전적인 이득을 올린 불법 채팅 앱 업체들은 IT 재벌이 됩니다. 앞서 말씀 드린 토론회도 그런 업체들에 대한 제재가 필요하다는 목소리를 내기 위한 것이었습니다.

이미 여러 번 이야기했지만 한국은 의제 강간 연령이 너무 낮은 게 가장 큰 문제입니다. 토론회에서 변호사 한 분이 혼인 가능 연령은 18세로 해 놓고 의제 강간 연령은 12세까지라는 것은, 그렇게 어린 나이부터 섹스할 능력은 있지만 혼인은 안 된다는 뜻이냐 지적하셨는데 너무나 합당하다고 생각했습니다.

이다혜　애초에 혼인이라는 행위의 결과를 책임질 수 있으려면 최소 18세가 되어야 한다고 판단한 것일 텐데요, 의제 강간 연령이 그토록 낮다는 것은 불의의 사고가 일어났을 경우 강간으로 인정해 주지 않겠다는 의도처럼 해석됩니다.

이수정　그래서 그런 문제를 계속 이야기하고 있는데 계란으로 바위 치기입니다. 경찰청과 정보 통신부의 입장을 듣기 위해 토론회에 해당 부서 담당자를 초대했지만 참석하지 않았습니다. 그렇다면 불법 채팅 앱을 만든 IT 업체들에게 어떻게 책임을 물을 수 있을까요? 여성 단체와 관심 있는 몇 분들이 모여 문제의 심각성을 논의하는 것으로 끝나선 안 됩니다.

이다혜　　불법 채팅 앱 업체들도 세금을 내고 심지어 정부 보조금까지 받으며 멀쩡히 존재하는 회사라는 사실이 황당합니다. 웹하드 업체나 랜덤 채팅 앱 업체들은 IT 회사의 탈을 쓰고 있지만 실제로는 성매매로 돈을 버는 기업입니다. 열악한 상황에 처한 여자아이들을 주로 착취한다는 점에서 대단히 비윤리적입니다.

이수정　　부유층 아이들은 애당초 그런 채팅 앱에 유입되지 않습니다. 가족에게도 보호받지 못하고, 학업이 중단되어 학교에서도 쫓겨난 아이들이 주로 유입되죠. 성매매에 나서는 여자아이들이 피해자인지 성매매 범죄자인지, 그 부분도 경계가 굉장히 모호합니다.

이다혜　　미디어나 언론 보도에 대해 다룬 책을 보면, 중산층 가정의 위기를 다룬 뉴스가 가장 반응이 좋다는 사실을 알 수 있습니다. 뉴스를 소비하고 여론을 주도하는 계층 또한 중산층이기 때문입니다. 똑같은 도둑, 강간, 강도 사건이라 해도 중산층 가정이 몰려 있는 주택가에서 일어나면 훨씬 더 심각한 이야기로 받아들여집니다.
　　경제적으로 취약한 하층 계급의 범죄가 더 잦고 피해가 크다 해도 그들의 이야기는 뉴스로서의 가치가 현저히 낮습니다. 그들은 뉴스를 봐야 할 시간에 노동을 하거나 육체적으로 너무 고단해 휴식을 취하거나, 그조차도 여의치 않은 주거 환경에 놓여 있습니다. 심각성에도 불구하고 하층 계급 청소년들을 온라인 성매매로 유인하는 랜덤 채팅 앱 문제가 제대로 조명되지 못하고 있는 배경에는 이 같은 이유도 있는 듯합니다.

국가가 정상 가족 범위 내의 청소년에게 관심을 갖는 것도 중요하지만, 취약한 상황에 놓인 청소년을 더 적극적으로 보호하고 지원해야 하는데 오히려 방기하고 있는 것 같아 우려가 됩니다.

이수정 특히 교육부의 업무를 보면 실감할 수 있습니다. 학교 현장에 있는 아이들을 위해서만 예산이 집행되니까요. 학교 밖으로 나간 아이들은 교육부의 관심 대상에서 멀어집니다. 열악한 조건에 있으니 자의든 타의든 학교를 나오게 된 것인데, 집에서도 아이들을 찾지 않고, 학교에서도 찾지 않으니 결국 온라인 성매매 카르텔로 빠져들게 되는 것입니다.

이다혜 「꿈의 제인」도 지금 말씀해 주신 이야기와 굉장히 깊은 관련이 있습니다. 주인공 소현은 가출팸을 전전하면서 청소년으로서 절대 겪어서는 안 될 온갖 폭력과 범죄에 노출되고 있습니다. 실제로 청소년 문화에서 해악이 될 만큼 가출팸의 심각성이 크다고 보시나요?

이수정 큽니다. 아동 청소년의 문제는 근로를 할 수 없다는 데서 시작됩니다. 현재는 부모의 동의를 받아야 청소년증이 나오고, 청소년증이 있어야 법적으로 보호받는 경제 활동을 할 수 있습니다. 하지만 보호자가 동의를 해서 청소년증을 받을 수 있는 가정이라면 애당초 아이들이 가출하지 않았을 것입니다. 안전해야 할 집에 오히려 가해자가 있어 집을 나왔는데, 길은 너무나 위험하고 돈을 벌 방법도 없습니다. 그래서 일종의 대안 가족, 가출 패밀리가 탄생한 것입니다.

혼자 성매매를 하지 말고 여러 명이 모여서 움직이자, 성매매를 한 후에 아저씨들이 돈을 주지 않거나 폭행할 때 누군가가 바깥에서 지키고 있으면 죽지는 않지 않겠느냐, 하여 자생적으로 조직된 가출 패밀리이지만 처음부터 다 성매매를 하는 조직이었던 것은 아닙니다. 인터넷 환경이 휴대폰으로 넘어가고 오프라인에서 성매매 업소들이 많이 사라지면서 온라인 성매매가 대세가 되고, 수요도 늘어나게 된 것이죠.

성인보다 아이들이 IT에 익숙하다 보니 더욱 손쉽게 온라인 성매매 시장으로 흘러 들어가면서 가출 패밀리들 태반이 성매매 조직으로 변질되고 있습니다. 말이 패밀리지 상호간의 위계가 분명하고, 먼저 권력을 쥔 자가 그보다 힘이 없고 나이 어린아이들을 착취하는 구조로, 성매매 알선 및 강요가 빈번합니다.

가족 해체와 공공 서비스의 부재

이다혜 「꿈의 제인」을 보면 가출 청소년들에게 첫 번째로 필요한 것은 집입니다. 팸이 유지되려면 단순히 또래들이 모여 있는 것뿐 아니라 구체적인 장소가 있어야 합니다. 이를테면 모텔비를 낼 수 있다든가, 원룸을 구할 수 있는 상황을 전제로 하여 아이들이 모입니다. 이 점은 한국 사회의 주거 불안 문제와도 관련이 있어 보입니다. 집을 떠난 십 대 청소년이 혼자 힘으로 주거 공간을 구하기가 어렵기 때문에 그들끼리 자생할 수밖에 없는 것 아니겠습니까.

이수정　네, IMF 이후 많은 가족이 해체됐지만 그 보호 환경을 대체해 줄 국가적 서비스는 제공되지 못했습니다. 그러다 보니 길 위의 아이들이 자생적으로 대체 패밀리를 만들게 된 게 가출팸 현상의 유래입니다.

대략 2000년대 초반부터 가출팸이라는 말이 등장했고 벌써 십 년이 넘었습니다. 처음에는 정말 가출한 아이들끼리 모여 공동생활을 하는 형태였던 적도 있습니다. 나이가 많고 뜻한 바가 있는 아이가 가출 청소년들을 모아 공부도 시키고 근로도 도우면서 사회적 규범의 테두리 내에서 살아 보겠노라고 노력하던 경우도 있었습니다. 지금과 온라인 환경이 다르니 위험에 노출될 가능성도 낮았고요.

그런데 2000년대 후반부터 성매매가 온라인으로 번지면서 취약한 가출 청소년들이 노출되기 시작했습니다. 그전의 성매매 조직은 유영철 사건을 재현한 영화 「추격자」에서 보듯 보도방, 그러니까 포주가 성인 여자들을 데리고 명함이나 전단지를 통해 성매매를 알선하는 형식이었는데, 그리 오래전 이야기도 아닙니다. 유흥가 길바닥에 성매매용 명함들이 엄청나게 뿌려져 있던 걸 많이들 기억하실 듯합니다.

그 보도방이 전부 앱으로 이동해 직거래가 된 셈입니다. 성인 여성들이 특정 지역을 중심으로 영업하는 방식은 급격히 사라졌습니다. 오프라인 방식은 단속의 대상이 되기도 쉬우니까요.

이다혜　그럼 오프라인 성매매를 단속하던 경찰들은 지금 뭘 하고 있나요?

이수정   다른 범죄자들을 잡으려고 열심히 일하고 있죠. 그러니까 이 일은 이제 사이버 수사대에서 해결해야 하는데, 그러려면 테크놀로지에 전문 지식을 가진 경찰들의 수가 굉장히 많아져야 합니다. 현실 속도를 따라잡지 못하고 있는 실정입니다.

이다혜   온라인 성매매가 현재 진행형이고 규모도 점점 더 커지고 있으니, 기존 인력을 새로 발생하는 온라인 범죄 쪽으로 옮기는 게 맞지 않나요? 기존의 인력을 옮기는 건 아니라도, 최소한 신규 채용을 할 때 가중치를 두는 방법도 있을 텐데요.

이수정   경찰도 노력은 하고 있습니다. 재교육도 굉장히 많이 하고요. 그런데 문제는 기술이 워낙 빠른 속도로 발달하다 보니 기존의 성매매 사이트가 사라지고 SNS나 개인 방송 등으로 파편화되어, 예전처럼 한 업체를 단속해 여러 명을 검거하는 식의 수사가 불가능해졌다는 것입니다. 그래서 외국의 경우에도 이런 문제에 한해서는 함정 수사를 용인해 일종의 아동 성매매 예비 행위 자체를 처벌하는 것입니다.

이다혜   「꿈의 제인」 속 주인공 소현은 집을 나온 지 꽤 되어 보입니다. 가출의 이유는 알 수 없습니다. 상황은 점점 나빠지는데 가출팸 멤버들과의 사이도 원만하지 않습니다. 심지어 '너는 가출팸과는 잘 안 맞는 것 같아.'라는 식의 이야기를 가출팸의 언니에게 듣기도 합니다. 그럼에도 소현은 집에 돌아갈 생각을 하지 않습니다. 실제로 가출하는 청소년들이 소현과 비슷한 상황인지, 그리고 가출하는 가장 큰 이유는 무엇인지 궁금합니다.

이수정　모든 가출 청소년이 학대받거나 냉대를 받았던 건 아니지만 대부분 경제적으로 어려운 것은 사실입니다. 부모님이 먹고살기 위해 밤낮없이 생업에 종사하다 보니 아이들은 그 나이에 응당 받아야 하는 관심을 충분히 받지 못합니다. 그런 와중에 일단 가출을 해서 비슷한 환경의 아이들끼리 어울려 지내다가 성폭력 피해를 당하는데, 트라우마가 생기면 자존감이 떨어지며 원래 있던 자리로 돌아갈 자격이 안 된다고 생각해 버립니다.

성매매를 하는 아동 청소년을 나쁜 아이로 단정하는 순간, 그 아이들도 도움이 필요한 약자라는 사실을 망각하게 됩니다. 뉴스에 자주 보도되는 집단 폭력 사건은 거의 대부분 이런 가출 패밀리에서 일어납니다. 군대처럼 명령을 따라야 하고 성매매를 거부하면 집단 폭행을 당합니다. 자신들만의 질서에 위배되는 행동을 하게 되면 그 집단 내에서 처벌을 받고, 일단 그 위계에 편입되면 쉽게 빠져나올 수 없습니다. 가족이 과연 나를 찾을까? 엄마가 나를 창피하게 생각할 텐데, 집에 가도 환영받지 못할 텐데, 이런 여러 가지 두려움 때문에 집으로 돌아가지 못하곤 합니다.

가해자가 되어야 주목을 받는 거리의 아이들

이다혜　「꿈의 제인」을 보면 가출팸의 아버지 역할을 하는 사람이 전체적인 돈 관리를 하고 있고, 구성원은 모든 소득의 반을 팸에 내야 합니다. 그렇기 때문에 돈을 모아서 나가고 싶어도 쉽지 않습니다. 월세라 해도 최소 100만 원의 보증금은 필요한데, 가출팸 생활을 하면서 그만큼의 돈을 모으기는 거의 불가능합니다. 돈을 모으려고 몰래 다른 일을 하다가 적발됐을 때에 그 팸 안에서 처벌받는 방식도 상상을 초월하게 폭력적입니다.

이수정   피를 뚝뚝 흘리는 초등학교 6학년의 사진, 담뱃불에 지진 자국 같은 것들이 자극적이니까 기사화가 되는 것입니다. 심지어 장애를 가진 어느 여성은 가출팸의 폭력으로 죽기도 했습니다.
    그러나 사건들이 자극적으로만 보도될 뿐, 비면식 관계에 있는 사람에 대한 성적 유린이 어떻게 발생하는지 그 배경에 대해서는 아무도 관심이 없습니다.

이다혜   사실 성폭력은 면식 관계에서도 굉장히 많이 일어납니다. 심지어는 친족 관계나 스승과 제자처럼 굉장히 친밀하고 신뢰로 엮여 있다고 생각하는 관계에서도 자주 발생하고요. 그렇다면 면식 관계에서 일어나는 성폭력과 비면식 관계에서 벌어지는 성폭력 사이에는 어떤 차이가 있나요?

이수정   보통 면식 관계에서 일어나는 성폭력은, 피해자가 정확히 인식하지 못한 상태로 장기간의 그루밍이 선행됩니다. 반면 비면식 관계에서는 대부분 일방적인 폭력이 일어납니다. 포식자가 일종의 먹이를 잡은 것과 비슷합니다. 랜덤 채팅 앱 이용자 중에는 성관계를 맺는 게 목적이 아니라 약자에게 폭력을 행사해 화풀이를 하려는 게 목적인 사람도 있습니다. 그러다 보니 아이들도 혼자 성매매

를 하지 않으려고 합니다. 과거에는 여자아이들끼리 몰려다니기도
했는데, 요즘은 일종의 보디가드 같은 역할을 하는 성인 남자들을
섭외합니다.

그런데 그런 남자 역할로 전과자가 들어오면 강도 범죄로 변모
하기도 합니다. 성매매 동영상을 찍어서 성 구매자를 위협해 돈을
뜯어내는 식입니다. 아이러니하게도, 그렇게 해서 성 구매를 원했던
성인 남자가 돈만 뜯기고 자기가 원하던 것을 얻지 못했을 경우, 남
성은 그때부터 범죄 피해자가 되고 미성년자들은 다 강도 가해자가
되어 버립니다. 본질이 전도되는 셈입니다. 가출한 아이들을 가해자
취급하는 분위기가 사회적으로 만연되고요.

이다혜　이런 현실을 들을수록 함정 수사 없이는 도저히 성 구매
자를 잡을 방법도, 성 착취를 해결할 방법도 없다는 생각만 듭니다.
함정 수사를 허용한다는 것 자체가 실제 성 구매에 해당하는 행위가
일어나지 않았다 하더라도 처벌할 수 있다는 뜻이잖아요.

이수정　그래서 아동 유인 방지법이 필요합니다. 유인하는 행위
자체를 처벌해야 처참한 지경까지 가기 전에 예방할 수 있습니다.
물론 아동 유인 방지법이 생기면 경찰 업무가 폭발적으로 증가할 것
입니다. 그리고 성 매수를 하겠다고 올린 글인지 아닌지 등을 판단
해야 하니 골치 아프고 만만치 않을 것입니다. 국회에서 논의했을
때, 아동 유인 방지법이 너무 많은 일반인들을 범죄자로 만들 가능
성이 있다는 반대가 있었습니다. 사소한 일로 범법자가 양산되어 인
권 침해적 요소가 있을 수 있다는 주장이었습니다.

물론 제일 열렬하게 반대하는 것은 업자들, 앱 사업체들입니다.

아동 유인 방지법은 채팅 앱 업계에 완전히 찬물을 끼얹을 수 있기 때문에, 업계가 망하지 않도록 계속 로비도 하고 방해도 하며 법이 제정되지 않도록 조종하는 것입니다.

이다혜 「꿈의 제인」에서 소현은 어쨌든 쫓겨나지 않기 위해 위험을 감수하는 등 계속해서 소속감을 원하는 듯 보입니다. 영화 전반부에서 소현이 제인의 돌봄을 받게 되는 것은 거의 천운에 가까운 행운입니다. 하지만 제인이 사라지면서 전반과 후반의 관계가 모호해집니다. 전반부가 꿈인지, 아니면 시간상 이전과 이후의 상황인지, 앞뒤가 들어맞지 않습니다.
어쨌든 이 가출팸은 여성 청소년을 성매매의 수단으로 삼는 조직 폭력단이나 다름이 없는데도 서로 패밀리, 아빠, 엄마 등의 단어를 사용하는 것은 이들에게 그만큼 소속감이 중요하기 때문이라고 볼 수 있을까요?

이수정 그렇습니다. 가출을 해도 여전히 아이들이기 때문에 엄마도 필요하고 아빠도 필요하지요. 그래서 가출팸은 우리도 가족처럼 엄마도 있고 아빠도 있다는 식의 소속감을 주려고 합니다. 한편 가족이라면 부모님의 말씀에 순종해야 하잖아요. 이처럼 가출팸에서는 나름대로 부드러운 엄마 역할, 혹은 보호 기능을 하던 구성원이 사라지면 폭력의 규율만 남게 됩니다.

이다혜 처음에 팸에 들어가는 과정은 어떤가요? 앱을 이용해 성매수자를 찾는 것처럼 팸도 앱을 이용해 가출 청소년을 모집하는 것은 아니겠지요?

이수정　보통 SNS를 많이 이용합니다. 가출한 아이들이 많이 사용하는 '톡' 앱이 있습니다. 이런 톡에 '가출했어요, 오늘 잘 곳이 없어요.'라고 글을 올려 가출팸의 일원이 됩니다.

이다혜　가출 청소년들이 팸을 만드는 행위 자체를 처벌할 수는 없을 것 같은데 현재 법적으로 문제가 되는 시점은 어디부터인가요? 피해자 신분으로 뭔가 조사를 받거나 보호를 받을 수 없나요?

이수정　앞서 이야기한 상황처럼 조건 만남 끝에 성 매수자를 폭행한다거나, 성 매수자에게 강도를 저지르면 그때부터 가해자로 처벌받습니다. 피해자로 인정받으려면 신고해야 하는데, 신고가 불가능한 상황이지요. 아이들은 가출팸이 강요하는 반사회적 행동에 동조하지 않으면 생존이 불가능합니다.

이다혜　영화 「꿈의 제인」 제목에 등장하는 '제인'은 트랜스젠더로, 트랜스젠더 클럽을 운영하거나 클럽에서 공연을 하는 것 같습니다. 어느 정도의 경제력을 갖고 있기 때문에 가출 청소년들을 구제해서 함께 살아가는데, 이 제인의 가족이 일종의 대안 가족 같기도 합니다. 실제로 이런 경우가 있는지, 그리고 영화에 등장하는 식의 공동생활이 법적으로 허용되는지 궁금합니다.

이수정　그렇게 생활하는 경우도 많이 있습니다. 실제로 가출 패밀리 안에 있는 아이들이 가족처럼 끈끈하게 지내기도 합니다. 문제는 영화 속 제인 같은 리더만 있는 것은 아니라는 것입니다. 전과가 있는 남자들이 이영학*처럼 고의로 어린아이들을 불러다가 성매매를 시키는 등의 각종 위험이 도사리고 있습니다. 이영학도 13세 이상 되는 여자아이들에게 가출하면 연락하라며 자신의 전화번호까지 인터넷에 올려 홍보했습니다. 그들은 이런 식의 시장이 형성되어 있다는 걸 너무나 잘 알고 있습니다. 제가 가장 하고 싶은 이야기는 결국 또다시 의제 강간 연령입니다. 그런 위험이 있다는 것을 예상할 수 있는 연령이 대체 몇 살인가 따졌을 때 결코 13세는 아닙니다. 왜 이 어린아이들에게 다른 권리는 주지 않으면서 목숨을 잃을 수도 있는 섹스의 권리는 허용하느냐는 말입니다.

: 이영학*

이영학은 2017년 9월 30일 서울시 중랑구 자택에서 딸의 친구 김 모양(당시 14세)에게 졸피뎀 수면제를 먹이고 성폭행을 시도했다. 도중에 피해자가 깨어 저항하자 목 졸라 살해한 후 사체를 강원도 영월군 야산에 유기해 2017년 10월 5일 검거되었다.

종양이 잇몸과 치아 뿌리에 자라나는 거대 백악종이라는 희귀병을 앓고 있어 일명 '어금니 아빠'로 불리기도 했다. 살해·유기한 혐의, 교통사고를 가장해 총 2830만 원가량의 보험금을 타낸 혐의도 인정한 이영학은 성 학대에 시달리던 아내 최 모 씨의 자살을 방조한 혐의도 받고 있다. 2018년 2월 21일 1심에서 사형을 선고받았으나 항소심에서 무기 징역으로 감형되었고, 11월 29일 대법원에서 형을 확정했다.

소년원에 더 있게 해 달라는 아이들의 현실

이대혜   현재 이런 가출팸에 대한 단속도 많이 이뤄지고 있나요?

이수정   사실상 단속이 어렵습니다. 집단 폭행으로 멤버 중 하나가 사망하더라도 집단 폭행 사건으로 사건화될 뿐, 가출팸의 성매매 사건으로 사건화되는 것이 아닙니다. 어떻게 보면 아이들은 피해자가 아니라 가해자가 되는 시점에 드러납니다.

이대혜   가출팸 안에서 보통 나이가 많은 멤버들이 엄마나 아빠 역할을 담당하게 되나요?

이수정   그렇습니다. 닳고 닳은, 거리의 질서를 잘 알고 있는 아이들이 주로 엄마 아빠의 역할을 맡습니다. 어린 시절 가출해 사오 년 정도 지나 십 대 후반이 된 아이들은 사실상 아이가 아닙니다. 너무나 착취당한 경험이 많아서 그 또래 아이로 상상하기도 힘든 모습입니다.

성범죄 가해 여성 청소년을 실제로 보면 마치 우리 속에 갇힌 동물 같기도 합니다. 가해자가 되어 소년원에 온 아이들은 시선도 제대로 맞추지 않고, 하루 종일 구석에 앉아 있고, 조금이라도 접근하면 미친 듯이 달려들며 포악하게 굴곤 합니다. 너무나 많은 상처를 받은 상태로 소년원에 오는 것입니다. 원하지 않은 임신은 당연하고, 경우에 따라서는 낙태를 하거나, 출산한 후 아이를 갖다 버리거나, 나아가 출산한 아이를 제 손으로 죽이는 경험을 한 아이도 있습니다. 그럼에도 계속 성매매에 나서야 하는 상황을 경험하고 나면 인간의 존엄성을 다 잃어버립니다. 인간이 존엄한 존재라는 의식 자체가 사라지면 짐승과 다르지 않지요.

이다혜　청소년 성 구매자들만이 갖는 특성도 있을 듯합니다.

이수정　요즘은 청소년 성매매가 워낙 만연해 아동 청소년에 대한 특별한 도착이 없는 사람들도 너무나 손쉽게 유입됩니다. 휴대폰만 있으면 누구에게나 가능한 일이니까요. 그래서 이 분야 전문가들은 보고서를 쓸 때 '아동 청소년 성매매라고 쓰면 안 된다, 이건 성 착취로 용어를 바꿔야 한다.'라는 논리로 성 착취라는 용어를 씁니다. 그런데 그 용어를 쓰면, 랜덤 채팅 앱을 누가 시켜서 하는 게 아니지 않느냐, 청소년들이 자발적으로 나서서 성매매를 하는 것인데 왜 성 착취냐며 항의하는 사람들도 있습니다. 그것만이 생존일 수도 있는 아이들의 상황은 생각하고 싶어 하지 않는 것이지요. 아이들이 왜 집단 폭행을 하는지 모르면서 무조건 소년법을 폐지하라고 부르짖는 사람들도 많습니다. 하지만 문제를 그렇게 단순화해서 자기주장만 앞세우는 건 사회적인 차원에서 도움이 되지 않습니다.

이다혜　결국 가해자가 되어 소년원으로 가게 되면 그 이후에 다시 진학하는 학생들의 비율은 얼마나 되나요?

이수정　소년원에 가면 그때부터는 완전히 다른 방식의 생활이 시작됩니다. 일단은 굶지 않아도 되고, 밤이 위험하지 않으니 깊은 잠을 잘 수 있지요. 그러면 보통 아주 피폐해진 아이들도 마음에 여유가 생기고 한두 달 정도 지나면 미래를 생각하게 되면서 검정고

시반에도 들어가고, 미용사 자격증도 따고 합니다. 그렇게 전반적인 컨디션을 회복한 채 소년원을 나가게 되는 아이들도 있습니다. 최근 퇴원을 좀 연기해 달라는 아이들이 늘어나고 있습니다. 길바닥의 질서가 어떤지 아이들이 더 잘 알기 때문입니다.

이다혜　　소년원 퇴원을 보통 언제, 어떤 식으로 하게 되나요? 애초에 들어갈 때 받은 형기를 채우고 나가는 식인지, 나이 제한이 있는지 궁금합니다.

이수정　　소년원은 당연히 만 18세의 나이 제한이 있습니다. 소년법에서 제일 길게 명할 수 있는 것이 10호 처분인데, 그것이 2년입니다. 그런데 보통 형기의 2분의 1이 지나면 가석방, 가퇴원을 할 수 있어요. 그래서 소년원도 1년이 지나면 심사가 시작되고, 보통 1년 2개월 정도 되면 대부분 퇴원을 합니다. 그런데 14개월은 검정고시를 충분히 준비해서 합격까지 확인하고 나가기에 빠듯하다, 또는 다음 달에 자격증 시험이 있으니 그것까지 보고 나가게 해 달라 하는 식의 요청들이 많습니다.

이다혜　　그럼 퇴원 연기 요청이 받아들여지나요?

이수정　　네, 그렇습니다. 아이들로 하여금 어떻게든 살겠다는 동기를 갖게 하는 게 소년원의 목적이기 때문입니다. 형사 처벌을 받는 소년 교도소는 원칙상 그렇게 되지 않지만 보호 목적인 소년원은 그런 것들도 고려합니다. 돌아가서 사회에 적응을 잘하거나 새로운 삶을 개척하는 아이들도 있는 반면 안타깝게도 그렇지 못한 아이들이 더 많습니다. 재범률이 꽤 높습니다.

이다혜　「꿈의 제인」은 가출팸을 소재로 만들어진 독립 영화입니다. 가출팸이라는 말이 없던 시절에도, 이를테면 또래들이 모여 살며 성매매를 해서 생계를 유지하는 경우도 있었고, 그런 청소년을 주인공으로 하는 영화도 있었습니다.

그런데 예전에 만들어진 영화들은 대부분 여성 청소년들이 어떤 일을 겪는지를 너무 가까이에서 찍는 탓에 관객들까지 다 구경꾼이 되어 그들이 어떤 일을 겪는지 보게 하는 식이었습니다. 예를 들면 「노랑머리」라는 영화가 있었는데, 이 영화도 모텔 방 안에서 무슨 일이 벌어지는지를 너무 직접적으로 보여 주어 논란이 있었습니다. 「꿈의 제인」은 지나치게 선정적인 장면은 없지만 사실 닫힌 문 안에서 얼마나 끔찍한 일이 벌어지고 있는지 누구라도 알 수 있는 것은 사실입니다.

어른으로서, 십 대 청소년 문제를 진지하게 다루려는 정부나 기관들의 노력은 부족한데, 다른 한편으로는 이런 영화들이 청소년 문제를 구경거리로 만드는 경솔함은 또 넘치지 않나 반성하게 됩니다. 물론 「꿈의 제인」은 그런 면에서 비교적 신중하게 만든 영화라고 생각합니다만, 그렇지 않은 영화들도 있으니까요. 사실 이 가출팸 문제가 굉장히 심각하고 또 선생님께서도 못다 한 말씀이 많을 것 같은데, 이런 내용을 다룬 영화들을 소개하기가 현실적으로 쉽지 않습니다.

이수정　그래도 전 나름 문제의식을 가지고 이런 주제를 다루는 영화들이 좀 더 많이 나오면 좋겠습니다. 결말이 식상하게 해피엔딩으로 끝나더라도 좋습니다. 이런 주제를 너무 선정적이지 않게 고발하는 영화들이 많아야 이 사태가 얼마나 심각한지 공감하고 의식 공유가 될 듯합니다. 당사자가 아닌 사람들은 사실 가출 청소년 문제를 상상하기 어려운 것이 현실이니까요.

믿을 수 없는 이야기

성범죄 수사와 피해자 심리, '피해자다움'은 없다

넷플릭스 드라마 8부작 | 미국 | 2019년

미국에서 일어났던 실제 사건을 바탕으로 크리스천 밀러와 켄 암스트롱이 집필한 책 『믿을 수 없는 강간 이야기』를 영상화한 드라마.

위탁 가정에서 자라나 독립한 19세 마리 애들러는 어느 날 밤, 얼굴을 가린 남자에게 성폭행을 당한다. 조사에 나선 남성 형사들은 떠올리기만 해도 처참한 상황에 대해 몇 번이고 거듭 질문하고, 정신이 흐트러진 마리는 조금씩 엇갈린 진술을 하게 된다. 이에 더하여 그녀를 믿지 않는 위탁모의 발언으로 인해 형사들은 그녀의 진술에 의심을 품는다. 결국 마리는 거짓말쟁이로 몰려 당국에 고소당하고 유죄 판결을 받는다. 그녀 주위의 모든 이들이 등을 돌리고, 마리는 강제로 심리 치료까지 받게 된다.

한편 미국 다른 지역에서 유사한 상황의 성폭행 사건이 발생하고, 담당 형사인 캐런 듀발은 피해자에게 배려가 담긴 조심스러운 태도로 임하며 차근히 실마리를 풀어 나가려 한다. 그러는 사이에 캐런은 흡사한 사건이 여러 지역에서 발생했음을 알게 된다. 캐런은 타 지역의 베테랑 여성 형사 그레이스와 공조 수사를 하면서 범인을 뒤쫓고, 그 결과, 그들이 쫓던 범인이 바로 마리를 강간한 자임이 밝혀진다. 이제 마리가 입은 상처와 피해는 누가 책임져야 할 것인가?

이다혜　넷플릭스의 오리지널 드라마 「믿을 수 없는 이야기」를 중심으로 성범죄 수사와 피해자 심리에 대해 이야기하려 합니다. 이 드라마는 2008년부터 2011년까지 미국 워싱턴과 콜로라도주에서 실제로 발생했던 연쇄 성폭행 사건을 다루고 있습니다. 드라마의 바탕이 된 글은 비영리 탐사 보도 매체인 「프로퍼블리카」의 기자 T. 크리스천 밀러와 켄 암스트롱이 사건을 취재해서 쓴 기사입니다. 두 사람은 이 기사로 2016년에 퓰리처상을 받기도 했습니다.

각본, 연출, 주연 배우를 비롯해서 주요 스태프가 여성이라는 점도 주목할 만하지만, 강간이라는 소재를 여성이 다룰 때 표현 방식이 어떻게 달라질 수 있는지를 보여 준 점에서도 굉장히 중요한 드라마로 보입니다. 덕분에 민감한 소재인데도 그나마 마음 편하게 볼 수 있었습니다.

이 드라마는 크게 두 부분으로 나눌 수 있습니다. 먼저 2008년의 마리를 중심으로 한 이야기가 있고, 다른 한 축으로 2011년에 연쇄 강간범을 추적하는 그레이스 라스무센과 캐런 듀발이라는 두 형사의 이야기가 있습니다.

먼저 마리의 이야기부터 해 보겠습니다. 어릴 때부터 위탁 가정을 전전하면서 자라다가 열여덟 살에 독립한 뒤 성폭행을 당한 마리는 일단 신뢰할 수 없는 피해자의 전형으로 보입니다. 드라마의 제목 「믿을 수 없는 이야기」에서 '믿을 수 없는'은 굉장히 여러 가지 뜻을 함축하고 있습니다. 남성 형사들뿐 아니라 마리를 돌봤던 위탁 가정의 여성들도 마리를 계속 의심합니다. 강간을 포함한 성폭력 사건에서 가장 어려운 게 일단 자기 말을 있는 그대로 들어 줄 사람을 찾는 것임을 깨닫게 해 주는 부분이었습니다.

2차 가해로 이어지는 성범죄 수사 관행

이수정 　맞습니다. 일반인이 여성 피해자의 진술 내용을 보면 참 믿기 어려운 부분이 많은데, 특히 아동이나 장애인의 진술 내용을 보면 이렇게까지 피해를 당할 수 있을까 의심할 정도로 심각한 내용이 상당 부분 있습니다. 그만큼 상식을 초월한 피해 사건이 많습니다. 피해자가 목숨을 잃고 나서야 잠깐 사건이 기사화됐다가 다시 기억 멀리로 사라지곤 합니다.

한국의 경우 제주도에서 일어난 송영철 사건*이나 안양에서 있었던 정성현 사건**, 그리고 용산 김장호 사건*** 당시에는 피해자가 사망했기 때문에 아동 성범죄가 얼마나 심각한지 제대로 인지하지 못했던 게 사실입니다. 그러던 중 조두순 사건에서는 피해 아동이 살아남았고, 그 아동이 피해 진술을 하게 되어 당시 모든 국민이 아동 성범죄의 잔혹성에 경악했던 바 있습니다.

특히 피해 아동의 상해 자체가 시사하는 바가 굉장히 컸는데요, 당시의 피해 진술이 있었기에 오늘날 한국의 성범죄와 관련된 다양한 사법 형사 절차가 개선될 수 있었습니다. 그중에서도 가장 주목할 만한 것은 해바라기 센터입니다. 피해 아동에게 경찰에서 대여섯 번, 검찰에서도 똑같은 진술을 대여섯 번씩 하게 만들고, 법정까지

가서 피고인을 바라보며 '저 사람이 맞아요.'라고 말해야 하던 진술 절차를 어떻게든 바꾸겠다는 노력으로 얻어 낸 결과입니다. 이제는 해바라기 센터에서 원스톱으로 피해 진술이 이루어지고 있고요, 여러 가지 실질적인 변화를 이끌어 냈다는 면에서 보면, 근래에 일어난 사건 중 조두순 사건이야말로 가장 중요했다는 생각이 듭니다.

: 송영칠 사건*

제주특별자치도 서귀포시에 거주하던 초등학교 3학년 양지승 양이 시신으로 발견된 사건. 2007년 3월 16일, 집 앞에서 실종되었고 40일 후인 4월 24일, 집 근처 고물상 야적장에서 시신이 발견되었다. 해당 야적장은 감귤 과수원 관리사의 소유였고, 경찰은 이를 단서로 과수원 관계자들을 조사한 끝에 관리인 송영칠(당시 48세)을 검거했다. 송영칠은 양지승을 자신의 주거지로 유인, 성추행한 후, 이 사실이 발각될까 두려워 살해 및 시신 유기했음을 자백했다.

: 정성현 사건**

2007년 12월 경기도 안양에서 범인 정성현(당시 38세)이 이혜진(당시 10세), 우예슬(당시 8세) 양을 집으로 유인한 뒤 성폭행하려다 실패하자 이들을 살해하고 시신을 훼손해 버린 혐의로 기소돼 2009년 2월 대법원에서 사형이 확정됐다.

: 김장호 사건***

2006년 2월 서울 용산구에서 범인 김장호(당시 53세)가 허미연(당시 10세) 양을 자신의 신발 가게로 유인해 성폭행을 시도하다 여의치 않자

홍기로 살해하고 시신을 불태워 내다 버린 혐의로 기소돼 2006년 11월 대법원에서 무기 징역이 확정됐다.

이다혜 「믿을 수 없는 이야기」를 보면서 제가 무척 견디기 어려웠던 부분 또한 피해자가 계속해서 진술을 반복해야 하는 점이었습니다. 그 과정에서 피해자는 피해자답지 않다는 이야기를 듣기도 합니다.

피해 사실을 반복해서 이야기하려면 피해자는 떠올리고 싶지 않은 기억을 계속 이미지화해서 반복적으로 그 당시 상황을 재생해야 합니다. 떠올리는 것도 괴로운데, 그때마다 똑같은 진술을 해야 한다는 중압감도 있습니다. 진술 내용이 조금만 달라져도 사실로 받아들여지지 않기 때문입니다.

「믿을 수 없는 이야기」에서 마리가 마치 당하지 않은 일을 당했다고 말하는 것처럼 몰아가기도 하는데, 사실 수사 기관 혹은 국가 기관 사람들을 만나 '일 대 다수' 혹은 '일대일' 상황에서 자기가 당한 사적인 폭력을 시시콜콜 이야기하는 건 누구에게라도 어려운 일입니다. 그런데 그런 진술을 처음부터 미리 준비한 대본을 외워 온 것처럼 반복하지 않으면 당한 일을 당했다고 인정받을 수 없다니 너무 이상하지 않나요.

이수정 오늘날은 절차가 많이 개선되었지만 우리가 해바라기 센터를 처음 도입하던 당시에도 수사 기관에서는 일반적으로 진술의 일관성을 곧 높은 신빙성으로 간주하고 내용이 바뀌거나 피해 진술을 번복하는 것은 신빙성이 떨어지는 것으로 간주하는 문제점이 있었습니다.

이 드라마에서 마리가 떠올리는 성폭행 피해 경험은 실존하는 사건에 대한 기억인데, 심리학적으로 '기억'에는 여러 종류가 있습니다. 그중 우리가 일반적으로 알고 있는 '기억'은 '서술적 기억'입니다. 그러니까 우리가 시험 공부를 하고 다음 날 '○○에 대해 논하라.'라는 문제가 나오면 어제 봤던 책을 떠올리는 것과 같은 것을 기억이라고 생각하는데, 사실 그것은 기억의 단편일 뿐입니다.

본질적으로 성격이 다른 기억이 바로 '삽화적 기억'입니다. 일종의 에피소드처럼 기억되는 것으로, 실제 사건에 대한 기억은 대부분 삽화적 기억입니다. 기억이란 이처럼 마치 번개가 번쩍 치는 것처럼 부분적으로 남아 있지, 한 편의 영화처럼 A부터 Z까지 차례로 구성되지 않습니다. 그렇기 때문에 마리가 피해 장면을 떠올릴 때 처음에는 자신의 머리가 눌렸던 기억이 나지 않았지만, 다시 떠올려 보니 '아, 그때 내 머리가 눌렸었지.' 하고 감각적인 기억이 되살아났던 것입니다. 또는 그 당시에는 잘 몰랐지만 이제 와 생각해 보니 그것이 그런 것이었구나 하는 일종의 추론 혹은 정서적인 느낌까지도 피해 진술의 근거가 되는 삽화적 기억의 특성입니다. 우리의 기억이 이렇게 부정확하니 사법 기관에서 주장하는 일관성이 유지되기란 생각보다 쉽지 않습니다.

'피해자다움'에 대한 통념과 잣대

이다혜   그리고 이 사건의 또 다른 특이점은 증거가 없다는 점입니다.

이수정　성폭력 사건은 원래 거의 증거가 없지요.

이다혜　일단 마리 사건에서는 남아 있는 체모라든가 이런 것이 전혀 없습니다. 그러니까 경찰에선 안 그래도 증거가 없는데 본인 진술마저 자꾸 바뀐다며 의심의 분위기를 조장합니다. 거짓말이라고 대놓고 이야기하진 않지만, 피해자가 오히려 주눅이 들도록 분위기를 조성하는 셈입니다.

제가 예전에 일종의 사건 목격자가 되는 바람에 경찰 조사를 받은 적이 있는데요, 기억이 나지 않는 부분은 기억이 안 난다고 할 수밖에 없었던 기억이 있습니다. 이를테면 그때 그 사람의 머리가 짧았느냐 길었느냐 물어보는데, 그 사람이 입고 있던 옷까지는 기억이 나는데 머리 길이는 기억이 나지 않더라고요. 그 상황에서 경찰이 혹시 나 정도의 머리 길이였느냐, 이런 색깔 아니었느냐, 하면서 묻는데 유도 심문을 받는다는 느낌이 들었습니다.

이수정　실제로 아동이나 장애인은 그 과정에서 여러 가지 진술 왜곡이 일어날 수 있습니다. 하여 원스톱 센터에서는 질문의 방식을 통제하고, 표준화된 질문 방식을 훈련받은 경찰들만 조사에 임하게 합니다. 예를 들어 아이가 앞에서 하지 않았던 진술을 뒤에서 갑자기 떠올랐다면서 '내 머리가 눌렸다.' 이렇게 번복할 수 있는데요, 그러면 전문가들이 꼭 의견서를 쓰도록 되어 있습니다.

2008년에 법을 개정하여 아동, 청소년, 장애인이 피해 사실을 진술할 때는 무조건 전문가가 참여하도록 제도가 바뀌었습니다. 그래서 현재는 전국 원스톱 센터에 전문가가 배치되어 있어 진술 내용을 보고 신빙성 유무를 확인하는 의견서를 씁니다. 그들이 보기에 '머리가 눌렀다.'라는 진술 번복이 실제로 성폭력 피해 아동의 진술에서 얼마만큼 전형적으로 일어나는 변화인지를 판단해 그 부분에 대한 의견을 제출하도록 되어 있습니다. 그런 절차가 도입된 후부터는 진술의 신빙성에 대해 판단할 때 피해 아동 또는 피해 장애인의 입장을 더 적극적으로 반영하고 있습니다.

이다혜   마리가 의심을 사는 이유 중 하나는 '너무 태연하다.'는 것입니다. 예를 들어 마리는 울거나 비탄에 잠기지 않습니다. 대신에 방 정리를 하고, 걱정되어 찾아온 위탁모와 함께 쇼핑을 하러 갑니다. 그러고는 강간범이 가져간, 예전에 쓰던 것과 똑같은 침대 시트를 사겠다고 고집을 부립니다.

그 모습을 본 위탁모는 진짜로 성폭행을 당한 아이라면 저럴 리가 없다고 생각합니다. 강간당한 피해의 기억이 있는 침대 시트와 똑같은 시트를 사고 싶지 않을 것 같은데, 왜 굳이 그것을 사겠다는지 이해할 수 없다는 반응을 보입니다.

이수정   실제 피해자들이 우리의 상식에 맞춰서 피해자다운 것만은 아닙니다. 더구나 피해를 딱 한 번만 당한다는 법이 없고, 과거에도 그런 피해를 당했다면, 당사자도 살아야 하기 때문에 우리의 예상과는 다른 반응을 보일 수 있습니다. 성폭행 피해를 당하면 너무나 충격을 받아 정서적으로 굉장히 불안할 것이라고 막연하게들 생각하지만, 아닌 것이지요.

특히 피해자와 가해자가 아는 사이고 가족이거나 위계 관계에 있는 사람일 경우 피해자의 반응이 '전형성'과는 다르게 나타날 수 있습니다. 예를 들어 안희정 전 도지사의 수행 비서였던 여성이 피해를 당한 다음 날 된장찌개를 먹을지, 순두부찌개를 먹을지 고민한 것은 피해자가 아니기 때문이 아니라 자신의 위치와 가해자와의 위계 관계에서 벗어나기 어려웠기 때문입니다. 피해자가 저렇게 행동하니까 피해를 당한 것일 리 없다고 판단할 수는 없는 것입니다.

이다혜　한국에서도 어떤 연예인과 관련된 비슷한 사건이 있었습니다. 피해자 여성이 사건 다음 날 자기 친구들과 태연하게 카톡을 주고받았다는 이유로 피해자가 거짓 진술을 하고 있다는 증거로 제출된 적이 있습니다.

이수정　한샘 사건*도 그랬죠.

이다혜　피해자가 자신이 강간당한 것을 숨기는 게 오히려 자연스러운 일 아닐까요. 평소처럼 이모티콘을 보내며 자연스럽게 대화한다는 이유로 '어떻게 강간당한 사람이 다음 날 이렇게 행동할 수 있지?' 하고 의심하는 경우가 잦습니다.

또한 자신에게 일어난 사건을 어떻게 처리할지 스스로 고민할 시간도 필요할 것입니다. '경찰서에 갈까, 고발해야 할까? 인터넷에 글이라도 올려야 할까?' 등등을 판단하는 동안에 자기 생활을 유지하는 것도 중요한 부분인데, 마치 피해자가 머리를 산발하고 길거리를 뛰어다니면서 울부짖지 않으면 그만큼의 고통이 없는 것처럼 본다는 점이 황당합니다.

이수정　네, 피해자에게도 일상을 사는 일이 가장 중요합니다. 강간을 당한다고 해서 인생이 종결되는 것도 아니고, 사법적 정의도 금방 실현되는 것이 아니기 때문에 이런 대응은 사실 피해자의 생존 본능이고 당연한 것일 수 있습니다. 피해자다움에 대한 반응을 보면 우리 사회에 성폭력에 대한 몰이해가 얼마나 만연해 있는지 알게 됩니다. 많은 성범죄 피해자들에게 조두순 사건의 피해 아동처럼 피해를 그대로 발언할 기회가 없었던 탓에, 그간 우리 사회에 성폭력 피해의 심각성이 제대로 알려지지 않았던 이유도 그중 하나일 것입니다.

> **: 한샘 사건***
>
> 가구 업체 한샘에서 일어난 여직원 성희롱 및 성폭행 사건. 2017년 11월 피해자가 인터넷에 글을 올려 2017년 1월 교육 팀 직원 박 씨에게 입사한 지 삼 일 만에 성폭행을 당한 피해 사실을 고발했고 박 씨는 2018년 9월 재판에 넘겨졌다.
>
> 가해자로 지목된 박 씨는 사건 당일 피해자와의 카카오톡 대화를 공개하면서 합의하에 맺은 성관계라고 주장했다. 피곤하지 않으냐는 박 씨의 질문에 피해자가 괜찮다는 내용의 답변을 보냈는데, 이 때문에 인터넷에서는 피해자의 '피해자답지 않음'을 비난하는 여론이 있기도 했다.
>
> 2019년 9월 열린 1심에서 재판부는 '피해자는 사건 당일 성폭행을 당했다고 경찰에 바로 연락하고, 경찰 병원에서 진료를 받았다.'며 '수차례 수사 기관과 법정에서 강제로 성관계를 한 구체적 경위에 대해 흔들림 없이 일관되게 진술하고 있다.'면서 피해자의 진술 신빙성이 높다고 보고, 강간 혐의로 기소된 박 씨에게 징역 3년과 40시간의 성폭력 치료 프로그램 이수를 선고했다.

진술 분석 기술의 발전

이다혜　마리는 사건에 대해 몇 차례 진술을 하고 또 진술서를 씁니다. 미국 범죄 드라마를 보면 프로파일러들이 진술서에 사용된 동사의 시제나 표현 등으로 진술의 진위 여부를 가늠하는 장면들이 나옵니다. 예를 들어 피해 상황을 이야기할 때 현재형으로 말하느냐 과거형으로 말하느냐, 아니면 같은 상황에 대해 고통이라고 말하느냐, 자극이라고 말하느냐 등을 꼼꼼하게 따져서 믿을 수 있을지를 결정하는데, 실제로 그렇게 판단을 할 수 있나요?

이수정　실제로도 진술 분석이라는 과정을 거칩니다. 한국에서도 진술 의견서를 쓸 때 피해 아동 청소년 혹은 장애인들이 원스톱 센터에서 진술한 내용을 보고 얼마만큼 사실성이 있는가를 판단합니다. 성폭력 피해 진술에서는 일반적으로 나타나는 특이성이 존재합니다. 앞서 이야기한 대로 피해 기억은 '삽화적 기억'이기 때문에 장소에 대해 아주 구체적으로 이야기하는 것들은 신빙성을 인정받습니다.

그런데 예를 들어 '덮쳤어요.' 식의 구체성 없는 표현만을 반복한다면, 표현하는 바가 무엇인지 애매하기 때문에 신빙성이 떨어질 수밖에 없습니다. 조금 전 이야기하신 시제의 경우는 영어에서 특별히 강조되는 편입니다. 한국어는 주어를 생략하는 경우가 많은데 영어는 주어로 시작한다는 차이도 있고, 대명사를 어떤 것을 쓰느냐도 중요하게 봅니다.

물론 이제는 친고죄가 폐지되긴 했으나, 한국에서 성폭력 고발을 당했을 경우에는 합의를 하면 감형 인자가 되기 때문에 피고발자가 어떻게든 돈을 주고 합의를 받아 내려는 분위기가 있습니다. 그 때문에 합의금을 노리고 사실을 날조해 무고한 사람의 혐의를 묻는 경우도 없지는 않습니다. 그런 경우를 가려내기 위해 구체성 없이 얼버무리는 진술의 신빙성에 대한 연구, 한국어의 고유성을 고려한 연구가 진행되고 있습니다. 그런 것들로 진위 판단까지 할 수는 없어도 의견 개진 정도는 가능합니다.

결국 진위 판단에 가장 중요한 것은 증거지만, 성범죄는 증거가 피해자의 진술뿐인 경우가 워낙 많아서 다른 사건보다 피해자와 가해자의 진술을 무척 중요하게 간주합니다.

이다혜　드라마의 1화 이후에 듀발 형사와 라스무센 형사가 본격적으로 등장하는데, 그들을 통해 연쇄 살인범을 수사하면서 강간 피해자에게 나타나는 일반적인 증상을 좀 더 이해할 수 있게 됩니다. 예를 들어 어떤 피해자는 자기방어 기제 때문에 사건 당시의 시각 정보를 지워 버리곤 하는데요. 또 다른 형태의 방어 기제가 있을까요?

이수정　실제로 성범죄 피해자들에게서는 정신 분석학에 등장하는 다양한 방어 기제를 볼 수 있습니다. 피해자가 장기간 복지 시설이나 종교 집단 등에서 성범죄 피해를 당했을 경우에는 본인이 피해자인데도 가해자의 입장에 자신을 동일시하기도 하고, 진술할 때마다 반복·상기되는 고통을 피하기 위해 마치 아무 일도 일어나지 않은 양 기억을 지워 버리기도 합니다. 보통 피해자와 가해자가 같은 공간에서 생활하는 경우나 장기간 반복된 사건일 경우일수록 기억 손상이 많이 일어납니다.

그런 심리적 억압으로부터 과거의 기억을 좀 더 자유롭게 끄집어내기 위해 사용되는 방법 중 하나로 FBI의 '코그니티브(Cognitive) 인터뷰', 즉 '인지 면담'[17] 기법이 있습니다. 피해 기억은 감각적인 기억입니다. 아무도 '내가 강간 피해자입니다.'라는 단어를 인식하고 진술하지 않으니까요. 아마 미국 드라마에서도 많이 접하셨을 텐데, 최면은 아니지만 심리적인 억압을 어떻게든 덜 느끼게 만들어 자연스럽게 진술이 이루어질 수 있도록 시도합니다.

이다혜　피해자들은 성범죄 피해 후 평소와 다른 자신의 모습에 혼란스러워하기도 합니다. 예를 들어 어떤 피해자는 사건 이후 클럽에 다니면서 이 사람 저 사람을 마구 만나기도 합니다. 드라마 속 듀발 형사는 피해자의 이런 행동은 삶의 주도권을 되찾으려는 트라우마 극복 과정이라고 설명합니다.

이수정　굉장히 중요하고 개연성 높은 이야기입니다. 특히 어린 피해자들은 자신이 성폭행을 당했다는 사실 때문에 자존감을 잃고 그 결과 자기 삶을 스스로 통제할 수 없다는 절망감에 빠집니다. 자신을 이미 망가진 상품(broken goods theory)으로 생각하는 것입니다.

이 경우 피해자는 성폭행 피해 이전보다 엉망진창으로 살면서 피해 경험을 희석하려 합니다. 나름대로의 대응 과정인 셈이지요. 그렇기 때문에 이런 행동은 듀발 형사가 이야기한 대로 트라우마를

17　미국의 심리학자 R. P. 피셔, 에드워드 가이즐먼이 개발한 수사 기관에서 피해자나 목격자 등을 면담할 때 대상자로부터 정보를 끌어내기 위해 사용하는 조사 기법. 당시의 순간이나 정황을 명확하게 재생할 수 있도록 사건 당시와 유사한 물리적 상황이나 심리적 상태를 조성하여 연상 작용이 일어나게 돕는다.
2008년 아동 성범죄 재판에서 인지 면담 조사를 통한 전문가의 조서와 진술 분석 결과가 증거로 채택되어 가해자에게 징역 4년이 확정되는 데 사용된 적이 있다.

극복하는 과정이라고 봐야지, 피해자가 원래부터 난잡한 사람이라는 뜻으로 이해해선 안 됩니다.

무엇이 피해자를 좌절시키는가

이다혜　사람들이 흔히 생각하는 피해자다운 모습이 있습니다. 울부짖는다든가, 의기소침하다든가, 아니면 성적인 접촉을 극도로 피할 것이다 등의 선입견입니다. 예를 들어 침착하다든가, 아니면 클럽에 다닌다든가 하면 오히려 꽃뱀이다, 자작극이다라는 식의 이야기를 쉽게 합니다.

실제로 피해자들은 이런 통념 또는 사회적 편견과는 다른 각자의 모습을 가지고 있을 텐데요. 피해자답다는 전형성에서 벗어나 아무 일도 아닌 것처럼 털어 버리려고 한다든가, 더욱 태연하게 행동할 수도 있지 않습니까?

이수정　생각나는 사건이 있습니다. 약 십 년 전에 제가 근무하는 학교에서 성폭력 피해 센터장으로 있을 때 일어난 일입니다. 성폭력 신고가 들어왔지만 당시만 해도 신고 기간이 사건 발생일로부터 육 개월이었고 피해 학생이 기간이 지난 후 신고를 하는 바람에 결과적으로 형법상 강간죄가 성립하지 못했습니다.

학교 앞에서 동아리 사람들과 술을 마셨고, 가해자가 술에 취한 피해 학생을 동아리방으로 부축해 온 후 성폭행한 사건이었습니다. 피해자는 만취해서 기억이 흐릿했고 처음에는 피해 사실 자체를 부인하고 싶었던 것으로 보입니다. 선배가 부축해 준 기억까지는 나는

데 아침에 일어나 보니 선배는 온데간데없고 담요는 몸 위에 덮여 있고 어제 자신이 입었던 방식과 다르게 옷이 입혀져 있는 것을 발견했다고 합니다. 성인 여성이니까 자신이 성폭행당한 게 틀림없다고 짐작했지만 진실을 받아들이기가 어려웠던 것입니다.

가해자는 후배들이 존경하는 4학년 선배였기 때문에 피해자가 어디에 피해를 호소해야 할지 몰라 우왕좌왕하는 사이 신고할 타이밍도 놓쳐 버렸다고 합니다. 제가 그 사건을 처리하면서 이 사회가 진짜 잘못됐다는 것을 절감했는데, 온 사람들이 나서서 갑자기 피해 학생이 원래부터 만나는 남자가 많고, 난잡하고, 꽃뱀이다, 그래서 가장 잘나가는 선배 발목을 잡으려고 이러는 것이다 하며 몰아갔거든요. 그래서 학교 직원들까지 반으로 나뉘어 가해 학생을 처벌해야 한다, 말아야 한다 논쟁을 하다 결국 여학생을 일종의 교환 학생으로 처리해 뉴질랜드인가 호주인가로 보내고, 가해 학생에겐 약한 징계를 내려 그다음 학기에 졸업을 시켰습니다. 피해 학생이 돌아올 시점에 사건 당자사 둘이 학교에서 만나지 않도록 처리해 끝낸 것입니다. 물론 아무런 형사 처분도 이루어지지 않았고요.

이다혜　성폭력 사건의 처리 과정을 보면 정말 비슷한 상황이 많다고 느낍니다. 뉴스 보도를 보면 성폭력 가해자가 애초에 사회적으로 건실하지 못하고 무능력한 사람인 듯 여겨지지만, 실제로 우리 가까이에서 일어나는 대부분의 사건을 보면 가해자가 멀쩡하고, 주변 남자들한테 좋은 형이나 동생으로 인정받고, 내가 아는 그 사람은 그럴 사람이 아니라는 식의 옹호를 받는 경우가 많습니다.

그러니까 성범죄가 일어나면 피해자가 피해자답지 않으니 피해가 아니라고 하고, 가해자도 가해자답지 않기 때문에 가해자가 아니라고 합니다. 사건과 피해는 분명이 존재하는데 대체 어쩌라는 것인지 모르겠습니다.

이수정　누가 연쇄 살인을 저지른 후 연쇄 살인범 티를 내고 돌아다니겠어요. 그러면 왜 화성 연쇄 살인 사건의 진범을 무려 삼십오 년 동안 못 잡았겠느냐고 반문하고 싶습니다. 성범죄자도 마찬가지죠. 말도 안 되는 이야기입니다.

범죄 수사 시스템의 중요성

이다혜　드라마에서 마리의 경우도 이런 그릇된 인식에 바탕을 둔 수사가 어떻게 2차 가해가 될 수 있는지 잘 보여 주고 있습니다. 특히 듀발 형사의 이야기로 넘어가면서 앞선 대처와 어떤 차이가 있는지 확연하게 드러납니다. 일단 듀발 형사는 피해자에게 구급차를 불러 주겠다며 직접 의사를 확인합니다. 그런 다음에야 피해자를 차로 데려가 진술을 받습니다. 사건 직후의 기억이 가장 정확하다고들 이야기하는데, 듀발 형사는 곧장 사건 이야기를 묻는 것이 아니라, 대학 전공은 뭘 하고 있느냐 하는 가벼운 이야기부터 시작하여 긴장을 풀어 줍니다. 피해자와의 라포 형성을 다지며 앞으로 무슨 검사를 하게 되는지, 왜 하는지도 설명해 줍니다.

듀발 형사는 피해자의 말을 판단하지 않고 일단 믿어 줄 뿐 아니라 피해자를 '다른 사람이 더 이상 피해 입지 않도록 위험을 무릅쓰고 신고해 준' 용감한 시민으로 대합니다. 이런 태도의 차이가 단순히 수사관의 성별 문제는 아니라고 생각됩니다.

이수정　그렇죠. 남성 조사관이라도 사건의 본질을 이해하고 있고 공감 능력이 있다면 얼마든지 이런 태도를 취하며 피해자의 신뢰를 얻을 수 있습니다. 그렇기 때문에 성별보다 고통에 대한 이해가 있느냐 없느냐의 차이가 더 중요합니다.

　신고하겠다는 의지를 갖는 피해자들은 정말 용감한 사람들입니다. 오랫동안 남편에게서 학대받아도 신고조차 하지 못하는 사례가 허다합니다. 때문에 형사 사법 기관을 믿고 신고하는 것 자체가 대단히 용기 있는 일이며, 피해자에게 그 점을 짚어 주는 것 또한 중요합니다.

이다혜　강간 사건을 담당하는 사람들이 피해자를 수사할 때 피해자의 심리 등 반드시 염두에 두어야 할 부분이 있을 것 같습니다. 또 고쳐야 하는 부분, 절대 하지 말아야 할 언행도 있을 텐데 다시 한번 짚어 주시면 감사하겠습니다.

이수정　해바라기 센터가 생긴 이후 그런 주의 사항들이 교육되고 실행되고 있는데요, 일단 절대 하지 말아야 할 대표적인 언행 중 하나는 '뭘 잘못했기에 이렇게 됐느냐.'고 물어보는 것입니다.

이다혜　그렇겠네요. 예를 들어 '그때 어떤 옷을 입고 있었나요?'라는 질문은 사실 사건과 아무 상관이 없습니다. 「믿을 수 없는 이야기」가 갖고 있는 여러 장점 중 하나인데, 이 드라마에는 스테레오 타입의 피해자들이 등장하지 않습니다. 흔히들 노출 심한 옷을 입은 젊고 예쁜 여자만 강간당한다고 생각하지만 현실은 그렇지 않잖아요.

　이 드라마 속의 피해자들은 인종이라든가 나이라든가 체형이 다양합니다. 드라마가 실제 사건을 엮어서이기도 하지만, 강간이라는 것이 기본적으로 권력의 문제, 폭력의 문제라는 점을 잘 드러내는 접근 방식이라고 생각했습니다.

이수정 강간은 피해자의 문제가 아닙니다. 그렇기 때문에 피해자를 주목하는 태도 자체가 잘못된 것입니다. 자기 절제를 못하는 가해자의 욕망이 문제지, 피해자가 어떻게 생겼느냐, 피해자가 어떤 특성을 가졌느냐는 전혀 중요하지 않습니다.

이번에 범인이 밝혀진 화성 연쇄 살인 사건의 중요한 시사점 중 하나가 피해자의 연령 폭이 8세부터 76세까지로 엄청나게 넓다는 사실입니다. 그러므로 성범죄는 젊은 여성들에게만 발생할 것이라는 전제는 틀린 것이고, 나이 든 여성들은 성적 수치심이 덜할 것이라는 편견 또한 전혀 사실이 아닙니다. 성범죄는 야심한 밤에만 일어날 것이라는 추측도 틀립니다. 아동 성범죄는 방과 후에 제일 많이 일어납니다. 그러니까 우리의 상식을 깨 주었다는 차원에서 화성 연쇄 살인 사건이 중요하고, 이 드라마 역시 같은 맥락에서 중요한 시사점들을 갖고 있습니다.

이다혜 특히 사건을 담당하는 형사들은 편견이 없어야 하는데, 수사진의 성(性) 인지 감수성 교육은 꾸준하게 이루어지고 있나요?

이수정 물론입니다. 면담 프로토콜에 대한 교육, 진술 분석 관련 교육, 신빙성을 어떻게 정의할 것인가에 대한 새로운 지침, 성 인지 감수성을 갖도록 돕는 각종 예방 교육이 진행되고 있습니다.

이다혜　　강간 사건의 경우에는 피해자와 성별이 같은 수사관을 우선 배치하는 등의 원칙이 있나요?

이수정　　해바라기 센터에 여성 수사관들이 훨씬 많이 근무하는 것은 사실이지만, 앞서 이야기한 대로 성범죄 수사는 꼭 여성이 해야 한다는 공식이 성립하는 것은 아닙니다.

이다혜　　실화를 바탕으로 한 이 드라마는 그레이스 라스무센과 캐런 듀발이라는 두 매력적인 인물을 통해 여성 형사의 역할이 굉장히 중요하다는 것을 깨닫게 해 주기도 했는데요, 한국은 여성 수사 인력이 증가 추세인가요?

이수정　　조금씩 증가는 하고 있는데 그 폭이나 속도가 크지는 않습니다. 이번에 이춘재의 자백을 받은 사람도 남성이 아니라 여성 프로파일러로 알고 있습니다. 범죄 사건 자체가 워낙 다양하기 때문에 남자들이 수사에 더 적합하다는 식의 공식은 이제 버려야 하는 시대가 되었습니다.

이다혜　　특히나 지금은 인터넷 등 기술 관련 범죄가 많은데요, 범죄 수사는 사실 체력보다 기술이 관건이다 보니 당연히 다양한 범죄에 대응할 수 있는 수사 인력 확충이 필요하지 않나 생각합니다. 수사 방식이 과학화될수록 성별은 더욱 중요하지 않을 테고요. 저는 라스무센과 듀발 형사가 같은 관할이 아닌데도 범인을 잡기 위해 적극적으로 공조 수사를 해 나가는 것이 굉장히 인상적이었습니다. 한국에서도 이렇게 관할이 다른 사건의 공조 수사가 일선에서 자주 이루어지는 편인가요?

이수정　오늘날엔 종종 이루어집니다. 모든 과정이 컴퓨터화되었기 때문에 정보가 쉽게 공유되면서 공조 또한 한결 수월해졌습니다. 모든 것이 수기로 기록되던 시절엔 공조 수사가 쉽지 않았던 것이 사실입니다.

젠더 편견과 성폭력에 대한 신화

이다혜　마리는 사건 이전의 생활이 문제가 되면서 자신이 거짓말했다고 진술을 번복합니다. 강도 사건에서 피해자의 전력을 중요하게 따지지 않으면서 왜 강간 사건은 피해자의 전력을 중요하게 보는 것인가요? 예를 들어 위탁 가정 여러 곳을 전전했다든가, 남자 친구가 여럿이었다든가 하는 과거가 마치 성범죄를 유인한 것처럼 대하는 것 같습니다.

이수정　그래서 비슷한 류의 피해를 막기 위해 영미법에는 피해자의 과거 이력을 법정에서 절대 언급하지 못하게(shield law) 합니다. 피해자가 성매매 업소 여성이라도 강간 피해는 얼마든지 당할 수 있기 때문에 그런 전력이 필요없다고 판단한 것입니다.

한국도 많은 변화가 이루어지고 있는데요, 단, 전력이 전혀 중요하지 않다는 것은 아닙니다. 무고죄 전력이 있는 여성이 다시 또 무고를 하는 경우도 실제로 있기 때문에 유의할 필요도 있습니다.

이다혜　그 사실 자체가 역으로 그간 피해자의 전력이 얼마나 중요시되어 왔는지를 보여 주는 것 같기도 합니다. 한국에서 강간 사건의 경우 무고가 나오는 경우가 많지 않나요?

이수정　실제로는 생각보다 많지 않아요. 무고로 맞고소를 하는 경우는 많은데, 그것이 유죄 판결을 받는 경우 또한 많지 않습니다. 일종의 방어 전략으로 취하는 근거 없는 고소인지 아닌지는 검찰도 알고 법원도 알기 때문입니다. 무조건 무고죄가 유죄로 판결되는 것은 아닌데, 간혹 정말로 무고를 여러 번 하는 사람들이 있긴 있습니다. 그것은 확인할 수 있는 기록이 있으니까 유의하면 됩니다.

이다혜　마리는 이전에도 사람들이 자기 말을 믿어 주지 않는 경험을 한 적이 있습니다. 그래서 피해 주장도 일찌감치 포기해 버립니다. 왜 당한 일을 안 당했다고 하는지 이해 못 하시는 분도 있겠지만, 마리가 이렇게 자포자기하는 심리는 불안정한 성장 환경 속에서 어른들에 대한 불신에 익숙해진 청소년들의 일반적인 행태가 아닐까 싶습니다.

이수정　맞습니다. 특히 환경이 열악한 청소년들에게서 어른을 신뢰하지 못해서 피해를 당했다는 말조차 제대로 하지 않는 경우들이 많이 보입니다. 한국에서 이런 사례가 제일 흔한 영역은 가정 폭력이나 아동 학대 사건입니다. 결혼 초기에는 가정 폭력으로 신고를 하지만, 신고해도 경찰이 적극적으로 개입해 주지 않고 결국 남편이 아무 처벌도 받지 않으니까 자포자기해서 폭력 피해에 계속 노출되는 사례가 많습니다.

이대혜 마리 사건의 담당 형사들은 마리가 진술을 번복하니까 거짓이라서 정말 다행이라고 이야기하면서 예전에 무고를 당한 대학교수 사건을 언급합니다. 강간 사건에서 이런 허위 신고나 무고의 비율이 얼마나 되나요? 미투 운동[18]으로 특히 유명인들이 연루된 사건들이 잇달아 보도되면서, 피해자가 일부러 돈을 노리고 하는 짓이라고 이야기하는 사람들도 많고, 신고를 했다고 무조건 믿을 수는 없다는 분위기도 있습니다.

이수정 전혀 그렇지 않습니다. 허위 신고나 무고의 비율은 한 자릿수도 채 되지 않을 만큼 매우 낮습니다.

이대혜 자신이 강간당했다는 거짓말을 해서 얻을 수 있는 것이 사실 아무것도 없지 않나요?

이수정 경우에 따라 있을 수는 있습니다. 실제 사건 중에 어느 날 갑자기 아이가 아버지로부터의 성폭행 피해를 호소하며 '아빠가 절 덮쳤어요.' 식의 애매모호한 진술을 하기 시작했는데, 알고 보니 엄마 아빠가 이혼 소송 중이고, 엄마가 피해 고발을 시킨 것으로 드러난 적도 있습니다. 이제는 수사관들도 나름대로 허위 진술의 특징이 무엇인지 알아보는 노하우가 쌓여 있기 때문에 대부분 진실이 밝혀집니다.

세 모자 성폭행 사건*은 엄마 뒤에 돈을 뜯어내라고 사주하는 무

---

18 성폭력 고발 운동. #METOO #WITHYOU의 해시태그를 사용하며 전 세계 모든 분야에서 성폭력 고발 글이 쏟아져 나오기 시작했다.

당이 있어서, 엄마가 자기 아들들에게 아버지가 성폭행을 했노라고 주장하게 만든 사건이었는데, 수사 결과 무고였습니다.

이다혜　　드라마에서 마리는 진술을 번복한 이후, 언론 취재에 시달리고, 주변 사람에게 거짓말쟁이라고 비난당하며 가족도 잃고 직장까지 잃습니다. 설상가상으로 시에 허위 진술을 했다며 고소까지 당합니다. 한편 다른 두 형사가 진행하는 콜로라도 사건은 진범을 잡고 사회 정의를 세웁니다. 그리고 두 형사는 다른 주에 또 피해자가 있다는 사실을 밝히면서 마리의 담당 형사에게 연락합니다. 그 담당 형사는 마리에게 거짓말이라는 진술 번복을 받았지만, 나중에 범인이 가지고 있던 전리품이 발견되면서 마리의 사건이 실제 일어났었음이 확인됩니다.

　물론 극단적인 사례일 수 있겠습니다만, 같은 범죄자가 저지른 사건임에도 불구하고 강간 사건을 대하는 경찰들의 태도에 따라 어디에서는 범죄가 없던 일이 되고, 어디에서는 범인을 체포할 수 있다는 것이 아이러니합니다.

이수정　　간혹 그런 일이 일어나기도 합니다. 수사관들이 초동 단계에서부터 얼마나 진심을 다하여 귀를 열고 피해자의 진술에 집중하느냐에 따라 결과는 판이하게 달라질 수 있습니다. 그러나 앞서 이야기한 대로 과거보다는 훨씬 개선된 게 틀림없는 사실입니다.

> **: 세 모자 성폭행 사건***
>
> 2014년 9월, 이 모 씨는 네이트판에 실명으로 '저는 더러운 여자이

지만 엄마입니다.'라는 제목의 글을 올려 '남편이 흥분제가 든 약을 먹인 뒤 다른 남성들과 성매매를 하게 했다. 십 대 두 아들에게도 대여섯 살 때부터 똑같은 일을 시켰다.'고 주장했다. 세 모자의 어머니인 이 씨는 남편을 비롯해 목사인 시아버지와 친정 부모, 오빠, 올케, 언니, 형부를 비롯, 아예 일면식도 없는 사람까지 모두 마흔 네 명을 성폭력 범죄의 처벌 등에 관한 특례법 위반 혐의로 경찰에 고소했다. 그러나 수사 결과 무고로 밝혀져 2015년 11월, 경기 지방 경찰청 성폭력 특별 수사대는 어머니 이 모 씨를 무고 및 아동 복지법 위반(아동 학대 등) 혐의로 구속하고, 이 씨를 배후 조종한 무속인 김 모 씨를 무고 교사 등의 혐의로 구속했다.

적극적인 가중 처벌의 필요성

이다혜　2017년도 경찰청 통계에 따르면, 지난 몇 년 동안 살인 및 강도, 절도 같은 강력 범죄는 꾸준히 줄어든 데 반해 성폭력 사건만은 계속 증가하고 있습니다. 그 이유가 뭘까요?

이수정　그런데 사실 강간 사건이 증가한 건 아닙니다. 성폭력 사건 중에 제일 큰 증가 폭을 보이는 건 IT 기기를 이용한 성범죄, 불법 촬영이나 유포 사건들입니다. 물론 강간에 이르지 못한 강제 추행은 확실히 증가했는데, 그 이유는 피해자들이 더 이상 참지 않고 신고하는 시대이기 때문에 일어난 신고율 증가로 보입니다.

이다혜　이 드라마를 보면 무너진 마리의 일상도 범인 검거와 보상금 지급이라는 형태로 어느 정도 회복이 되는데요, 저는 이 부분이 중요하다고 생각했습니다. 사람들은 보통 강간 피해자가 합의금이나 보상금을 받으면 오히려 진실성을 의심하곤 합니다. 일단 피해가 발생했고 그래서 죄가 인정됐으면 당연히 그 피해에 대한 보상금이 필요한데도, 애초에 돈이 목적이었다는 식입니다. 오히려 피해자들이 일상을 회복하기 위해 병원비나 생활비 등이 필요하지 않습니까?

이수정　그래서 피해자 지원법을 바탕으로 피해자 구조 기금이 생겨서 피해자들이 병원비나 정신과 치료비, 경우에 따라서는 일부 주거 비용까지 제공받기 시작했습니다. 다만 안타깝게도 이 구조 기금은 범인이 검거되고 기소를 하는 단계가 되어야 지원받을 수 있고, 범인이 잡히지 않은 경우에는 경찰청에서 긴급 구호를 받아야 합니다.

이다혜　마지막으로 형량에 대해서 질문 드리겠습니다. 드라마의 마지막에 이 연쇄 강간범은 327년 6개월을 선고받습니다. 재판부가 사건을 얼마나 무겁게 여기는지 형량으로 보여 주는 경우인데, 이런 천문학적인 형을 선고받는 범죄자들은 보통 감형 없이 무기 징역이 되는 것인가요?

이수정　어떤 사건에 국한해 가석방의 기회를 박탈하는 경우는 적습니다. 327년이니까 어차피 감형되어도 세상에 나오긴 힘들겠지만, 327년이 200년으로 감형이 될 수는 있습니다.

이다혜　한국에서는 한 명이 열 번 강간을 해도 그 열 번을 각각 계산하지 않고 그냥 상습범이라고 통칭합니다. 그런데 327년은 각각의 범행을 세어 더한 결과입니다. 이 사실 자체로 그 사회가 특정 범죄에 대해 어떤 시각을 가졌는지 볼 수 있었습니다.

제가 예전부터 싫어하는 말 중 하나가 '한강에 배 지나간들 자국이 남냐.' 하는 말이었거든요. 한국은 이렇게 성범죄에 한 번이든 열 번이든 같다는 식으로 접근하기 때문에 미국과 같은 적극적인 가중 처벌이 이루어지지 않는 것 아닌가 하는 생각이 들었습니다.

이수정 맞는 지적입니다. 저 역시 한국 사회가 가진 그야말로 뿌리 깊은 유교 전통, 가부장제가 여성의 인권을 동등하게 여기지 않기 때문에 여전히 여성들이 만족할 만한 수준의 형량도 잘 나오지 않고, 수사 과정 중에 여성의 프라이버시를 침해하는 문제도 완전히 해소되지 않고 있다고 생각합니다. 그런 부분은 앞으로의 숙제인데, 이런 공론화의 과정이 절차를 개선하는 데 도움이 되고 있으니 다행이라고 생각해야겠지요. 틀림없이 현장이 나아지고 있긴 합니다. 그 부분에 있어서는 저를 믿으셔도 됩니다.

이다혜 정말 마지막 질문입니다. 만약에 한국에서 이런 연쇄 강간 범죄자가 잡혔다면 최대 몇 년 형까지 살 수 있을까요?

이수정 글쎄요. 요즘은 미성년자 성폭력 같은 경우 형량상 무기 징역까지 줄 수는 있습니다.

이다혜 성인을 대상으로 한 경우라면 어떨까요?

이수정 일단 이 드라마 속 사건의 경우 피해자들 중에 아무도 죽

지 않았기 때문에, 전과를 감안해 최대한 가중이 되면 15년 이상 나올 수도 있을 듯합니다. 물론 제가 판사가 아니기 때문에 추측에 불과하지만, 양형 기준은 아마 그 정도까지 가중될 것으로 보입니다.

이다혜　　어쨌든 오늘도 현실은 나아지고 있다는 말을 하면서 끝내게 됩니다. 「믿을 수 없는 이야기」를 다뤄 달라고 신청해 주신 분들이 많았던 덕분에 좋은 드라마를 가지고 이야기 나눌 수 있었습니다. 감사합니다.

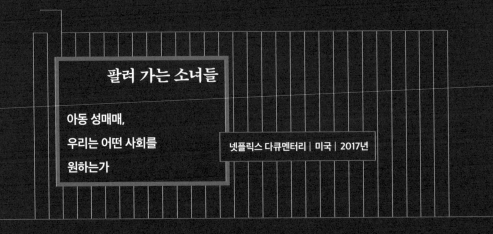

팔려 가는 소녀들

아동 성매매,
우리는 어떤 사회를
원하는가

넷플릭스 다큐멘터리 | 미국 | 2017년

친구들과 파티에 놀러간 열세 살 M. A.는 집에 데려다주겠다며 접근한 한 여성의 차에 올라탄 뒤 실종된다. 아이를 찾아 애타게 헤매던 엄마가 마침내 M.A.를 발견한 곳은 미국 거대 인터넷 사이트에 올려진 '에스코트 서비스' 광고. 에스코트 서비스는 남자와 동행하며 성매매 하는 것을 지칭하는 은어다.

페이지 상단, 위에서 세 번째 링크의 소개말은 '어린 신입.' 엄마는 그 링크를 눌러 딸의 사진을 확인한다. 그리고 폭행, 학대, 약물 투여로 엉망이 된 딸을 270일 만에 집으로 데려온다.

하지만 엄마와 M.A.의 싸움은 아직 끝나지 않았다. M.A.를 납치한 인신 매매범이 5년 형을 받는 동안, 이 업자가 광고를 올리도록 허용한 인터넷 사이트는 아무런 처벌도 받지 않고 버젓이 영업을 계속한다. 이 사이트는 미국 좌파의 의견을 대변한다고 갈채를 받아 온 신문 《빌리지 보이스》의 사주가 운영하는 회사로, 이들은 인터넷 관련 법규 때문에 광고를 제한할 수 없다고 주장한다. 엄마는 이 거대한 회사가 더 이상 아이들을 사고팔지 못하도록 막기 위해 정의로운 변호사들과 소송에 돌입한다.

이다혜   2017년에 제작된 넷플릭스 다큐멘터리 「팔려 가는 소녀들」을 통해 아동 성매매에 관해 이야기하고자 합니다. 보통 아동 납치, 아동 성매매라고 하면, 이른바 제3세계에서 벌어지는 일로 생각하는 경향이 있는데 이 다큐멘터리는 1세계 중의 1세계라고 할 수 있는 미국에서 벌어진 일입니다. 특히 미국은 아동 성범죄에 대해 매우 엄격한 국가로 알려져 있어서 더욱 충격이 컸습니다. 박사님은 이런 실태를 알고 계셨나요?

이수정   자세히는 아니지만 아이들의 인신매매가 공공연히 벌어진다, 그리고 마약이 있어 사라진 아이들을 나중에 찾더라도 아이들이 정상적인 생활을 회복하기가 현실적으로 굉장히 어렵다고 알고 있습니다. 그럼에도 불구하고 미국은 의제 강간 연령이 16세이기 때문에 아동 성범죄에 대한 규정이 굉장히 엄격히 적용되고 있습니다.

성매매가 아니라 지속적 강간이다

이다혜   다큐멘터리는 초입부터 '아동 성매매를 한다.'라는 표현 대신 '아동이 반복적으로 강간을 당한다.'라는 표현을 사용합니다. 다큐멘터리의 분명한 관점을 드러내는 지점입니다.

이수정　네, 맞습니다. 유인당한 아동이 자기 발로 나가서 성매매 조직으로 흘러 들어갔다손 치더라도 그것은 틀림없이 피해입니다. 때문에 피해 아동은 처벌 대상이 아니라 보호 대상이어야만 하고, 생명권을 보호받아야 하고, 다시 부모에게 돌아갈 수 있어야 합니다.

미국에서는 16세 미만의 경우 아무리 합의된 성관계라 해도 성폭력입니다. 그렇기 때문에 '반복적으로 강간을 당한다.'라는 표현이 성립됩니다. 하지만 한국은 의제 강간 연령에 의거해 만 12세까지만 보호를 하다 보니 13세부터는 피해자로 인정받지 못하고 성매매 청소년으로 처벌받아야 하는 상황입니다.

이 다큐멘터리에 등장한 미국의 상황은 굉장히 처참하지만, 만약 이 다큐멘터리의 한국판을 만든다면 아동 성범죄에 대한 '문제의식 없음'에서부터 출발해야 할 것입니다. 또 부모는 아이를 제대로 보호하지 못했다고 비난받고, 아동은 성매매 청소년이 되어 보호 관찰을 받는 그렇고 그런 사건이 될 가능성이 굉장히 높습니다.

이다혜　'성매매'라는 표현은 아동이라 할지라도 상호간에 뭔가를 주고받는 관계인 것 같은 의미를 내포하여 더 큰 문제입니다. 지금 말씀하신 것처럼 동의가 있었다고 하더라도 어떤 연령대는 피해 사실에 주목하는 것이 더 중요하다는 생각이 듭니다.

이수정　그렇습니다. 다큐멘터리에는 아이들을 납치해서 사고파는 성매매 조직이 등장하는데, 그야말로 범죄를 저지르는 거대 조직입니다. 조직의 성인 우두머리는 아이들을 계획적으로 유인, 납치해서 성매매로 넘깁니다. 이런 사건들이 아동 유인 방지법의 단초가 되었지요.

우리의 경우에도 이런 조직들로부터 성매매업이 탄생했는데, 최근에는 IT 기술이 발달하며 가출 패밀리 같은 소규모 조직들이 미성년자를 유인하는 형태로 변모해 그야말로 우후죽순 번성하고 있습니다. 공공연한 성매매를 방치하고 있는 랜덤 채팅 앱들이 포주역할을 하고 있다고 해도 과언이 아닙니다. 다만 한국은 아직도 이런 과정들이 불법이 아니기 때문에 성매매에 노출되는 청소년이 나쁘다고만 생각합니다. 대단히 큰 차이입니다. 아이들을 성매매 현장으로 유인하면서 그 책임도 아이들에게 떠넘기는 앱 사업을 아이러니하게도 첨단 IT 산업이라고 이야기합니다.

가해자의 타깃 대상이 되는 특징들

이다혜 저희가 미국 사례를 이야기하면서 한국 사례도 같이 다루겠지만, 나란히 놓고 보면 의제 강간 연령의 지점에서 한국이 더 처참한 상황임을 분명히 해야 할 것 같습니다. 다큐멘터리 속 M. A.라는 피해자처럼 납치당하는 아이들도 있지만, 가출 청소년 또한 이런 범죄에 쉽게 연루됩니다.

이수정 네. 부모에게서 적절한 보호를 받지 못하고 냉대나 학대, 방임의 희생자가 된 아이들은 범죄 조직의 타깃이 될 수밖에 없습니다. 다만 미국은 아동 학대 범죄에 신체적 학대, 언어적 학대, 정신적 학대, 방임 유기 외에 착취도 포함되어 아이를 노동으로 착취하거나 성적으로 착취하는 것을 굉장히 강하게 처벌하고 있습니다.

또한 의제 강간 연령 아래의 아이들을 보호하지 않으면 부모들이 처벌받기 때문에 아동 학대에 대한 문제의식도 높습니다. 아이들이 가출하면 부모가 처벌받으니까 일단 어떻게든 집에 잡아 둡니다. 그 결과 한국의 가출 패밀리처럼 거리의 아이들이 자생하기 위해 소규모 범죄 조직을 만들 기회는 그리 많지 않습니다.

그런데 한국은 만 12세만 넘으면, 그러니까 중학생이면 아이들끼리 자생적으로 조직을 만들어 불법 행위를 해도 부모를 처벌하지 않으니 학대나 방임이 일상화되어 있고 가출도 많습니다. 위험이 만연해 있어서 위험이라고 인식도 못 하는 나라가 되어 버린 셈입니다. 결국 수사의 의지가 없으니 아무도 이 아이들을 보호하지 않으리라는 사실을 아이들을 포함한 모두가 알고 있습니다.

이다혜　　미국은 조직에서 아이를 유인하는 과정이 굉장히 세분화되어 있다는 인상을 받았는데요, 일단 전문 모집책이 있고 판매책이 있습니다. 모집책은 패스트푸드점처럼 아이들이 많은 곳에서 고개를 잘 못 드는 아이, 시선을 잘 못 마주치는 아이 등 자존감 낮아 보이는 아이를 주로 공략합니다. 저는 이런 선별법 자체도 시사점이 크다고 생각했습니다. 이 지점에서 한국의 이른바 '도를 아십니까.'가 떠올랐는데요, 일상에서 이런 식의 포교를 하는 사람을 만났다고 하면 주변에서 '야, 그러니까 땅 보고 걷지 마.'라고 말합니다. 예를 들어 누군가와 통화하면서 기분 좋게 걸어가고 있다든가, 목적지가 분명한 듯 빠르게 걷는 게 아니라 땅을 보면서 한숨을 짓는다든가, 표정이 어둡다든가, 아니면 목적지 없는 사람처럼 터덜터덜 걸으면 그를 타깃으로 삼아 취약한 부분을 공략합니다.

이수정   사기꾼이 아무에게나 사기 치지는 않으니까요. 취약성이 있는 사람, 자기들이 보기에 피해자 타입에 부합하는 사람들을 선별해서 공략합니다. 범죄 조직의 선별 방식도 마찬가지입니다. 그런데 한국은 패스트푸드점에서 고개를 잘 못 드는 아이, 사람들과 눈을 잘 못 마주치는 아이가 사람들의 관심을 끄는 수준까지도 도달하지 못했습니다. 학대를 범죄로 보지 않으니까요. 결과적으로 집에서 부모에게 학대당하는 아이는 거리에서도 착취당하는 셈입니다.

이다혜   앞서 말씀하신 것처럼 부모가 아이들을 학대하지 않고 책임지는 것을 넘어서, 어느 정도의 안락한 생활을 위해 노력하는 단계까지 가려면 결국 지역사회가 함께 아이들을 지켜봐야 한다는 의미로 들립니다.

이수정   아동 학대는 가정과 지역사회를 넘어 국가에서도 지켜보아야 할 뿐 아니라, 그것을 막기 위한 법과 제도를 타이트하게 운영해야 합니다. 외국의 경우에는 어린아이들만 집에 두고 마트에 다녀와도 아동 학대로 신고를 당합니다. 아이들끼리 있는 상황 자체가 방임이고 학대입니다.

이다혜   몇 해 전 괌에서 판사 부부가 아이를 차에 두고 마트에 들어갔다가 아동 학대로 신고당한 경우가 있었지요. 하지만 그런 행동이 한국에서는 범죄가 아니라 흔히 있는 일입니다. 심각한 사건이 벌어지지만 않으면 '그럴 수도 있다.'라고 생각하는 경향이 강합니다.

이수정   아동 학대에 이 정도로 관대하다는 것은 어른들에게 책임이 없음을 공인한다는 의미이기도 합니다. 그러니까 아이들이 성매매 조직에 유입되고 비행을 저질러도 부모 책임이 아니라 당사자들의 책임이라는 것이죠.

이다혜　부모 책임은커녕 심지어 가해자의 책임도 묻지 않는다는 느낌을 받을 때가 있습니다. 가출 청소년 같은 경우는 아무래도 먹고 자는 것이 가장 큰 걱정거리일 텐데, 멀끔한 성인이 문제를 해결해 주겠다고 나타나면 거절하기 힘든 유혹이겠지요. 게다가 공포나 폭력, 관심, 약물까지 이용해서 길들이면 더더욱 한번 발을 들인 후에는 빠져나오기 어렵겠다는 생각이 듭니다.

이수정　그렇습니다. 미성년자를 그루밍하는 모든 행위가 사실 범죄입니다. 예를 들어 랜덤 채팅 앱에서 미성년자 여자아이들이 채팅을 오래 하면 주는 커피, 케이크 쿠폰 같은 것들이 다 아이들을 착취하기 위한 미끼이자 매개물이고 불법 요소입니다. 그런데 아무도 제지하지 않고 있으니 큰 문제라는 겁니다.

'연예인 시켜 주겠다'는 사람을 조심하라

이다혜　어른들은 쿠폰 하나를 얻기 위해 설마 그렇게까지 할까 생각할 수도 있지만 아이들에게는 중요한 문제일 듯합니다. 문제는 계속해서 그런 상황에 노출되면 그것을 너무 당연하게 여기게 된다는 점입니다. 커피 쿠폰을 얻기 위해 자신의 노출 사진을 보내거나, 음란 채팅에 참여하거나, 아니면 그 이상의 행동까지 하면서 스스로를 거래 가치가 있는 물건처럼 생각하게 됩니다.

이수정 커피 쿠폰을 받기 위해 본인의 성기 사진을 찍어서 올리는 것이 매우 위험한 행위이고, 나중에 자신에게 큰 문제가 될 수도 있다고 생각하는 아이들이 적습니다. 이처럼 아이들의 성적 자기 결정권은 아직 미숙하기만 한데, 의제 강간 연령은 12세까지에 불과하죠.

당장 내 성기 사진을 찍어 올려서 오늘 저녁을 해결할 수 있다면 아이들은 그쪽을 선택합니다. 자신이 속해 있는 커뮤니티에서는 그런 종류의 거래들이 일상적으로 일어나니 특별히 위험한 일이거나 불법이라고 생각하지 않습니다. 그런 아이들을 이용해 이득을 취하는 업체들 또한 아무 처벌을 받지 않습니다.

이다혜 아이들이 얻는 이득이라는 것은 몇천 원 혹은 만 원 안팎의 쿠폰 정도에 불과한데, 사진이나 음란 채팅, 혹은 성매매로 쾌락을 얻는 상대나 그들을 중개하는 사이트와 앱 운영자들은 사실 막대한 이득을 얻잖아요. 이 다큐멘터리에서 으스대며 이야기하는 전직 포주가 무척 인상적인데, 이 사람에게 '아이들에게 뭘 조심하라고 말하고 싶으냐.'고 물어보자, '당신의 모든 문제를 해결해 주겠다는 사람.'이라고 답합니다. 만약 박사님이라면 같은 질문에 뭐라고 답하시겠어요?

이수정 '연예인 시켜 주겠다는 사람을 조심하라.'라고 대답하겠습니다. 이들 중 대부분이 청소년 그루밍 성범죄자입니다. 최근에 강남의 유명한 치과 의사가 검거됐는데, 그 치과 의사가 14~16세 아동 청소년 성매매 상습범이었어요. 그 치과 의사에게 여자아이들을 조달한 알선업자도 있었는데, 그 업자는 음란물을 유통하는 사람으로, 채팅을 통해 아이들을 모집했습니다. 강남 경찰서에서 그 치과 의사가 가지고 있던 아동 음란물을 압수했는데, 무려 6000건에 달했습니다.

그 치과 의사가 운영하는 병원 입구에는 라미네이트나 턱 교정 등의 치과 진료를 받은 수많은 연예인과 아이돌 사진이 붙어 있는데, 아마도 강남에 있는 기획사에서 아이돌이나 연예인 지망생을 소개해 그 치과 의사에게 진료를 받게 했던 것으로 보입니다. 그 아이돌 기획사가 성매매와 관련이 있는지까지는 아직 밝혀지지 않았습니다. 경찰이 압수한 음란물 중에 치과 의사 본인이 등장하는 성관계 동영상도 있었는데, 경찰이 청구한 구속 영장이 기각됐어요. 한국 법에 따르면 구속할 사안이 아니라는 거죠. 일단 성폭력 범죄가 아닌 겁니다.

이다혜 저는 이렇게 성폭력이란 무엇인가를 이야기하는 단계부터 시작해야 한다는 게 너무 절망적으로 느껴집니다.

이수정 성범죄가 아니면 무엇이냐 했을 때 그냥 성매매라는 논리였습니다. 이 치과 의사를 가장 엄벌에 처할 수 있는 죄명은 불법 촬영죄가 될 가능성이 높습니다. 합의된 성매매라면 당연히 돈이 오갔을 테고, 그러면 15~16세인 그 아이들만 보호 관찰 청소년으로 처벌받습니다. 물론 중간 알선 업자는 성매매 알선 혐의로 처벌을 받겠지만, 성 매수자는 벌금 정도 내고 끝나는 것입니다.

이 사건은 치과 의사의 주거지가 일정하고, 치과를 계속 영업하고 있고, 이미 음란물을 다 회수했기 때문에 증거 인멸의 우려가 없다는 이유로 구속 영장도 나오지 않았습니다. 그래서 일정 기간 후에 다시 구속 영장을 청구하니까 법원에서 괘씸하다, 불구속 수사를 해도 되는 사안인데 자꾸 구속 영장을 청구한다며 압수했던 6000건의 동영상을 그 피의자한테 돌려주라고 했습니다.

이다혜　피의자가 아니라 경찰의 영장 재청구가 괘씸하다고요?

이수정　그래서 지금 문제가 되는 것이, 그 음란물이 증발했어요. 치과 의사가 동생에게 6000건의 증거물 동영상을 넘겼는데 찾을 수가 없다고 합니다. 그 안에 심지어 주요 아동 피해자들이 등장할지도 모르는 위험이 있는데 말입니다. 이것이 우리의 과도한 영화적 음모론인지도 모르겠지만, 강남 경찰서는 버닝썬 사건과도 연관이 있는데 버닝썬 역시 아무런 증거도 확보하지 못하고 문을 닫았잖아요. 남은 것은 윤 총경*뿐인데, 그 사람도 지금 아무것도 입증하지 못해 불기소될 것으로 보입니다.

이런 상황이다 보니 저는 그 관련된 기획사에서 연예인 시켜 준다고 데려온 여자아이들은 어디서 어떻게 오게 된 것일까도 궁금합니다. 성매매를 조달한 업자는 순전히 채팅 앱으로 미성녀자들을 유인해 왔을까요? 제가 섣불리 말하기에는 조심스러운 사안들이지만 상상해 보지 않을 수 없습니다.

이다혜　대체 어떻게 하면 수사가 가능하고, 어떻게 해야 구속이 되는 것인지 이해가 안 됩니다. 대한민국의 저출산이 문제라지만, 이런 현실을 보면 누가 아이를 낳고 싶을까요. 전 일련의 사건들을 볼 때마다 제가 어떻게 별일 없이 자라 성인이 되어서 살고 있는지, 정말 운이 좋았다는 생각부터 듭니다.

아이들은 연예인이 되고 싶은 마음에 누군가를 믿었을 뿐인데 그 상대가 범죄를 저지를 수 있다는 거잖아요. 예컨대 연예인 지망생에게 치아 모양이 이러저러하니 치료를 받으면 더 좋은 기회를 얻을 수 있다, 너 지금 돈이 없으니 내가 도와주겠다, 하여 더 좋은 기회를 주는 듯한 사람, 잠재력을 알아봐 주는 사람이 사실은 청소년 그루밍 성범죄자일 수 있습니다.

> **: 윤 총경***
> '버닝썬' 사건 수사 과정 중, 보이 그룹 '빅뱅'의 멤버이자 버닝썬의 운영자 승리(본명 이승현) 측에 수사 정보를 전달했다는 혐의를 받은 윤규근(49) 총경. 지난 2016년 코스닥 상장 업체인 큐브스 정 모 전 대표의 고소 사건을 무마해 주는 대가로 비상장사 주식 수천만 원 상당을 받았고, 승리와 사업 파트너인 유인석 전 유리 홀딩스 대표가 운영한 클럽 '몽키뮤지엄' 관련 단속 내용을 담당 경찰 수사관을 통해 알아봐 줬다는 혐의를 받고 있다. 그뿐 아니라, 경찰이 버닝썬 사건 수사에 착수하자 정 씨에게 텔레그램 등 휴대폰 메시지를 모두 삭제하도록 조언한 혐의도 받고 있다. 이에 2019년 10월 29일, 검찰이 그를 구속 기소하며 공개한 혐의는 '특정 범죄 가중 처벌법상 알선 수재' '자본 시장법 위반' '직권 남용 권리 행사 방해' '증거 인멸 교사'다. 2020년 1월 7일, 서울 중앙 지법에서 열린 첫 공판에 출석한 그는 상기한 네 가지 혐의를 전면 부인했다.

이수정   그런데 그렇게 판단력이 부족한 것 자체가 미성년자들의 특징이잖아요. 어른을 믿어도 되는 사회가 올바른 사회여야 하는데, 어른을 믿으면 폭행 피해를 당하고, 사기를 당하고, 성범죄 피해자가 되는 사회가 잘못된 것입니다. 치과 의사가 가진 동영상이 6000건이면 6000명의 피해자가 존재할 수도 있는 것인데, 본인의 동영상이 여기저기 유포될 수도 있는 그 6000명은 어떡하나요.

전 모두가 문제의식을 가져야 한다고 생각합니다. 이를테면 검찰과 경찰이 수사권 조정을 가지고 다투고 있는데, 그렇다고 해서 경찰이 덮으려던 사건들을 검찰이 화끈하게 수사하고 있는가 하면 그것도 아닙니다. 그저 그들의 눈에 여자들이 피해자가 되는 사건들은 별로 중요한 사건이 아닌 것 같습니다.

이다혜　　미성년자인 경우 피해를 당했다고 호소할 방법도 잘 모르는 상황이니 더더욱 그렇습니다. 저는 「팔려 가는 소녀들」을 보는 것이 너무 괴로웠지만, 그나마 부모들이 아이를 찾기 위해 노력하고, 아이들이 돌아온 다음에도 이후의 피해를 막기 위해 노력하는 사람들이 있다는 점에서 희망적이라고 생각했습니다. 문제는 그런 가족조차 없이 거리를 떠돌고 있는 아이들이 더 많다는 점이겠지요.

「팔려 가는 소녀들」 속 인신매매에 약물이 연관되어 있어 다시 한번 버닝썬 사건을 떠올리지 않을 수 없었습니다. 예를 들어 성매매 여성들이 스스로 원해서 그 일을 하고 있다고 말하더라도 시작 단계에서는 약물을 이용한 강간이 있었던 경우가 많습니다. 중독적 마비 상태에 빠지게 만드는 것이 공통점으로 보이는데, 웹사이트에 올린 영상이나 사진이 성적인 매력을 적극적으로 노출하는 것처럼 보일지 모르지만, 사실은 약물에 취한 상태에서 찍은 영상이나 사진일 수도 있겠습니다.

이수정   약물도 당연히 심각한 문제지만, 그런 식의 사고방식이 내면화되는 것도 문제입니다. 예를 들어 아이들에게 유명 연예인이 되기 위해서 어른들과의 성관계도 감수해야 한다고 계속 세뇌한다면 아이들은 자연스럽게 그래야만 한다고 생각하게 됩니다. 십 대 연예인들의 섹시한 춤이나 외양이 아이들의 자발적 결정에 의한 것인지, 아니면 그들만의 리그에서 어쩔 수 없는 선택인지, 우리는 사실 잘 모릅니다. 합리적인 의사 결정을 방해하는 정신적인 마취, 어린 시절부터 진행된 세뇌가 어쩌면 약물보다 더 위험할 수도 있습니다. 그런 문화의 부작용들이 쌓여 결국 터져 버린 것이 버닝썬과 승리 사건일 수 있습니다.

누구의 인권이 더 중요한가

이다혜   말씀하신 것처럼 오프라인 범죄가 빠르게 온라인으로 옮아가고 있습니다. 성매매 산업도 마찬가지인데, 다큐멘터리를 보면 가출 청소년들이 부모와 연락이 끊기고 하루 이틀 사이에 강간을 당한 후 빠르고 효율적으로 온라인에서 팔리기 시작합니다. 저는 이 과정이 예상보다 너무 빨라서 놀랐습니다.

이수정   성 경험이 없던 청소년이 강간 피해를 당하면 정신적 붕괴를 경험하게 되는데, 그렇게 자기방어 능력이 사라진 상태에서 약물이 제공되고 연이어 성매매에 노출됩니다. 한국의 경우 가출 청소년 문제가 심각합니다. 전국의 고등학교에서 1학년 1학기가 되면 학교마다 약 열 명의 학생들이 학업 중단자로 낙인찍힙니다. 학업 중단자가 되면 그때부터는 학교 밖 청소년으로 분류되어 교육부의 소관이 아니게 됩니다.

이다혜　학교마다 열 명 정도라면 적지 않아 보입니다. 교육 당국 입장에서 그 정도의 이탈자는 생길 수밖에 없다고 생각할지 모르지만, 제가 성장할 때보다 학생 수가 훨씬 더 줄어든 상황에서 매년 그 정도라면 결코 적지 않은 수입니다. 불안정한 가정의 아이들을 돌보는 것 또한 국가의 일 아니겠습니까?

이수정　적극적으로 동의합니다. 가정을 대체할 뭔가가 있어야 하는데 현재로서는 많이 부족합니다. 학교 밖 청소년 지원은 여성 가족부 소관입니다. 그래서 여성 가족부가 지역사회 청소년 상담 복지 센터와 연계해 '위기 청소년 사업'이라는 이름으로 많은 서비스를 운영하고 있는데, 문제는 아이들이 자발적으로 찾아오지 않는다는 것입니다.

가출 청소년들은 그런 서비스를 이용하기보다는 가출 패밀리에 들어가 성매매로 자생하는 쪽을 택합니다. 또한 가출 청소년들을 호시탐탐 노리는 사업자들이 먹잇감을 여성 가족부에 넘기지 않고 어떻게든 유인하고 있는 현실입니다.

이다혜　결국 가출 청소년들의 성을 사고파는 사람들을 적극적으로 처벌하면 좋을 텐데요. 지금은 가출 청소년들이 눈 돌릴 곳이 너무 많다는 생각이 듭니다. 당장 머물 곳을 찾기도 힘든데 하룻밤 잘 곳과 식사를 해결할 수 있는 방법을 제시하는 성 매수자들은 스마트폰 접속 한 번이면 이루 셀 수도 없을 정도로 만나게 됩니다.

이수정　성매매 전체를 단속하거나 음란물 전체를 불법으로 만드는 게 생각보다 쉬운 일은 아닙니다. 그래서 최소한 미성년자 피해만이라도 줄이기 위해 의제 강간 연령을 높여 최소 16세가 될 때까지, 세상에 대한 이해가 생길 때까지는 어떻게 해서든 아이들을 보호하자는 말입니다. 수사권 조정 같은 문제는 관심이 큰데, 의제 강간 연령에 대해서는 다들 관심이 없습니다.

이다혜　저희가 「이수정 이다혜의 범죄 영화 프로파일」을 통해 무언가 한 가지라도 꼭 이뤘으면 하는 것이 있다면, 의제 강간 연령을 현행 13세 미만에서 16세 미만으로 높이는 것이라고 생각합니다. 그런데 지금 우리 사회의 형편을 보면 쉽지 않아 보이니, 본의 아니게 이토록 오래 선생님과 이야기를 나눠야 하는 게 아닌가 싶습니다.
　온라인에서 이루어지는 성매매의 결제 수단이 신용 카드에서 비트코인 같은 가상 화폐로 이동하면서 범죄를 추적하거나 단속하기가 더 어려워졌다는 이야기도 들었습니다. 그러니까 법과 제도를 구비한다 해도 기술이 더 빨리 발전하는 상황이다 보니, 어떻게 다 쫓아가야 하나 하는 생각도 듭니다.

이수정　기술은 당연히 발전합니다. 원래 나쁜 일에는 머리가 더 잘 돌아가기 마련이라 범죄에는 온갖 혁신적인 기술들이 다 사용되죠. 그래서 수사가 어렵다, 사건화하기 어렵다고들 하는데, 그러니까 할 수 있는 것부터 하자는 것입니다. 그 할 수 있는 일에 의제 강간 연령을 높이는 것도 포함되고요.

이다혜　다큐멘터리에서 마약은 한 번밖에 팔 수 없지만 아이들은 팔고 또 팔 수 있다는 말이 나옵니다. 그리고 성매매를 시작한 십 대가 이십 대가 되고 삼십 대가 되는 것이기에 어린아이를 성매매로 유인하는 것이 그만큼 범죄자 입장에서는 수익성이 좋을 것입니다. 반대로 피해자 입장에서는 그만큼 빠져나오기가 더 어려워지고요.

　　이수정　　사람을 사고파는 일이 만연된 사회에 미래는 없습니다. 옆집 아이를 사고팔아도 우리 집 일이 아니니까 우리 가족은 안전할 까요? 전 그렇다고 생각하지 않습니다. 절대 용인되어서는 안 될 일 들이 수사하기 어렵다, 접근하기 어렵다는 이유로 방임되는 동안 사 회는 썩어 문드러질 것입니다. 현재 벌어지는 일들을 제대로 알리고 노력하고 어떻게든 규제할 수 있는 제도를 만들고, 만약 수사가 어 렵다면 부분적으로 함정 수사라도 허용해야 합니다.

　　인권 침해의 위험이 있다지만, 누군가의 인권만 절대적인 가치 를 지닐 수는 없습니다. 우리가 사는 사회 속에서 우선적으로 고려 되어야 할 사안이 무엇인지를 따져야겠지요. 사람을 사고파는 것, 더군다나 아이를 사고파는 일이 인권을 이유로 방치되는 것이 옳을 까요. 분명하게 필요한 수사를 인권 침해를 이유로 하지 않는다, 이 것은 우선순위를 다시 생각해 봐야 하는 일 아닐까요. 6000건의 음 란물을 피의자에게 돌려줘야 하는 이유가 무엇인지 생각해 봐야 합 니다. 추가 범죄 수사를 위해 그 음란물을 어떻게든 다시 찾아야 한 다고 봅니다.

　　이다혜　　피의자가 구속이 안 되는 것도 놀랍지만, 미성년자들이 찍힌 동영상 증거물을 다시 돌려줬다는 것은 증거를 없애라는 뜻으 로밖에 해석되지 않습니다. 결국 이 사회가 문제의 치과 의사에게 아동 성 착취를 다시 해도 괜찮고, 그때도 법적으로 빠져나갈 구멍이 있을 것이라는 메시지를 주는 셈 아닌가요? 그런데 이런 현실을 미성년 피해자들은 잘 모릅니다. 어렸을 때부터 잘못을 저지른 사람은 벌을 받는다고 배워 왔는데 현실은 다릅니다.

이수정 그것이 선진국이냐 아니냐의 경계 지점 같습니다. 어느 나라나 성범죄는 발생합니다. 하지만 피해자의 인권을 중히 여기고 아이를 찾아 나서는 이 다큐멘터리 속 국가는 그 점에서 선진국입니다. 그저 일부 아이들의 불행이고, 부모가 아이를 돌보지 못해서 생긴 일이니, 너희의 불행은 너희가 알아서 하라는 사회가 과연 선진국일 수 있을까요.

이다혜 이 점은 성인도 마찬가지라고 생각합니다. 최근에 탈성매매한 분이 쓴 『길 하나 건너면 벼랑 끝』이라는 책을 읽었는데, 이 저자는 처음에 이른바 2차라고 불리는 성매매를 나가지 않겠다는 조건으로 일을 시작했지만, 이 분야의 산업 구조가 어떻게 성매매를 할 수밖에 없는 상황으로 몰아가는지를 보여 줍니다. 믿음직하게 뭔가 도와줄 것처럼 접근하는 사람들이 등장하는데 결국 저자로 하여금 성매매를 하게 만드는 일종의 작업이었다는 것입니다. 그래서 결국 어딘가로 계속 팔려 가는 것밖에 방법이 없었다고 말합니다.

이수정 현실적으로 성매매가 단번에 사라질 수는 없습니다. 당위성을 떠나 구현되기가 어렵습니다. 그래서 우리는 친고죄가 폐지되었던 과정에 주목해야 합니다. 친고죄는 어느 날 갑자기 순식간에 폐지된 것이 아니고 아동 청소년·장애인·성범죄의 친고죄가 폐지된 후에 순차적으로 성인 성범죄의 친고죄까지 폐지됐습니다. 그래서 의제 강간 연령 개정도 필요한 것이고요. 최소한 이런 것들부터 지켜보자는 것입니다. 일종의 마지노선을 설정한다고나 할까요.

이다혜　중요한 이야기입니다. 결국 이 사회 구성원 전체의 안전을 담보하는 과정에서 필요한 것은 스스로를 지키기 어려운 약자부터 먼저 배려하는 것인데, 어린아이들조차 지킬 수 없다면 어쩌겠습니까. 의제 강간 연령이 얼마나 중요한 이슈인지 다시금 확인하게 됩니다.

다큐멘터리 속 아이들은 구출되어 집으로 돌아온 후에도 일상에 적응하지 못하고 계속해서 가출을 합니다. 폭력 가정이 아니고 부모가 아이에게 굉장히 헌신적인 보살핌을 제공하는데도 약물을 구하기 위해 가출하기도 합니다. 그러나 꼭 약물이 가출 이유의 전부는 아닐 수도 있겠다는 생각을 했습니다.

이수정　이미 성폭력 피해를 당했기 때문에 아이들은 자신이 회복 불가능한 상태가 되어 버려 제자리로 돌아갈 수 없다고 지레 생각해 버립니다. 한국은 여전히 순결 의식이 있는 가부장적인 사회라서 더욱 그렇습니다. 엄마가 자신에게 더 관대하고 신경 쓰는 것을 오히려 상처로 느끼기도 합니다.

피해자의 회복은 결코 쉬운 일이 아니고, 단순히 당사자들끼리 해결할 수 있는 일도 아닙니다. 특히 전문가들의 도움과 심리 치료가 반드시 필요하기 때문에 가해자를 처벌하는 데 세금을 쓰듯이 피해자를 지원하는 데도 세금을 써야 합니다. 오늘날엔 '회복적 정의'라는 개념이 등장해 외국의 경우에는 불법 행위로 낸 벌금의 많은 양을 피해자 구조 및 지원에 사용합니다. 한국의 경우 벌금은 국세에 해당하기 때문에 법무부 예산으로 들어오는데, 이제야 겨우 6퍼센트 정도를 피해자 지원에 사용하고 있습니다.

피해자가 가해자가 되는 악순환

이다혜　그래서 성범죄의 경우 피해자들이 자신의 피해를 복구하기 위해 병원을 다니거나 상담을 받는 비용을 감당하기 어려워 합의금을 받을 수밖에 없다는 이야기도 들었습니다.

이수정　다행히 친고죄가 폐지되어 합의를 해도 성범죄 사건이 진행되는 데는 문제가 없습니다. 그리고 보면 여성의 인권과 관련해서 친고죄 폐지보다 중요한 이슈도 드물었다는 생각이 듭니다. 그러나 그것만으론 불충분합니다. 가해자들을 처벌한다고 해서 피해자들의 피해가 저절로 회복되는 것은 아니기 때문입니다. 그 이슈는 또 다른 형사 정책적 목표가 되어야 하는데, 그런 것들을 고민하기보다 수사권 싸움에 열을 올리고 있으니 답답합니다.

저는 감시하는 단계가 많을수록 좋다고 봅니다. 그래서 저들이 못한 것을 우리가 감시하고, 우리가 못한 것을 저들이 감시하는 공수처를 만든 것도 긍정적으로 생각해요. 하지만 우리 사회에서 중요한 사건으로 분류되지 못하는 사건들, 이를테면 아동 학대나 가정 폭력처럼 아이나 여자가 피해자인 대다수의 사건들이 수사권 조정 때문에 지금보다 더 사건화되기 어려워질까 봐 우려가 됩니다.

이다혜   버닝썬 사건이 처음으로 알려져 매일 보도되는 뉴스를 볼 때만 해도 사건이 이런 식으로 끝날 것이라고는 예상하지 못했습니다.

이수정   저는 버닝썬을 즉시 압수 수색하지 않을 때 이미 어느 정도 예견할 수밖에 없었어요. 폐업 처리해서 싹 다 정리하고 증거가 없는데 어떻게 수사를 하겠습니까. 지자체와 일부 에이전트들에서 시간을 주며 증거 인멸을 용인해 준 것 아닌가 싶습니다.

이다혜   다큐멘터리 「팔려 가는 소녀들」을 보면 어쨌든 미국에서도 문제를 해결하는 게 쉽지는 않기 때문에, 해결 과정에서 분명히 어려운 사건임을 알면서 뛰어드는 변호사도 있고, 왜들 이렇게 관심이 없느냐며 더 강력히 밀어붙이는 정치인도 있습니다. 결국 이것은 피해자 한 사람이 노력해서 될 문제가 아님을 보여 줍니다.
자칫하면 피해자들이 다시 가해자가 되는 악순환 때문에라도 피해자를 돕는 시스템을 확실히 구축해야 한다는 생각을 하기도 했습니다. 이를테면 다큐멘터리 속 M. A.를 납치한 여자는 과거에 똑같은 범죄를 당한 피해자였습니다.

이수정   네, 피해자가 가해자가 되면서 피해가 반복됩니다. 처음에 성폭력 피해를 당한 아이들이 나중에는 가출 패밀리를 유지하기 위해 또 다른 더 어린 피해자를 집단 폭행하는 식입니다. 이때 여자아이들이 일렬로 서서 피 흘리는 피해자에게 주먹질하고 발길질하는 영상의 선정성 때문에 집단 폭행한 사건만 언론에 보도될 뿐 왜 그런 일이 벌어졌는가에 대한 논의나 진단은 없습니다. 아이들을 전부 엄벌해라, 구속시켜라, 형사 처벌 연령을 낮추라는 이야기만 나올 뿐입니다. 그러나 아이들을 교도소로 보내면 그곳에서 또 포주를 만나 점점 더 큰 조직이 되기도 하지요.

이다혜 아동을 납치한 사람이나 매매한 사람은 물론이고 아동을 사고파는 사이트로 돈을 버는 기업과 운영진들도 반드시 처벌해야 합니다. 다큐멘터리에서 언급되는 기업은 백페이지닷컴(backpage. com)입니다. 이곳은 크레이그리스트 다음으로 큰 인터넷 거래 사이트로, 미국 인터넷 섹스 광고 시장의 80퍼센트를 차지하고 있습니다. 미국은 자유로운 인터넷 발전을 보장하기 위해 1990년대에 통신품위법을 만들었는데 회사는 이 법을 근거로 하여 미성년 여성들의 사진이나 영상을 업로드한 것에 대해 아무런 책임을 지지 않고 있습니다. 한국도 비슷한 상황 아닌가요?

이수정 그렇죠. 그래도 미국은 법을 만들어서 법에 위배되는 것들은 예외 없이 처벌하고 있는데, 우리는 민간을 제재하는 법률을 만드는 데 항상 논란이 있어서 민간의 자발적 의지, 자율 통제를 우선으로 합니다. IT 업체에게 로그인할 때 성인 인증을 받아라 하는 종류의 권고만 하는 셈이죠. 그래서 성인 인증을 하긴 하는데, 아이들이 어른의 주민 등록 번호만 입력하면 그 이상은 확인을 안 합니다. 많은 부분이 형식적이라는 것이 미국과 가장 다른 점으로 보입니다. 입법을 하지 않고 자발적인 자유 권한을 주는 바람에 오히려 아무것도 제재되지 않고, 업체는 빠져나갈 구멍만 생긴 셈입니다. 법이 제정되지 않으면 불법이 아니기 때문에 제재 자체가 불가능합니다.

이다혜   다큐멘터리 속 피해자들이 소송을 제기한 것도 바로 그 부분 때문인데요, 거의 매번 패소를 합니다. 재판부가 판단하기에 IT 산업의 발전이 학대받는 아동보다 더 중요하다는 것이고, 어쨌든 이 산업이 발전하기 위해서는 인터넷상에서의 자유를 보장해야 한다는 논리입니다.

소송과 사회적 비난에 직면한 백페이지닷컴의 대처법도 굉장히 교활합니다. 먼저 국립 아동 실종 및 학대 센터와 파트너십을 맺어 아동 보호에 앞장서는 척합니다. 그리고 뭔가 대응해야 할 때는 여성 관리자를 전면에 내세워 이 업체가 국립 아동 실종 및 학대 센터와 파트너십을 맺어 일 년에 6800건을 단속했고 그들로부터 좋은 평가를 받았으며 그 사실을 자랑스럽게 생각한다고 이야기합니다. 자신들도 노력하고 있으니 너무 과한 요구는 하지 말라는 식입니다. 그런데 이런 일련의 행동 자체가 눈 가리고 아웅입니다.

이수정   우리의 경우에는 이 정도만 해도 굉장히 높이 평가받습니다. 원스토어가 자발적 의지로 앱 업체에 엄격한 성인 인증을 요구하기 시작해 그 취지를 높이 평가받고 있습니다. 그리고 파트너십이라 하니 떠올랐는데, 앞서 이야기했던 치과 의사가 경찰 발전 위원회의 위원이었습니다. 그래서 동영상을 모조리 다시 돌려준 것인지, 저도 모르겠고 알고 싶지도 않네요.

이다혜   오히려 뒤에서 숨길 짓을 하는 사람일수록 앞에서 더 적극적으로 좋은 일을 하는 척하나 봅니다. 그래야 자신들에게 올 공격이나 비난을 예상하기 쉽고, 나중에 무슨 일이 생겨도 피해 갈 여지가 생길 테니까요.

정부와 사회가 방관하는 사이에 회사가 벌어들이는 돈은 굉장히 큽니다. 백페이지닷컴의 경우 2015년 수익이 1억 5300만 달러, 한화로 1780억 원 정도입니다. 그런 상황에서 어떤 미성년자가 무슨 피해를 입었는지는 아무도 관심이 없고 책임지지도 않습니다.

이 다큐멘터리를 보면 사라진 아이를 찾기 위해 부모들이 계속해서 성매매 사이트에서 검색을 합니다. 나이가 어리고 자기 딸과 비슷한 여자아이의 사진이 올라오면 확인하면서 아이의 행방을 추적합니다. 한쪽에서 애타게 아이를 찾거나 말거나 이런 비슷한 사업 구조로 돈을 벌려는 사람들은 우후죽순처럼 생깁니다. 한국도 그런 앱들이 굉장히 많습니다.

이수정 그렇죠. 그중 한 100개 정도는 악성으로 분류됩니다. 앱 업체들은 그렇게 미성년자 여성을 착취하는 방식으로 부를 축적하고 있습니다. 양진호는 처벌받았지만 회사 규모는 훨씬 커졌다고 합니다.

이다혜 누군가가 체포되고 사건화되어도 충분히 처벌하지 않기 때문에 결국은 이것이 돈벌이라고 알려 주는 역할에 그치는 듯합니다.

이수정 외국에서는 이런 업체들에 징벌적 손해 배상을 청구해서 범죄 수익을 몰수할 수 있게 법을 만들고 있습니다.

내 아이만 안전한 안전지대는 없다

이다혜　피해자 가족들은 직접 이런 흐름을 막기 위해 고군분투합니다. 자녀의 인신매매 피해를 알아내고 그 피해를 복구하기 위해 함께 힘을 모아 문제를 공론화하고 가해자를 고발하며 싸움을 시작한 것이 변화의 첫걸음이 되었습니다. 사회적 진보나 제도적 개선도 결국은 이런 용기 있는 사람들, 그리고 이들과 연대하는 사람들의 노력과 희생으로 이루어진다는 생각이 들었습니다.

이수정　미국만의 문화적 특이성도 큰 역할을 했다고 봅니다. 유교적 사회인 대한민국에서 가출한 아이의 부모가 다큐멘터리 속 부모처럼 피해를 고발하고 아이를 찾아 나설 수 있을까요. 그러면 많은 사람들이 그 부모와 공감대를 형성하면서 목소리를 더해 줄까요. 전 쉽지 않을 것이라고 생각합니다. 아마 자식 하나 제대로 돌보지 못했다고 비난하겠지요. 가화만사성이라 했는데 집구석도 제대로 돌보지 못한 사람이 사회가 문제라고 떠들 수 있느냐면서 손가락질하고요.

그렇게 아무도 공감해 주지 않으면 야금야금 문제가 커져 우리 가족에게도 피해가 발생할지도 모릅니다. 다만 부모가 모를 뿐입니다. 닫힌 방 안에서 내 아이가 이런 랜덤 채팅 앱을 하고 있을지 모르는 세상이 되어 버린 것이지요.

이다혜　이런 피해를 입는 아이들이 따로 있다고 생각하면 안 됩니다. 내 일이라고 생각해야 그 피해를 구제하기 위해 사회 전체가 노력할 수 있습니다. 그런 피해를 입었다고 자책할 필요도 없고요.

범죄자들이 나쁜 것이지, 피해를 당한 사람들이 나쁜 것은 아니니까요. 그 피해자들이 미성년자인 경우엔 더욱 그렇습니다.

다큐멘터리는 마지막에 이렇게 질문합니다. 우리는 어떤 사회를 원하는가. 이에 대한 대답일 텐데, 지난 2018년 2월 미국 하원은 온라인 사이트에 성매매를 조장하는 광고나 콘텐츠가 게재될 경우 사이트도 민형사 처벌을 한다는 내용의 온라인 성매매 퇴치법을 통과시켰습니다.

이수정　여기에서 형사 처벌이 중요합니다. 그리고 민사, 손해 배상 청구 소송도 가능하게 만들었습니다.

이다혜　구글이나 페이스북 같은 거대 IT 기업들도 환영의 뜻을 밝혔고, 이 법안이 상원을 통과할 가능성도 높다고 합니다. 한국도 이미 한참 전에 같은 질문을 놓고 사회 전체가 진지하게 논의를 했어야 한다는 생각이 듭니다.

이수정　이 법이 미국에서 상원을 통과해 입법이 되면 구글이나 페이스북도 참여하지 않을 수 없습니다. 구글에 올라오는 앱 중에도 랜덤 채팅 앱이 많습니다. 여기라도 깨끗해지면 우리한테도 도움되는 측면이 있으니 반가운 일입니다. 인터넷은 국가의 경계가 없으니까요.

이다혜　그렇지만 한국인 아동 성 착취 동영상 사이트 운영자 손정우 씨는 처벌을 약하게 받았습니다. 다운로드 받은 미국인들은 미국에서 강력 처벌을 받는데 말입니다. 국제 공조를 해 미국으로 보냈으면 좋겠습니다. 이런 사건을 접할 때마다 한국은 대체 누구를 우선적으로 보호하고 있는 것인지 의문이 듭니다. 불법 이득을 취하는 사람들의 권리와 미래를 보장하는 데 더 열중하고 있는 건 아닐까요.

특히 이런 미성년자들은 자신이 어떤 권리를 가지고 있는지조차 충분히 교육받을 기회가 없는 경우도 많습니다. 이를테면 저도 성인이 되고 직장 생활을 한참 하면서 비로소 알게 된 부분들이 많습니다. 어떤 일들은 내가 잘못한 것이 아니었고, 법적인 조치를 취할 수도 있는 심각한 일이었음을 한참 후에나 알게 되기도 했는데, 그런 것을 알 수 있는 기회가 없는 연령대의 사람들을 더 적극적으로 보호해야 한다고 생각합니다.

이수정　맞아요. 그렇게 되어야 합니다.

이다혜　참 머나먼 이야기 같습니다. 이렇게 우울하게 마무리하게 되어 안타깝지만, 아직까지 이것이 우리의 현실인 듯합니다.

작가 후기

일 년 동안 일어난 기적

　범죄 영화를 소재로 코멘터리를 만들어 보자는 제안을 받았던 2018년 8월은 내게 상기하는 것도 피하고 싶을 만큼 괴로운 시절이었다. 나는 당시 한쪽 눈의 시력을 완전히 잃어버릴까 봐 조마조마한 상태였다. 망막 박리증. 망막이 찢어지면서 주변 시신경들이 모조리 바보가 되는 병. 자꾸만 새카매지는 시야 때문에 응급 수술을 받은 직후 전화를 받았다. 멀쩡하게 일상을 소화해 나가야 하는 때였다면 절대 수락할 만한 제안은 아니었다. 주로 글을 쓰는 것으로서 존재 가치를 입증해야 하는 연구자에게 눈 하나를 잃는다는 것은 경력 단절을 의미할 수도 있었기에 당시 나는 절망적이었다. 수술한 눈에 가스를 가득 채우고 한 달은 엎드려 있어야 했던 바로 그때, 글 대신에 말로만 해도 되는 일, 이미 알고 있는 지식을 풀어내면 되는 일이 다가왔다. 최세희 작가와 조영주 작가, 그리고 이다혜 기자와 함께한 「이수정 이다혜의 범죄 영화 프로파일」은 내게 그런 의미였다. 내가 아직 쓸모 있다는 것을 확인시켜 주는.

　방송은 한참 뒤에야 궤도에 올랐다. 하지만 주로 혼자서 일을 해 오던 나로서는 4인 5각으로 함께하는 일 자체가 재밌었다. 헌신적인 두 작가님과 매사 에너지 넘치고 창의적이면서 동시에 도전적이었던 기자님은 내가 오래전에 잊어버렸던, '일에 대한 열정'을 다시금 일깨워 주었다. 한쪽은 심한 근시, 다른 한쪽은 심한 원시가 되는 후유증으로 한 치 앞의 컴퓨터 화면을 보는 일도 힘들고, 항상 시간 여유도 없었지만 시간을 쪼개 그들을 만나 영화 이야기, 사람 이야기를 하고 나면 지쳐 떨어졌던 영혼이 회복되는 느낌이었다.

처참한 사건과 피해자와 가해자 들을 만나면서 알게 된 사적인 이야기를 후련하게 털어놓을 수 있었던 녹음 시간은 내게 힐링 그 자체였다. 혼자서 껴안고 갈 수밖에 없다고 생각했던 그들의 이야기가 많은 청취자들을 울고 웃게 만든다는 게 놀라웠다. 흔히들 '공감'이라고 말하는 것의 진정한 의미를 몸소 체험하는 순간들이었다. 혼자가 아니었다. 바로 그것이 지난 일 년 동안 나에게 일어난 기적이었다.

2019년을 돌이켜 보면 유리창 없는 좁은 녹음실과 그 속에서 활활 타오르던 두 시간이 가장 먼저 기억난다. 매번 떠오르는 얼굴들이 있었다. 영화에서 다루었던 사건과 흡사한, 범죄 속 실제 주인공들이다. 어느 때는 피해자가, 어느 때는 가해자가, 그리고 그들의 가족들까지 지난 이십 년 동안 내 기억 속에 박혀 있던 사람들이 떠올랐다. 이 자리를 빌려 그분들께 머리 숙여 감사의 인사를 드린다. 부디 과거로부터 용감하게 헤어나 온전한 삶을 살길 기도한다.

우리의 부족한 식견으로 만에 하나 불편함을 느낀 형사 사법 기관 종사자나 청취자가 계시다면 사과드린다. 너그러운 마음으로 용서해 주시길 또한 부탁드린다. 아무래도 열심히 사건에 공을 들이는 실무자의 어려움을 세세하게 알지 못하는 입장이다 보니 혹시라도 서운함이나 모멸을 느끼셨을까 봐 걱정이다. 매일매일 헌신하시는 분들 덕에 오늘 밤 나의 시간이 안전하다는 것을 너무나 잘 알고 있다. 이렇게라도 지면으로 사과와 더불어 감사 인사를 전하고 싶다.

수술한 지 일 년 반이 지난 지금, 이제야 계단을 헛딛지 않게 되었다. 웹 서핑도 할 수 있고 타이핑도 가능하다. 신체의 회복력이 놀랍다. 오디오클립을 들어 주신 청취자 중 아직도 암흑과 같은 순간을 보내고 계신 분이 있다면 정말 믿어도 된다 싶은 이 말씀을 드리고 싶다. 시간은 결국 흘러가고 그것이 무엇이더라도 기어이 회복될 수 있다는 사실을.

n번방이라는 처참한 사건이 있다. 사이버 공간 속에 감금되어 불특정 가해자들에게 성적으로 착취당했던 그대들도 언젠가는 회복될 것이란 신념을 가졌으면 좋겠다. 기적처럼 시력을 회복한 내 오른눈처럼 당신의 고통도 꼭 끝날 수 있다는 것을 믿어 주면 좋겠다. 진심을 다해 응원을 보낸다.

— 이수정

신뢰는 성장, 분노는 변화

여성의 눈으로 세상을 바라보기 위해서는 여성으로 태어나는 것
만으로는 부족하다. 가족 안에서, 학교에서, 세상에서, 경전이나 고
전이라 불리는 책들과 영화를 통해 착실히 교육받았다면, 그 과정
에서 좋은 성적을 얻고 성취를 거뒀다면 더욱 그렇다. 스스로 책을
골라 읽을 수 있게 되면서부터 온갖 범죄 소설을 읽고 커 온 내가,
오랫동안 좋아했던 장르를 다른 눈으로 돌아보게 된 이유도 거기
에 있다. 여자는 너무도 자주 첫 장면에 등장하는 벌거벗은 시체였
고, 남자의 범행 동기가 되는 흑막이었고, (누아르 영화에는 "여자를 찾아
라.(Cherchez la femme.)"라는 경구도 있다. 사건이 있으면 관련된 여자부터 찾아보라는
뜻이다.) 탐욕스러운 노파이거나 범행을 저지른 남자를 회개하게 하
는 성녀였다. (이 두 여성이 모두 등장하는 작품이 도스토예프스키의 『죄와 벌』이다.)
영화에서는 그런 여성들이 언제나 눈요깃거리가 되곤 했다. 한국 영
화 「브이아이피」의 출연진 소개에는 지은서, 윤정원, 나영, 이준희,
선우, 장민주, 조은빛, 윤하, 조현경 배우가 모두 같은 역할을 소화한
것으로 나온다. 그것은 바로 '여자 시체 역'이다. 아름다운 여자들이
시체가 된 모습을 보는 것이 2010년대의 한국 범죄 영화의 몇 되지
않는 목적인 것일까? 이 의구심을 어떻게 해소할 수 있을까 오랫동

안 고민한 결과물 중 하나가 2018년에 펴낸 『아무튼, 스릴러』였다.

「이수정 이다혜의 범죄 영화 프로파일」을 제안 받고 첫 방송에 이르기까지 몇 달의 시간이 걸렸다. 처음 제안을 받은 순간부터 이 것은 내가 한국에서 제일 잘할 수 있는 프로젝트라고 생각했고, 그 확신을 더해 준 이들이 범죄 심리학자 이수정 선생님과 최세희, 조영주 두 작가님들이었다. 첫 녹음분은 방송을 포기했으니 처음부터 호흡이 잘 맞았다면 거짓말일 텐데, 그럼에도 잘되리라 굳게 믿은 이유는 네 사람 모두 여성이어서였다. 나는 세 분을 이 프로그램으로 처음 만나게 되었는데, 네 사람의 목표는 같았다. 범죄를 흥밋거리로 만들지 말 것, 여성의 안전을 중요하게 다룰 것, 피해자 관점에서 범죄에 접근할 것이 그것이었다. 그러고는 시간이 좀 필요했던 것 같다. 긴 사전 미팅이나 뒤풀이가 없었으니, 매번 방송을 통해 서로의 생각을 확인해 가는 수밖에 없었다. 그리고 방송 회차가 쌓이면서 말로 하지 않는 신뢰가 더해졌다. 내가 질문지를 정리해 작가님들께 보내면 실제 사건과 영화 내용을 엮어 말하기 좋게 짜인 대본이 돌아왔고, 내가 도무지 개선될 여지가 없어 보이는 실제 사건들 때문에 분에 못 이겨 흥분할 때면 이수정 박사님이 차분하게 '그래도 나아지고 있다.'는 확신을 가질 수 있도록 설명해 주셨다. 그래서 나는 이수정 박사님을 믿고 프로그램 안에서 마음껏 화를 낼 수 있었던 셈인데, 쓰고 보니 좋은 것인지 잘 모르겠다. 이런 역할 분담이 자연스럽게 자리 잡을 수 있었던 신뢰가 얼마나 값진지 모르겠다. 이런 신뢰와 성장의 경험을, 많은 여성들이 경험하면 좋겠다.

「이수정 이다혜의 범죄 영화 프로파일」의 재미는 흔히 말하는

'사이다'가 아니다. 알면 알수록 암담한 일투성이이고, 가끔은 방송 중에 들은 말 때문에 잠을 이루기가 어렵다. 하지만 그와 동시에, 생각이 같은 사람들이 있고, 피해자를 돕기 위해 당장 노력을 하는 사람들이 있음을 안다. 부당한 일에 대한 분노는 세상을 바꾸는 힘이 될 수 있음을 안다. 어떤 폭력과 범죄는 배워야 피해 사실을 인지하는 단계라도 밟을 수 있음을 안다.

이 책을 마무리하는 시기, n번방 성 착취 사건이 연일 언론에 보도되고 있다. 관련 뉴스가 처음 보도되던 순간부터, 마음을 먹지 않고는 기사를 읽는 일조차 너무나 고통스러웠다. 여성에 대한 폭력을 중하게 처벌하려는 제도적 시도가 정치권의 시늉만으로 결실을 맺지 못하는 사이 벌어진 일들. 이 사건의 가해자는 n번방을 운영한 자, n번방에 들어간 자, 이 모든 일이 큰 문제가 아니라는 인식을 고착화시키는 데 지대한 공헌을 한 법을 만드는 자와 집행하는 자 모두다. 100만 원이 넘는 액수의 가상 화폐를 보내고 복잡한 본인 인증 과정을 거쳐야 접속이 가능한 이 사건에 우연한 가해자는 없다. 버닝썬 사건을 연예인 몇 명을 처벌하는 것으로 덮고 지나간 사법 체계 역시 마찬가지다. 우리는 단 한 명의 여성도 더 잃을 수 없다. 정치권과 법조계의 인식 전환은 오로지 가해자에 대한 무거운 처벌만이 증명할 수 있다. 나아가, 정치권과 법조계에서 더 많은 여성이 결정권을 행사해야 하는 필요성을 이런 사건의 재발을 막지 못하는 오늘날의 무능이 분명히 보여 준다.

「이수정 이다혜의 범죄 영화 프로파일」을 시작한 뒤로 고맙다는 연락을 종종 받는다. 이수정 박사님께 직접 전하지 못하는 감사의 말들을 스튜디오로 부지런히 나르며, 이 프로그램이 위로와 용기로 가닿을 청취자들을 떠올린다. 이 글을 쓰는 오늘은 2020년 3월 8일 세계 여성의 날이다. 여성들이 살아가는 앞으로의 세계가 더 안전하고 기회로 가득한 곳이 되기를 바란다. 「이수정 이다혜의 범죄 영화 프로파일」의 말과 글이 여성의 안전이라는 기획에 도움이 되었다는 응답이 십 년 뒤, 이십 년 뒤의 평가에서 내려진다면 그보다 더 기쁜 일은 없으리라.

— 이다혜

「이수정 이다혜의 범죄 영화 프로파일」의
탄생 비화를 말한다 1

"범죄를 엔터테인먼트로 소비하는 매체는 관심 없습니다. 여성이나 아동 같은 피해자의 입장에서 범죄 영화를 다룬다면 모르겠습니다만."

2018년 8월 초였다. '이수정 박사가 범죄 영화를 이야기하는 프로그램을 만들어 보라.'는 네이버 오디오클립 담당자 박현 씨의 제안을 받았다. 기존의 다른 미디어 프로그램과 다르게, 조금 더 장르적인 주제를 전문적으로 다루는 프로그램을 기획하는 차원에서 가장 먼저 생각한 사람이 이수정 박사님이라 했다. 수소문 끝에 얻은 연락처를 통해 이수정 박사님과 통화를 시작한 지 십오 초도 지나지 않았을 때였다. '범죄 영화를 범죄 전문가이신 선생님께서 분석해 주신다면 참으로 재미나지 않겠습니까.'라고 엄벙덤벙 운을 뗐을 때 이수정 박사님은 위와 같이 대답하셨다. 정중하나 일 초의 망설임이나 재고 없이 단호했다.

죽비로 한 대 맞은 것 같았다. '죽비'라고 말하는 건 그 순간 쪽팔림과 동시에 가히 계시적이라는 생각이 들었기 때문이다.(아시겠지만 죽비의 용도 가운데에는 참선 때 조는 수행자의 어깨를 쳐서 깨우는 것이 있다.) 문득 그간 범죄 영화나 드라마를 '작정하고' 안 본 이유가 떠올랐다. 이수정 박사님의 말씀대로 같은 여성이나 사회적으로 취약한 사람이 희생양으로 그려지는 내러티브를 못 견디는 탓이었다. 자랑이 아닌데 이수정 박사님이 자문 프로파일러로 출연하는 「그것이 알고 싶다」는 픽션도 아닌 무려 실화를 다룬다는 점에서 끔찍스러운 나머지 '본방 사수'는 못 하고 트위터에서 이뤄지는 브리핑에 기대던 중이었다. 쪽팔리고 계시적인 지 오 초도 안 되어 청취자라는 이름의 '남'을 겨냥한 기획은 '나 같은 약자'로 방향이 바뀌었다. 진심을 담아 "지당하신 말씀입니다!" 부르짖은 후, 바로 네이버에 알렸다.

그런 후 대망의 첫 녹음을 할 때까지 넘고 건넌 산과 물은 높고도 깊었으나 굵직한 몇 가지만 밝혀도 남은 지면을 다 채우고도 남을 성싶다. 이수정 박사님의 전제로 디폴트 세팅을 정비한 후, 함께 일할 작가로 조영주를 불렀다. 영주는 이수정 박사님과 함께할 진행자로 《씨네21》의 이다혜 기자를 제안했다. 첫 전화 통화에서 이다혜 기자는 대뜸 '안 그래도 기다리고 있던 콘셉트였다.'라며 준비된 진행자로 신뢰를 주었다. 영화를 정하고 이다혜 기자가 건네 준 쟁점을 토대로 영주와 함께 원고를 완성한 후, 예약한 스튜디오에 들어가 역사적인 녹음 버튼을 클릭한 건 2019년 3월 7일이었다. 이수정 박사님과 첫 통화를 한 지 약 칠 개월 만이었다. 첫 화 「사바하」(부제: 사이비 종교, 제의가 된 여아 살해)가 공개된 건 그로부터 또 한 달여가 지난 4월 17일이었다.

그리고 믿기 힘든 일이 일어났다. 첫 클립으로 등록한 후 미리 만들어 둔 트위터 공식 계정에 이를 알리자마자 리트윗을 거듭하면서 동시에 클립 조회 수가 천 단위를 넘어섰다. 새로 고침을 할 때마다 수치는 기하급수적으로 올라갔다. '바로 이 맛이구나!'를 외치며 뭐에 쒼 듯 새로 고침을 거듭하는 가운데 쪽지함이 차고 휴대폰이 울렸다. 개시 첫날에 무려 네 곳의 출판사에서 출간 제의를 받았다. 이하는 조영주 작가의 후기로 대신한다.

그 전에 방점 콱콱 찍은 TMI

1. 소싯적 영화 관련 일로 만나 이십 년에 이르는 친분을 쌓아 오며 인문학과 예술을 아우르는 탁월한 소양과 균형 잡힌 견지로 내게 감동을 주는 조영주 작가, 그 이십여 년 동안 재고하지 않고 지르고 감만 믿고 판 벌이는 나를 위해 수습하고 해결해 준 점을 고맙게 생각한다.

2. 「사바하」 첫 녹음 후 보다 입체적인 도입부가 필요하다는 생각에 그 전부터 네이버 오디오클립에서 동고동락해 온 김민정 성우에게 줄거리 낭독을 부탁했다. 줄거리를 써서 카톡으로 전송하면 민정이 며칠 후 녹음 파일을 보내왔다. 감정을 배제한 나지막한 톤으로 일관하면서 영화마다 미묘하게 다른 호흡을 들려 준 민정에게 고마움을 표한다. '셜리 잭슨이나 퍼트리샤 하이스미스 소설'을 듣는 느낌이라고 말했던 한 트위터 이용자의 평에 동의한다.

3. 인간성의 가장 극악한 전선에 있으면서도 치열한 검증과 여일한 의지로 이 사회에 희망이 있음을 가르쳐 주신 이수정 박사님, 조,

존경합니다, 사, 사랑합니다. (평소 이런 말을 꺼내려 하면 "나한테 고백하지 마."

라고 잘라 말씀하셔서 여기서라도 고백합니다.)

— 최세희

「이수정 이다혜의 범죄 영화 프로파일」의
탄생 비화를 말한다 2

「사바하」는 두 번 녹음했다. 처음 녹음분은 최세희 작가와 논의 끝에 폐기하기로 결정했다. 이수정 선생님과 이다혜 기자에게 재녹음을 통지하고, 일주일 뒤 똑같은 내용을 한 번 더 이야기하고 돌아오는 길은 착잡했다. 이번에는 잘됐는지, 앞으로는 어떨지 확신이 서지 않았다. 방송 경험이 많지 않은 내가 과연 상황을 잘 통제하며 질 좋은 원고를 써낼 수 있을지 자신이 없었다.

2019년 4월 17일, 최세희 작가와 첫 방송을 모니터링한 결과 이수정 선생님의 코멘트가 더 많이 필요하다는 판단이 섰다. 두 번째로 녹음한 「가스등」편 마지막에 선생님께 이런저런 질문을 던진 이유다. 물론 나는 내 목소리는 삭제되고 이수정 선생님의 대답만 앞선 코멘트 뒤에 자연스럽게 이어 붙을 거라 생각했다. 하지만 편집을 담당하는 최세희 작가는 '내추럴 본' 문과생으로, 당시 말을 자르거나 BGM을 넣는 것 이상의 고급 기술은 구사할 수 없었다. (지금은 없던 말도 만들어 낼 수 있는 편집의 달인이 되었다.) 방송은 아무런 검열 없이 나갔고, 다음 날「이수정 이다혜의 범죄 영화 프로파일」게시판에는 '작가는 두 분의 말씀을 끊으며 나대지 말라.'는 요지의 댓글이 달렸다.

소중한 청취자의 의견을 반영해 작가들의 마이크를 완전히 없앴다. 대신 진행자 두 분의 대화 안에서 논의가 충분히 흐름을 타며 이어지도록 대본을 좀 더 촘촘하게 짰다. 편당 두 개였던 주제는 하나로 줄여 집중력을 높였다. 녹음 중 발견되는 오류나 수정 사항은 되도록 쪽지나 속삭이는 입 모양으로 바로잡았다. '한밤중에 방송을 듣는데 귀신 소리가 들려서 소름이 끼쳤다.'라는 댓글은 이즈음 달렸다.

방송에 불이 붙고, 넷이서 합이 맞아 간다고 느낀 건 이른바 '가정 폭력 삼부작'을 녹음하면서였다. 「가스등」에서 「적과의 동침」을 지나 「돌로레스 클레이번」으로 나아가는 동안 서로의 문제의식, 가치관, 입장, 분노, 방송의 방향 등이 자연스럽게 공유되었다. 이후로는 일사천리였다. 누가 무슨 제안을 하든, 어떤 언행을 보이든 전부 흔쾌히 수용되었다. 작가들은 물론이고 청취자들까지 은근히 기대하게 만든 이다혜 기자의 '이수정 선생님 놀려 먹기'도 이맘때 본격화되기 시작했다.

청취자들과 함께 울고 웃었던 것도 이때부터였다. 수많은 청취자들이 방송 후 게시판과 소셜 네트워크를 통해 일상적으로 느꼈던 부조리와 새삼 깨닫게 된 잔혹한 현실에 대해 울분과 설움과 한탄을 쏟아 냈다. 특히 성폭력 피해 여성들이 때로는 공개적으로, 때로는 비밀 댓글로 자신들의 고통을 전해 왔다. 정신 질환 범죄를 논했던 「조커」 편의 마지막에 소개된 사연이 그중 하나였다. 구절구절이 절규였던 사연을 읽으면서 여기밖에 털어놓을 곳이 없는 그들의 상황과 피해자의, 약자의, 뭇 없는 자들의 이야기에 도대체 귀를 기울이지 않는 한국 사회에 대해 오래도록 생각했다. 그럼에도 쉽사리 냉소와 절망에 빠지지 않았던 것은 끊임없이 변화를 이야기하고 비전을 제시해 주신 이수정 선생님 덕이다. 더불어 공감과 비판을 표명하는 데 주저하지 않았던 청취자분들도. 간혹 논란의 여지가 있는 방송이 나간 뒤, 게시판에서는 진지한 토론이 벌어지곤 했다. 그 성숙한 목소리들이 나침반이 되어 준 덕분에 지난 일 년 동안 길을 잃지 않을 수 있었다. 이 자리를 빌려 모든 청취자들께 다시 한번 감사의 말씀을 전한다.

2018년 최세희 작가와 「이수정 이다혜의 범죄 영화 프로파일」을 기획할 때, 나는 피해자 중심의 방송을 만들고 싶다고 이야기했다. 하지만 돌이켜보면 그때는 이 말의 의미를 정확히 몰랐던 것 같다. 우리가 한 결심의 의미는 「살인의 추억」 편에서 이수정 선생님의 말씀을 통해 비로소 한 줄로 정리가 되었다. "우리는 결국 연대하기 위해서 지금 이 방송을 하고 있습니다."

— 조영주

이수정 │ 범죄 영화
이다혜의 │ 프로파일

1판 1쇄 펴냄 2020년 3월 31일
1판 14쇄 펴냄 2023년 9월 15일

지은이   이수정, 이다혜, 최세희, 조영주
발행인   박근섭, 박상준
펴낸곳   ㈜민음사

출판등록   1966. 5. 19. 제16-490호
주소   서울특별시 강남구 도산대로1길 62(신사동)
           강남출판문화센터 5층 (우편번호 06027)
대표전화   02-515-2000 │ 팩시밀리 02-515-2007
홈페이지   www.minumsa.com

ISBN 978-89-374-9130-6 (03330)

* 잘못 만들어진 책은 구입처에서 교환해 드립니다.